国家杰出青年科学基金项目"创新管理与创新政策"（72025403）

数字化背景下
创新发展与管理理论

陈凯华／著

数字驱动创新发展　创新体系革新重构

科学出版社

北　京

内 容 简 介

本书旨在进一步推动数字化背景下创新发展与创新管理的研究与实践,试图通过多角度的理论探索阐释数字化背景下的创新发展的内涵、影响、路径及对策。首先,从数字化背景下创新发展的内涵以及研究范式入手,明确基本理论与概念;其次,叙述了数字化对熊彼特创新理论、国家创新体系、创新生态系统和创新发展经济体系等带来的影响;在此基础上,进一步明确数字化背景下科学研究、科技治理以及产业创新、社会创新和区域创新等方面的新发展。研究成果揭示了数字化为创新发展与创新管理带来的多层面影响,为数字化背景下国家创新发展宏观决策和公众理解数字化与创新发展政策提供支撑。

本书是面向决策者和面向公众的著作成果,有助于政产学研和社会公众了解数字化背景下创新发展与创新管理的新变化与新趋势,可供各级政府相关部门决策和政策制定参考。

图书在版编目(CIP)数据

数字化背景下创新发展与管理理论/陈凯华著. —北京:科学出版社,2024.6
ISBN 978-7-03-077536-8

Ⅰ.①数… Ⅱ.①陈… Ⅲ.①技术革新-研究-中国 Ⅳ.①F124.3

中国国家版本馆 CIP 数据核字(2024)第 013774 号

责任编辑:李 嘉/责任校对:姜丽策
责任印制:张 伟/封面设计:有道设计

科学出版社 出版
北京东黄城根北街 16 号
邮政编码:100717
http://www.sciencep.com
北京建宏印刷有限公司印刷
科学出版社发行 各地新华书店经销
*
2024 年 6 月第 一 版 开本:720×1000 1/16
2024 年 6 月第一次印刷 印张:20 1/4
字数:408 000
定价:246.00 元
(如有印装质量问题,我社负责调换)

著 者 简 介

陈凯华，中国科学院大学长聘体系特聘教授，获得国家杰出青年科学基金项目，主持国家社会科学基金重大项目和重大专项项目，兼任中国科学院大学国家前沿科技融合创新研究中心副主任，中国科学学与科技政策研究会常务理事、副秘书长、青年工作委员会主任，中国企业管理研究会新兴技术未来分析与管理专业委员会副会长，中国通信学会经济与管理创新委员会委员，曾获得中国科学院青年创新促进会优秀会员、中国科学院卢嘉锡青年人才奖、中国科学学与科技政策研究会优秀青年奖。主要关注国家创新体系、创新发展政策、数字驱动创新、科技创新人才、国际创新合作、技术预见方法等方向的研究。多篇论文合作发表在科技政策与技术管理领域国际权威专业期刊 *Research Policy*、*Technovation* 以及《管理世界》《光明日报》《瞭望》等交叉学科方向的报刊上。作为主要执笔人完成的多份政策建议获得国家多位领导人的批示，多方面建议被采纳实施，组织研究合作出版《国家创新发展报告》《国家科技竞争力报告》《中国先进能源 2035 技术预见》等研究报告，合著《国家创新力测度与国际比较》《科技政策研究之技术预见方法》，独著《创新过程绩效测度：模型构建、实证研究与政策选择》。

前　　言

　　数字化正在全面系统推动创新发展与管理理论的变革。数字科技与数字要素愈加成为全球科技、经济、社会发展竞争的主要驱动力，不但因为数字科技与数字要素本身正在成为科技、经济、社会发展的主要增长点，而且因为数字科技与数字要素正在深度赋能科技、经济、社会的创新发展，赋予国家创新体系全新的发展动力和发展模式。数字科技与数字要素的创新发展正在全面系统地推动科技、经济、社会创新发展的动力变革、效率变革和质量变革，正在重塑和革新国家创新体系、区域创新体系、产业创新体系和技术创新体系。人工智能的深度发展和应用以及数字要素体系日趋完善正在加速这一过程。相比一百多年前约瑟夫·熊彼特提出创新发展理论时的科技条件与要素环境，当前数字科技为创新发展提供了全新的科技条件与要素环境，数字科技显著的渗透性、增值性、广泛性等特征是以往任何科技无法具有的，更容易依附和融合各种要素形成新的生产力和新的生产关系。数字作为一种新的生产要素正在全面地影响和参与创新活动，加速创新要素组合，重构新型生产关系，形成新型生产力，正在促进传统创新发展与创新管理理论的拓展和完善。随着数字要素作为创新发展重要因素甚至成为某些科技创新领域的核心决定因素，数字要素主体将成为国家创新体系中的数字创新主体，正在改变国家创新体系中的主体地位和关系，创新要素的配置逻辑和结构，以及创新制度和创新逻辑的变革。特别是，数智化正在深刻改变国家创新体系发展的动力和机制，加速引发创新主体与创新环境的变化与变革，深度影响国家创新体系的管理效能和发展效能。这一背景下，创新发展与创新管理数字化转型研究现已成为国内外政府、学术组织、智库普遍关注的重要议题。近些年来，世界主要经济体纷纷出台了数字化战略来促进本国创新发展与管理，数字驱动创新发展的浪潮正在兴起，并愈演愈烈。

本书作者较早地关注了数字化背景下创新发展与创新管理理论和实践，也积极开展了相关学术研究工作，他 2015 年合作发表的论文《科技与创新研究：回顾、现状与展望》提出，随着科技创新信息的不断丰富，以及互联网与信息技术的发展，从大数据视角思考科技与创新管理将成为新的研究视角；2020 年国家杰出青年科学基金项目中研究计划的重点内容之一是揭示数字化对国家创新体系效能的影响，探索以数字化为主的新兴科技在国家创新体系效能形成、绩效和改善中的作用，正是这一研究计划推动了本书内容的研究与出版；2020 年便在《瞭望》发文从理论上阐述了数字化特别是数字要素特征对创新发展的变革性影响，总结性地指出，数字化不但会促进创新发展经济体系内原有生产要素的优化重组，同时会引入数据这一新的生产要素，会增加生产要素新组合，产生新的生产函数，将有助于创新的发生与发展。

同时，作者积极推动学术界对数字科技发展背景下创新发展与创新管理的研究。2020 年 4 月作者受邀作为《研究与发展管理》客座编辑组织专栏"创新发展与创新治理的数字转型"，指出创新发展与创新治理的数字转型正在分别从经济增长与管理优化的角度重塑和完善创新体系发展与管理，有助于提高国家创新体系整体效能；2020 年 10 月又受邀作为《科研管理》客座编辑组织专栏"创新发展数字化转型的理论与实证研究"，指出新冠疫情进一步加快了全球创新发展数字化转型的步伐，在疫情防控中，大数据、人工智能、物联网等数字科技被广泛应用，加速了非接触式经济的进一步发展，大大推进了创新发展数字化转型进程。两个专栏有效推动了数字化背景下创新发展与创新管理理论和实践研究在我国的发展；2022 年作者联合穆荣平研究员出版的《2020 国家创新发展报告》主题报告进一步提出并系统论述了"全方位推进数字转型、重塑创新发展新格局"，指出随着数字化的加速推进，科技、产业、社会、环境等领域创新发展的环境、动力和方向发生了显著变化，迫切需要重新思考创新发展理论和实践，提出了 2035 年中国创新发展数字化转型愿景、总体思路和政策取向。

数字化背景下的创新发展不但指数字赋能或驱动创新发展，强调数字科技或经济对其他科技创新领域的影响，而且也强调数字经济自身的创新发展，强调数字经济发展需要依赖数字科技突破，只有这样数字经济与创新发展才能良性互动。2022 年 6 月作者在《光明日报》上撰文《加快促进数字经济创新发展》指出，数字经济创新发展不但有利于构建现代化经济体系，提高数字经济的价值创造能力，重塑创新发展新的格局，而且有利于构建产业创新生态体系，促进产业高质量发展，保障产业链安全和产业国际竞争力。实现数字经济创新发展，需要推动数字科技基础理论突破，提高关键数字软硬件供给能力，扩大高水平数字创新人才供给，促进数字经济与实体经济融合创新发展。本书内容主要阐述数字赋能创新发展。

本书试图从多视角理论探讨数字化如何驱动创新发展以及革新重构创新体系，旨在进一步推动数字化背景下创新发展与管理理论的研究和实践，具体分为 11 章展开系统论述。第 1 章总括性地阐述数字化为既有创新发展实践与理论带来的全方位变革，解析数字化背景下创新发展的新变化与新内涵。第 2 章对创新研究的典型范式进行提炼和总结，在此基础上探讨各类研究范式在数字化背景下所面临的新问题与新内容，指明数字化背景下创新研究迫切需要解决的关键问题。第 3 章基于熊彼特创新理论视角，探讨数字化对创新形成、创新主体、创新类型、创新影响的变革，尝试构建和完善数字化背景下的熊彼特创新理论体系。第 4 章基于国家创新体系理论视角，探讨数字化赋能国家创新体系的演化过程与影响路径，明确数字化背景下国家创新体系中创新政策的目标与方向。第 5 章基于创新生态系统理论，探讨数字化背景下创新生态系统理论的深化发展，构建了数字创新生态系统的理论分析框架。第 6 章在界定和解构创新发展经济体系内涵的基础上，构建数字创新发展经济体系的理论分析框架，探讨数字创新发展经济体系的演化动力和增值效应。第 7 章基于科研范式变革视角，构建数字驱动科研范式变革的分析框架，分析数字化对科研支撑、科研过程和科研传播的影响及机制。第 8 章从创新治理体系着手，构建数字化背景下创新治理体系框架，剖析数字化推动创新治理增质提效的影响机制和实践应用，提出加快实现创新治理数字化转型的政策思考。第 9 至第 11 章分别从产业创新、社会创新和区域创新视角探讨数字化带来的变革与影响。具体章节内容摘要如下。

第 1 章，数字化背景下创新发展的新变化与新内涵。当前，新一轮科技革命和产业变革加速演进，深刻影响与重塑科技、产业、社会和环境领域创新发展的基本理论与实践逻辑，迫切需要思考数字化背景下创新发展的系统变革与新的时代内涵。数字化给已有创新发展的实践与理论带来机遇与挑战，不仅引发创新发展要素体系、实践场域和活动流程等变革，同时也要求创新发展理论体系和研究范式的突破与发展来适应和指导数字化背景下的创新发展实践。随着以数据资源、数字科技、数字平台和数字基础设施为核心的数字创新体系深度融入创新发展活动的各个环节中，数据驱动的科技创新发展与治理模式正在涌现，数字产业化与产业数字化协同创新生态加速形成，数字社会公共服务体系与政府治理体系不断完善，数字赋能的绿色可持续发展与治理路径不断丰富，逐渐形成数字化全面赋能创新发展的新模式。

第 2 章，数字化背景下创新研究范式与问题分析。数字化正在全方位变革创新发展与管理的基本流程、内在机制与演化路径，迫切需要从理论层面对数字化背景下创新研究范式及其相关问题进行系统思考。首先，第 2 章基于创新活动微观至宏观的整体性分析视角，借鉴并发展熊彼特五类创新、创新价值链、创新系统、知识全过程以及知识增长理论，总结出数字化背景下研究创新活动的五种范式，并对各类范式的应用场景及数字化背景下的适用性进行分析论证。其次，第 2 章针对创新研究范式的核心理论，提炼概括每类范式在数字化背景下面临的新问题与新内容，涉及传统创新理论内涵及边界的变化与拓展、创新活动分析路径机制演变等方面。在此基础上，第 2 章结合数字化发展现状，对各类范式下亟须关注和解决的关键问题进行展望与讨论，并通过探讨数字化背景下创新发展与管理的研究范式与关键问题，以期为未来创新研究的理论方向与实践工作提供学理支撑。

第 3 章，数字化驱动创新发展理论——熊彼特创新理论视角。作为创新领域的奠基性理论，熊彼特创新理论在提出一百余年之后面临数字化转型这一新的环境。第 3 章尝试分析数字化背景下熊彼特创新理论的变化，探索创新数字化转型的理论性。研究发现：①在创新形成方面，数字化转型有助于拓展新组合的来源，降低新组合的成本，缩短新组合的周期，进而促进创新的形成；②在创新主体方面，数字化拓展了"企业家"的范围，同时对企业数字感知能力、动态适应能力和生态构建能力提出了新的要求；③在创新类型方面，数字化加速了资源创新、产品创新、工艺创新、市场创新、组织创新等五类创新的实现，并促进这五类创新活动的系统性整合；④在创新影响方面，数字化在宏观、中观、微观三个层面对经济发展产生了创造性破坏效应，导致分配结构、产业结构和就业结构发生变化。本章研究不仅赋予了熊彼特创新理论新的时代意义，同时也能够为创新数字化转型实践提供理论思考。

第 4 章，数字赋能国家创新体系的理论与政策。数据资源、数字科技、数字平台、数字基础设施等数字要素的广泛应用重塑了国家创新体系内部各创新要素及创新主体之间的关系，改变了国家创新体系效能的生成逻辑，亟须建立数字经济时代国家创新体系的框架体系与理论基础。第 4 章从系统功能视角探讨了数字要素赋能国家创新体系的演化过程、影响路径和政策方向。分析发现，数字赋能国家创新体系经历了"数码化（digitization）—数字化（digitalization）—数字转型（digital transformation）"三个循序渐进的阶段，并且通过改善知识生产系统、知识扩散系统与知识应用系统推动国家创新体系整体效能提升。第 4 章基于政策背景、政策目标和政策方向三个维度构建数字赋能国家创新体系的政策框架，并从理论构建、监测评估、制度逻辑、场景发展四方面提出未来的研究展望。

第 5 章，数字创新生态系统的理论构建。数字化重塑了创新主体之间的价值共创方式，拓展了现有的创新生态系统理论，引发了关于数字创新生态系统（digital innovation ecosystems）的思考。第 5 章提出数字创新生态系统的两种表现形式：数字创新生态系统化（又称数字创新生态系统 I 型）以及创新生态系统数字化（又称数字创新生态系统 II 型）。创新导向型的数字生态系统旨在促进数字创新的产生、应用与扩散，这一围绕数字主体而形成的创新生态系统延续了数字生态系统收敛性（convergence）、可扩展性（scalability）、自生长性（generativity）和模块性（modularity）的基本特征。创新生态系统 II 型是数字化进程与创新主体间价值共创行为深度融合的结果，实现了创新生态系统内主体、结构、制度、功能和演进的数字化转型。数字创新生态系统化与创新生态系统数字化彼此渗透、相互促进，改进了创新主体之间的价值共创方式，推动了创新能力与创新效能的全面提升。第 5 章建议未来研究从案例分析研究、形成机制研究、发展战略研究、政策研究和监测研究等方面来健全和完善数字创新生态系统理论。

第 6 章，数字创新发展经济体系理论构建。数字化时代，数据作为新的要素进入到创新发展经济体系中，改变了原有的要素构成和主体关系，亟须健全数字化背景下创新发展经济体系研究的理论基础。第 6 章提出数字创新发展经济体系的概念及其分析框架，并从数字本体创新发展经济体系（I 型）和数字赋能创新发展经济体系（II 型）两个相互融合增值的体系出发，界定和理解数字创新发展经济体系的内涵。第 6 章认为，在数字化时代，数字科技不断升级突破、知识生产方式不断优化、创新要素关系不断增强、创新主体边界不断扩大、制度和条件不断完善，为数字创新发展经济体系的演化提供了动力支撑。第 6 章在数字化背景下拓展了熊彼特的创新发展经济理论，指出数字创新发展经济体系通过资源创新数字化、产品创新数字化、工艺创新数字化、市场创新数字化、组织创新数字化等五类渠道实现价值增值。

第 7 章，数字驱动科研范式变革。数字化正在重塑科技创新体系，以数据资源、数字科技、数字平台和数字基础设施为科学研究范式变革带来新的动力。第 7 章提出数字化背景下科研范式变革分析框架，从"科研支撑—科研过程—科研传播"科研活动全系统探索数字驱动的科研范式变革的机理、路径和多维度特征。研究发现，数字化带来的大规模多尺度异构数据、开放共享的数据库、高性能的计算平台和数字设备，以及智能智慧计算方法成为科学研究的有力支撑，加快重塑和优化科研过程，为已知知识空间的探索和未知知识空间的发现提供了颠覆性的工具支撑。数字化促进科研组织向组织形态柔性化、合作关系网络化、运行方式并行化、劳动模式协同化方向发展，可复制研究成为科研活动趋势，促进交叉创新研究和系统复杂研究的深度发展。数字化带来了科研传播网络范围的扩大化、传播效率的高效化、网络结构的去中心化、传播主体的异质化、传播内容的定制化、传播载体的多样化、传播文化的开放化。适应数字化背景下的科研范式变革，需要加强战略前瞻研究，构建数据平台和数字科技平台，探索设立数字实验室，注重科技伦理和学术诚信管理。

第 8 章，数字化转型塑造新型创新治理模式。愈加庞杂的国家创新体系的有效治理迫切需要借助现代科学的方法和手段来支撑，通过数字化塑造新型创新治理模式是实现国家创新治理能力现代化、推动创新型国家建设的有效选择。第 8 章首先明确了数字化转型背景下创新治理体系的新要求与新变革，并构建了数字化转型背景下创新治理体系框架。其次，分别从多元主体参与、科学性和透明度、精准性与有效度、决策能力和效率、预测和控制能力五个维度深入剖析了数字化将如何重塑创新治理模式，推动国家创新治理提质增效，同时从科技创新发展的深度监测、科技预见与科技战略制定、科技项目与计划深化管理、科技活动的行为特征刻画、创新政策演化和效果跟踪五个方面分析了数字化转型将如何打造创新治理新场景。最后，第 8 章就如何充分实现创新治理的数字化转型，从转变政府创新治理理念和治理模式、打通部门间的多层级创新信息孤岛、建立多层次创新监测数据整合平台、推行和实施科技创新信息的公开化、建立完善的创新数据管理法规体系五个方面提出了相应的政策思考。第 8 章为进一步认识数字化转型背景下的创新治理新模式在创新引领发展与国家治理体系现代化中的重要支撑作用提供依据。

第 9 章，数字化背景下产业创新发展。数字化正不断影响和参与产业创新活动的方方面面，深刻推动了产业创新发展与管理理论及实践的扩展和完善。第 9 章提出数字产业创新系统理论框架，并从要素构成、结构功能和系统行为三个维度理解数字化背景下产业创新系统理论的重塑。在此基础上，探讨了数字化转型对传统产业、新兴产业和未来产业创新发展与管理的差异化影响及其背后的作用机理指出了数字化转型赋能产业链全要素升级并通过数字基础设施塑造技术底座，从而驱动传统产业融合和重组；数字科技的创新应用推动新兴数字产业发展，同时催生新业态和商业模式创新以推动经济高质量发展；数字创新的应用加速了未来产业的培育迭代、赋能未来产业的涌现动力并引导未来的发展模式，使未来产业创新发展逻辑转变。第 9 章指出产业创新发展与管理数字化转型需要系统性推进，建议面向产业链创新链融合进行整体性政策设计、通过科技资源共享牵引联合攻关、基于非对称战略视角发展数字科技体系。

第 10 章，数字化背景下社会创新发展与治理。数字科技对整个社会的运行方式产生颠覆式影响，推动社会数字化、网络化、智能化运行的同时也推动了社会创新的发展，思考数字化背景下社会创新发展与治理的新趋势具有重要现实意义。第 10 章立足"技术-社会"范式，从数字科技与社会系统融合发展的视角构建数字化背景下社会创新分析框架，探究数字科技赋能社会创新的机理和路径。第 10 章认为，数字科技从社会组织形式创新、社会服务模式创新、社会决策机制创新三个维度推动社会创新的发展。第一，基于社会系统主体演化视角，数字化背景下的社会组织形式不断向平台化、共享化、在线化转型，促进主体之间高效协同合作、加速社会要素流通、推动社会信息共享、资源协作和管理，推动社会组织形式创新；第二，基于社会系统功能实现视角，数字科技创新社会服务供给模式推动教育、医疗、养老、交通等公共服务均等化、体验化、普惠化、精准化、个性化、智慧化、高效化、绿色化，推动社会服务模式创新；第三，基于社会系统制度环境视角，数字科技重构社会决策机制推动政府内部数字化变革以及数字社会形态下政府与其他主体共同治理，实现数字政府决策科学化、服务高效化、治理精细化，推动社会决策机制创新。第 10 章针对性地提出社会治理政策启示以释放数字科技对社会创新的赋能效应，丰富了数字化和社会创新发展与治理理论的相关研究，为破解当前复杂数字时代下社会系统转型面临的现实困境提供了思路。

第 11 章，数字化背景下区域创新发展的理论构建。数字化已成为拉动区域创新发展的关键动力，但如何科学诠释数字化对区域创新发展的影响，既是现存相关区域创新发展理论研究的前沿，也是深化指导区域创新发展实践的难题。为此，第 11 章提出数字化背景下区域创新发展框架，在数字化对区域创新理论发展与对区域创新实践影响研究的基础上，探讨和理解数字化对区域创新发展相关理论的重塑。从区域创新价值创造过程中要素价值、科学价值、技术价值、经济价值和社会价值等视角，提炼出区域创新要素及其配置机制、区域科技创新链的发展与升级、区域产业结构的升级与重构、区域社会经济创新发展耦合和区域创新治理体系转型等五方面数字化背景下区域创新发展实践的演进规律。研究认为，数字化通过增加区域创新要素的新需求、新供给并变革区域创新要素配置机制来重塑区域创新要素组合及其配置机制；数字化通过拓展区域创新主体范围、重塑区域创新产出过程和模糊区域创新成果边界来升级区域科技创新链；数字化通过带动区域产业结构转型、培育区域产业新业态、促进区域多产业融合发展等赋能区域产业结构升级；数字化通过提供区域经济增长新动能、革新区域社会服务模式、助力区域生态环境可持续等服务区域社会经济创新发展；数字化通过转变区域创新治理理念、丰富区域创新治理途径、健全区域创新治理机制来加速区域创新治理体系转型。第 11 章旨在为理解数字化对区域创新发展相关理论发展和实践的多重影响提供一定的参考。

本书由作者在中国科学院大学公共政策与管理学院组建的数字化

转型与国家创新体系效能研究课题组联合中国科学院大学国家前沿科技融合创新研究中心组织研究出版，中国科学院科技战略咨询研究院相关研究人员研究撰写。陈凯华负责本书框架构建以及撰写。具体分工如下：第1章主要由赵彬彬、陈凯华和薛超凯负责；第2章主要由杨一帆、赵彬彬和陈凯华负责；第3章主要由赵彬彬、康瑾和陈凯华负责；第4章主要由陈凯华、康瑾、赵彬彬和朱浪梅负责；第5章主要由张超和陈凯华负责；第6章主要由康瑾、陈凯华和张宇杰负责；第7章主要由刘晓豫、温馨、赵彬彬和陈凯华负责；第8章主要由冯泽和陈凯华负责；第9章主要由张超和陈凯华负责；第10章主要由薛泽华、陈凯华和王全景负责；第11章主要由朱浪梅、徐海涛、张超和陈凯华负责。杨一帆、张超和赵彬彬在校稿对接和统筹中发挥了重要作用。陈凯华负责本书的统稿工作。国内外相关成果对本书中理论基础、研究方法等方面具有重要的启发与借鉴作用，在此表示感谢。

鉴于数字化转型和创新发展与管理理论研究涉及学科众多以及研究团队学识的局限性，本书一定存在许多理论方法问题值得进一步深入研究和探讨。我们衷心希望与国内外同行精诚合作，不断完善数字化背景下创新发展和管理理论与实践研究，丰富创新发展与管理理论，推动创新发展与管理实践。

陈凯华

中国科学院大学数字化转型与国家创新体系效能研究课题组

中国科学院大学国家前沿科技融合创新研究中心

2024 年 5 月

目　　录

第1章　数字化背景下创新发展的
新变化与新内涵

　　以大数据、人工智能、云计算、区块链等为代表的新一代信息技术深入发展使创新发展面临数字化这一新的科技情景与实践情境，生成式人工智能的发展进一步催生创新发展的新动力和新模式，迫切需要考虑数字化可能带来的变革性影响。如何更好地在数字时代开展创新发展已经成为国内外高度关注的政策议题（OECD，2019a，2020a）。从国际上看，近些年来世界主要经济体纷纷出台了数字化战略来促进本国创新发展和增强全球数字科技竞争力。例如，美国出台的《关键和新兴技术的国家标准战略》强调要通过布局和发展通信及网络技术、数据科学及存储、区块链技术、人机交互等关键和新兴数字科技来提升数字科技国际竞争力和促进本国创新发展，欧盟出台的《2030数字罗盘》强调通过构建数字人才队伍、数字基础设施等措施来赋能企业、社会、政府的数字化转型进而促进多领域创新的协同发展。英国出台的《数字战略》强调通过强化数字技术创新来促进数字经济创新发展和巩固英国在全球范围内的创新地位。从国内来看，2023年2月我国发布了《数字中国建设整体布局规划》，强调要构筑自立自强的数字技术创新体系，并全面赋能经济社会发展，促进数字经济和实体经济深度融合，以数字化驱动生产生活和治理方式变革。由此可见，如何更好地促进数字化背景下的创新发展成为各国在新一轮科技革命与产业变革中实现创新驱动经济发展和提升科技国际竞争力的重要手段。

　　数字化在为创新发展带来机遇的同时也为创新发展研究带来诸多挑战，从而引发已有创新发展实践与理论的变革。一方面，数字化丰富了创新发展的要素投入和技术手段，拓展了创新发展的实践内容，提升了创新发展的活动效率。相较于依托于资本和劳动开展的创新发展活动，数据资源、数字科技、数字平台和数字基础设施正在成为数字经济时代创新发展活动中不可或缺的重要组成部分，不仅推动创新发展实践场域从原来的人类社会和物理社会二元世界向"人-机-物"三元融合世界拓展和延伸，大大拓展了创新发展实践的内容和范围，同时数字化推动创新发展活动更加敏捷化与高效化、智能化与精细化、开放化与开源化，这为解决创新发展面临的诸多难题提供了新的解决方案（OECD，2020b）。另一方面，数字经济时代创新发展的开放性、复杂性大大增加，并不断突破创新发展目前的理论边界。数字科技具有可编辑性、可重新编程性、功能延迟性等特征，改变了传统的产品创新、组织创新、流程创新等过程，涌现出数字产品创新、数字组织创新、数字流程创新等新现象（Nambisan et al.，2017；刘洋等，2020），创新活动与创新主体的边界正在消失（陈晓红等，2022），这颠覆了创新产品有界、创新主体集中、创新过程与结果分离等创新发展理论的基本假设，既有的创新发展研究范式也日益难以解析、感知和指导数字经济时代日益复杂的创新发展活动。因此，当前创新发展必须从实践和理论层面顺应数字化转型趋势，探索构建数字化背景下创新发展的基本理论与实践框架。

数字经济时代的创新发展出现了全新的特征，迫切需要对数字化背景下创新发展的变化与内涵加以理论阐释和分析，以解决当前数字经济时代创新发展实践与理论相脱节的问题，在为创新发展明晰发展方向的同时更好地支撑创新发展的数字化转型实践。基于此，本章意在梳理数字化背景下创新发展实践与理论的变革，对创新发展数字化转型的内涵进行界定和剖析，探索构建数字化背景下创新发展的理论分析框架，并阐述未来可能的研究方向。

1.1　数字化背景下创新发展的理论基础与研究现状

本节首先界定创新发展的理论内涵，然后对国内外有关数字化背景下创新发展研究的相关文献进行归纳,从而为理解数字化背景下的创新发展提供理论基础与文献支撑。

1.1.1 创新发展的理论溯源与基本内涵

何谓创新发展?1912 年,经济学家约瑟夫·熊彼特在研究资本主义经济的长期发展与结构变化时,首次从创新视角揭示了经济发展的根本原因。他认为创新是"建立一种新的生产函数",即把一种从来没有过的关于生产要素和生产条件的"新组合"引入生产体系。经济增长只是一种适应性过程,此时经济处于"循环流转"的状态,而创新能够打破经济的"循环流转"状态,实现经济结构的革命性变化,推动经济不断由旧的均衡点向新的均衡点移动从而实现经济发展,也就是说,创新是驱动经济发展的重要力量。沿袭熊彼特创新发展的观点,内生增长理论、国家创新体系理论、演化经济学理论等更为深入地揭示了知识创新、技术创新和制度创新在经济发展中发挥的作用。例如,Romer(1986)和 Lucas(1988)将技术创新内生化,指出创新发展能够改变资本的边际收益递减规律,因此创新能够实现经济的长期发展。迈克尔·波特进一步揭示了经济发展受到创新驱动的积极影响,其在《国家竞争优势》一书中提出"创新驱动"的概念,并将国家发展划分为生产要素驱动发展阶段、投资要素驱动发展阶段、创新驱动发展阶段和财富驱动发展阶段。其中,创新驱动发展阶段处于经济发展的较快时期,此时国家竞争优势更加强调依靠知识资本、人力资本和激励创新的制度来生产更先进的技术和提高生产效率,从而驱动经济发展。因此,创新发展本质上揭示的是创新与发展之间的关系,强调创新对经济发展的驱动作用并且是经济发展的内生动力。

20 世纪下半叶以来,创新发展的基本内涵不断拓展和丰富,从注重创新发展的经济属性开始向创新驱动科技、产业、社会和环境发展转变(穆荣平和陈凯华,2022),越发注重创新对社会发展、生态环境等社会属性方面的外部性影响。工业经济主导逻辑下的创新发展更多强调创新的经济价值,通过劳动、土地等资源型要素和技术投资手段拉动工业经济高速增长。但是,工业经济高速增长带来的环境破坏、气候变暖、能源危机的形势日益严峻,如何实现人类经济社会可持续发展逐渐成为全世界共同关注的核心议题。《建设一个可持续发展的社会》一书首次提出"可持续发展"的概念,强调通过控制人口增长、保护资源基础和开发再生能源来实现可持续发展。由此可见,创新发展的价值目标已经从注重经济价值创造向经济价值、社会价值、环境价值相统一的发展理念转变,更加注重创新在经济社会的各个子系统发展质量提升中的驱动作用。

因此,创新发展的内涵具有鲜明的时代特征,并且越发强调创新对经济发展的全面性、系统性和综合性影响。在既有理论观点的基础上,《2009 中国创新发展报告》正式提出创新发展的定义,认为创新发展是指创新驱动的发展,既体现了科技创新能力自身的演进,也体现了科技创新促进经济、社会发展的结果(中国科学院创新发展研究中心,2009)。沿袭并发展这一观点,本书将创新发展理解为,在促进科技创新发展的同时能够将科技创新成果广泛应用到经济、社会和环境领域的发展中,从而使得创新的科技价值、经济价值、社会价值和环境价值得以充分、可持续实现。

1.1.2　数字化背景下的创新发展研究现状

随着人类社会进入数字经济时代,数字科技越发全面、深入地渗透到科技、产业、社会和环境发展领域,数字化背景下的创新发展引起广泛关注,相关理论研究日益增多。为更加全面、系统地理解数字化背景下创新发展的内涵,本节从科技创新发展、产业创新发展、社会创新发展和环境创新发展四方面对数字化背景下创新发展的相关研究进行回顾。

(1)数字化背景下的科技创新发展。已有研究主要关注数字化如何影响科技创新的方向、效率，以及如何催生新的科技创新范式和治理模式等。第一，在科技创新方向层面，数字化极大丰富了科技创新发展的要素投入来源，不仅提供了数字资源基础和数字平台支撑，同时数字科技的飞跃式发展以及与其他技术的交叉融合发展将重塑创新发展网络中的知识创造和知识共享模式（Lyytinen et al.，2016），其提供的开放式创新情境加快科技创新由封闭式创新向开放式创新转变（Henfridsson et al.，2018）。同时，数字科技改变了创新平台的价值获取以及价值创造路径（Gawer，2014；Kumar et al.，2018），由单一价值链增值转变为实现创新生态系统的价值增值（依绍华和梁威，2023）。第二，在科技创新效率层面，数字化能够通过降低创新要素组合成本（Yoo et al.，2012）、加快创新要素数据获取与利用、缩短创新执行周期（Moschko et al.，2023）、辅助科研人员进行实验等途径提高科技创新活动效率。例如，数字化能够实现创新要素及其供需双方信息的具体化和可视化并促进创新要素信息的实时共享（Marion and Fixson，2021；Si et al.，2023）。在科学研究领域，新一代信息技术的应用使得科学家能够解决复杂的计算问题、优化实验流程和验证新的科学理论，推动智能设备辅助科研人员进行实验、计算和分析，加速科技创新成果产出（OECD，2019a）。第三，在科技创新范式层面，数字化能够优化科技创新组织形式、革新科技创新合作，促进以分散化和开放化为特征的数字驱动的科技创新范式涌现。一方面，数字科技强化了分散化创新组织管理。另一方面，数字化扩大了组织间开放合作形成的网络规模（Zhang and Chen，2022），并且催生了人工智能驱动的科学研究新范式（王飞跃和缪青海，2023）。第四，在科技创新治理层面，数字化能够增强创新治理风险的应对及控制、优化创新治理决策与预测，从而提升创新主体的治理能力。例如，运用机器学习、人工智能等数据处理技术能够挖掘和提炼科技创新主体数据背后的有效信息（蔡跃洲，2021），进而提升科技创新治理的应对和风险控制能力（陈潭，2015）。同时，大数据技术提供的大规模科技创新数据快速收集、分析和利用的能力有助于进一步提升科技资源合理配置、有效配置的能力（Paunov et al.，2019；Valle-Cruz et al.，2020）。

（2）数字化背景下的产业创新发展。已有研究主要关注数字化如何拓展产业创新发展的边界，以及如何加快产业结构升级和产业融合发展。第一，数字要素有助于促进扩展产业创新发展边界。通过数字科技的深度融合助力传统产业升级已成为产业数字化转型的重要模式（陈晓红等，2022），同时数字要素能够使许多在之前并不具备相似性的产品在功能上进行收敛以扩展产业边界（Aharon et al.，2022）。例如，数字科技不断赋能生产活动智能智慧化与交叉融合化（Goldfarb and Tucker，2019；田秀娟和李睿，2022），将数字操作系统逐步融入智能手表或汽车产业中，使其具备上网搜索、接打电话或接收信息等功能，这种数字要素的参与正在带来产业边界的拓展（Nambisan et al.，2017；Yoo et al.，2012）。第二，数字要素有助于推动产业结构升级。数字化使产业创新主体之间形成新的价值共创方式（Nambisan et al.，2017；Hinings et al.，2018），在不断加快产业创新周期步伐的同时提高了下一代技术、服务或产品的创新产出速度（OECD，2019b），新产业、新业态不断涌现。例如，智能制造技术不断赋能工业互联网等新场景、新业态的智能化与生态化变革发展（Denicolai and Previtali，2023；张文魁，2022）。制造企业也可以通过语言大模型进行数据处理分析，提高探索式学习与利用式学习的能力（Ghasemaghaei and Calic，2019），推动制造业的价值链环节从单一供给侧转向多元化供给的产业形态转变（李晓华，2022）。第三，数字科技有助于促进产业链和创新链融合，加速产业数字化转型进程。一方面，围绕产业发展需求布局数字科技创新项目（刘洋等，2020；Svahn et al.，2017），消除产业创新中的信息孤岛现象，促进产业链和创新链的互动耦合及与精准对接（Wang，2021）。另一方面，在产业创新链条的各环节加强产业制造商与数字平台间的交流合作（Bereznoy et al.，2021），促使产业与工业互联网平台的深度融合（Ehret and Wirtz，2017；Qin et al.，2020），从而加速产业数字化转型创新进程。

（3）数字化背景下的社会创新发展。已有研究主要关注数字化如何赋能社会医疗、就业、教育和生活。第一，数字科技促使传统医疗向数字医疗转变，加速医疗服务突破时空限制实现电子化和精准化。例如，数字化推动医疗信息系统跨区域、跨部门、跨层级间的信息共享和协同沟通（单珊，2022），其带来的海量数据为精准医疗的应用提供了更多可能（Cai et al.，2020；Shafqat et al.，2020）。人工智能技术逐渐被应用于医学影像的辅助识别和临床诊断（张建锋等，2022），从而协助医生更加深入精准地识别与预判病情进展（陆峰，2022；Antman and Loscalzo，2016）。第二，数字化对社会就业结构具有"创造性破坏"影响，在催生新产业、增加新就业的同时也会对传统产业的劳动者产生替代效应（Balsmeier and Woerter，2019）。例如，数字化会催生数字产业的出现，创造新的就业岗位进而促进就业增长（Acemoglu and Restrepo，2018）。同时，数字化会增加高技能劳动者就业机会和增加低技能劳动者的失业风险（孙早和侯玉琳，2019），如机器人的应用会对企业的劳动力需求产生一定的替代性影响（王永钦和董雯，2020）。第三，数字科技构建起了在线化学习环境，推动优质教育环境体验化、教育资源均等化。数字科技具有开放性、拓展现实性和智能交互性等特征（Yoo et al.，2012），为提供沉浸式优质教育环境和增强学生学习体验感、主动性提供了技术手段（陆峰，2022）。同时，在线教育平台、网络共享课程等线上教育服务具有开放性（无时间/空间限制）、灵活性（学习者自主决定进度并自主学习）等特点（Wu et al.，2021），用信息技术把传统教育以数字化的形式呈现出来，将教育资源从专用资源拓展至通用资源（杨宗凯等，2018），有助于实现教育资源均等化。第四，数字科技的渗透与普及不断创新数字生活供给模式，推动数字生活公共服务均等化、普惠化、智慧化。数字化背景下，广大民众可在共享社会组织模式中充当消费者或生产者，实现社会全员参与和资源的共享利用（Barrett et al.，2015；Lusch and Vargo，2014）。例如，通过数字化手段建立共享物品、共享汽车、共享住房、共享课程等模式，将多个用户的闲置资源、能力或服务整合起来，促进资源要素高效配置和公共服务均等化、普惠化、智慧化（陆峰，2022）。

（4）数字化背景下的环境创新发展。已有研究主要关注数字化如何影响绿色低碳技术创新和绿色生产过程，以及如何塑造绿色生活和改善绿色治理。第一，数字化赋能绿色低碳技术的研发和应用。例如，数字化能够将政产学研等创新主体通过数字化技术松散耦合地交叉融合连接（Ciarli et al.，2021），通过联合攻关加快突破清洁低碳能源关键技术（Mansour，2023）。同时，数字科技能够提升生产效率、降低能源消耗和碳排放（Dong et al.，2022），从而受到投资者的青睐（Ozili，2021），有助于加快绿色低碳技术的转化及应用。第二，数字化通过提升生产过程的绿色化、自动化程度提高绿色生产效率。例如，将数字科技与数字基础设施应用于能源、电力、钢铁、交通、建筑等传统重点行业，推动传统重点行业全产业链条的绿色化改造（Rehman et al.，2023），打造绿色低碳的生产模式和实现绿色转型（万攀兵等，2021）。同时，数字工厂基于数字模型和生产线数据信息等优化生产管理流程，提升全产业链条的生产效率并降低能源消耗，提升自动化水平（戴翔和杨双至，2022）。第三，数字化推动绿色消费习惯和可持续生活方式的形成。例如，数字化背景下消费者可以更方便地获取环境友好型产品的信息，从而引导消费者朝着低碳、可持续的生活方式转变（Rehman et al.，2023）。此外，数字科技可以广泛应用于交通、消费、医疗、教育、卫生等社会公共服务领域（Pee et al.，2021），通过提供便捷、高效的公共服务促进绿色出行、绿色消费、绿色办公和绿色服务（中国信息通信研究院，2022）。第四，数字科技的应用提升了环境监测和治理的精细化水平。例如，依托数字科技建立全天候、广覆盖的动态监测系统，实时采集和分析环境数据，改善生态环境的管理和保护能力（Nguyen et al.，2020）。此外，数字化还促进了多部门协同和多主体参与的治理模式，借助数字科技实现了数据共享和信息交流（Fan et al.，2014），利益相关者之间的直接协同和间接协同得到增强（Bresciani et al.，2021），从而提升环境治理的精细化程度。

1.2　数字化背景下创新发展的实践与理论变革

本节尝试分析数字化背景下的创新发展在实践与理论层面的变革，为进一步阐述数字化背景下的创新发展内涵提供理论依据与实践支撑。随着数据资源、数字科技、数字平台和数字基础设施等数字要素作为关键创新资源嵌入和支持创新发展活动（陈凯华等，2023），创新发展的实践场域和活动方式随之发生变化，给已有创新发展理论的基本假定、研究对象、分析方法等带来挑战，由此推动和呼吁数字经济时代创新发展理论体系与研究范式的变革，以更好地从认识论和方法论层面解释和应对数字化背景下创新发展涌现的新现象和面临的新问题（图 1-1）。

1.2.1　数字化背景下创新发展的实践变革

数字化背景下，数字要素不仅作为新的生产要素参与到创新发展活动中，而且能够赋能传统创新发展活动所依赖的传统生产要素，形成新的创新发展生产要素体系（陈凯华，2020），同时数字科技也使得创新活动实践由实体空间向"人-机-物"三元融合世界转变。创新发展要素体系升级与实践场域拓展将进一步引发创新发展活动的决策模式、活动流程和组织方式变革与升级。

1. 创新发展要素体系升级：数字要素成为数字化背景下创新发展的关键资源

数字化背景下，创新发展所依赖的生产要素体系发生结构性变革，数据资源、数字科技、数字平台和数字基础设施成为数字经济时代创新发展新的生产要素，这些新的生产要素不仅为创新发展提供了新的

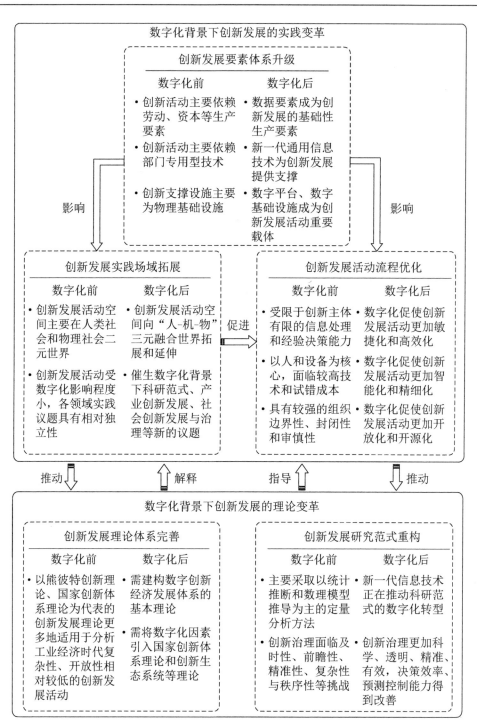

图 1-1　数字化背景下创新发展的实践与理论变革

动力，同时也能够促进创新发展经济体系内原有生产要素的优化重组，从而加速创新的发生与发展（陈凯华，2020）。

数字化背景下，数据要素成为创新发展不可或缺的基础性生产要素。首先，从生产要素的本质属性来看，相较于劳动、资本、技术等生产要素，数据要素具有非稀缺性、非竞争性、强外部性、规模报酬递增等内在特征（Jones and Tonetti，2020；徐翔等，2021），来源更加多样、覆盖面更广、渗透力更强，并且表现出丰富的应用场景优势（OECD，2015），能够直接参与到经济社会系统的创新活动与生产活动中。其次，数据要素可与劳动、资本、土地等传统生产要素相结合产生新的生产资料（谢康等，2020），实现新组合所需的要素投入数量、种类和质量大大丰富和拓展。

相较于传统依赖部门专用型技术开展的创新活动，以人工智能、区块链、云计算、大数据为代表的通用信息技术更容易嵌入到创新发展的各个领域和环节中。具体而言，以深度学习为代表的人工智能技术近些年来快速发展，并且在制造、医疗、家居、自动驾驶等领域的产业化应用落地（中国信息通信研究院，2022），同时以生成预训练变换模型（chat generative pre-trained transformer，ChatGPT）为引领的人工智能生成技术也正在成为支撑工业、教育、金融、医疗创新发展与管理的重要工具（中国信息通信研究院和京东探索研究院，2022），有助于缓解创新发展过程中创新部门与产业部门协同发展的难题。区块链技术具有去中心化、可追溯、不可篡改的鲜明特征，能够使创新发展更加开放、合作，创新服务更加高效、安全，创新管理更加公正、透明，有助于企业及利益相关者更加有效地应对创新挑战和进行商业模式创新（Morabito，2017；Baudier et al.，2022）。云计算技术提供的高性能计算和存储能力、强大的数据挖掘与分析能力则有助于降低创新发展活动成本和提高创新发展活动效率，同时其强大的数据安全保障和备份能力也有助于增强创新发展的安全性和可靠性（Lin and Chen，2012）。大数据技术在面对大规模数据方面的处理能力、成本优势和速度优势有助于创新主体更快速地形成创新想法、预测创新路径、改善创新流程和优化创新方案组合，从而提升企业创新能力和生产能力（Wu et al.，2020）。

不同创新部门间的联系往往依托于特定的实体机构或物理基础设施，创新合作呈现出明显的地理空间集聚效应。但是在数字化背景下，以 5G/6G 互联网、工业互联网、数据中心为代表的数字平台和数字基础设施成为保障数字经济时代创新发展活动开展的重要载体（Tilson et al.，2010），能够通过降低通信成本、扩大沟通范围和提高网络连通性来加速创新发展网络中的知识创造和知识共享（Lyytinen et al.，2016），为跨地域和跨部门的创新合作提供了平台和服务供给。随着数据要素向经济社会系统的广泛应用和深度渗透，大规模数字化将引起整个社会基础设施的基本形态、建设方式、运营模式的结构性变革（Constantinides et al.，2018），包括网络基础设施、算力基础设施和应用基础设施在内的数字基础设施成为顺应网络化、数字化、智能化社会发展趋势的新型基础设施（魏江和赵雨菡，2021）。具体而言，以 5G 为代表的网络基础设施具有更快的数据传输速度和较强的稳定性，进一步打破了创新主体间沟通交流的地域限制，强化了不同经济社会部门的创新联系（Olokundun et al.，2022）。工业互联网作为新一代信息通信技术和工业经济深度融合的新型基础设施，其平台化设计、网络化协同、智能化制造、数字化管理等新模式有助于改善企业内部与利益相关者之间传统的线性创新与管理流程，加快拓展融合创新应用和构建产业创新生态，极大地拓展了产业的创新发展空间（工业和信息化部办公厅，2020）。以数据中心为代表的算力基础设施则能够为创新发展活动提供高性能的计算能力和安全可靠的数据服务，同时也能够针对创新发展活动的不同应用场景提供差异化的数据资源、计算资源和共享服务。

2. 创新发展实践场域拓展："人-机-物"三元融合世界打破创新发展边界并催生新的实践议题

工业经济时代，创新发展活动主要在物理空间中开展，而在数字经济时代，创新发展活动可以在虚拟世界中进行。随着创新发展活动空间的拓展，众多富有数字经济时代特征的创新发展实践议题不断涌现，包括数字化如何改变科技创新范式，数字化如何赋能产业结构转型升级，如何构建数字经济时代的创新治理体系等。

数字化正在推动创新发展的活动空间从原来的人类社会和物理社会二元世界向"人-机-物"三元融合世界拓展和延伸。工业经济时代，创新发展活动主要在人类社会和物理社会中展开，明显受到时间、空间和组织边界的硬约束。随着数字经济成为继农业经济、工业经济之后的主要经济形态，大数据、人工智能、云计算等新一代信息技术的快速发展催生了工业互联网、产业互联网、数字孪生、元宇宙等新的生产生活空间，模糊了人类社会、物理社会和信息社会的边界并加速了人、机、物的交互融合，这为创新发展创造了更广阔的活动空间（江小涓和罗立彬，2019）。创新活动能够在虚拟空间中进行，并减少因地理距离、信息不对称等因素产生的要素交易成本（Chesbrough et al.，2006；Faraj et al.，2011）。例如，相较于传统的依托于物理实验室开展的创新活动，元宇宙创新实验室能够为科技人员的研发活动提供更加灵活、便捷、高效、低成本的实验环境，也有助于打破全球科技人员交流与合作的地域因素限制（叶毓睿等，2022）。企业可以利用元宇宙进行虚拟产品测试、数字化营销与品牌推广、数字人才培训等以改善创新发展活动的内外部环境。

数字化背景下创新发展活动边界的拓展丰富了创新发展活动的实践内容，催生了众多富有数字经济时代特征的创新发展议题。工业经济时代，创新发展活动受数字化影响程度较小，创新发展各个领域的实践议题相对独立。数字科技具有可编辑性、可沟通性和可生成性等基本特性（Yoo et al.，2010），能够向科技、产业、社会和环境领域快速、深度渗透融合，从而重构创新发展活动的生产条件、生产方式和运行机制（Nambisan et al.，2017），这种不确定性将引发对数字化背景下科研范式、产业创新发展、社会创新发展与治理等实践议题进行统筹把握和系统性思考。相应地，如何构建适应数字经济创新发展的治理体系也是重要的实践议题。数字化在带来巨大发展机遇的同时可能进一步加剧网络安全风险、数字鸿沟、数据隐私等风险与挑战，创新管理活动越发呈现出复杂系统特征（王芳和郭雷，2022），需要政府和各创新主体从技术、组织、管理和制度层面全面强化创新管理能力，构建协调、统一的数字治理框架和规则体系，提升数字经济时代的创新治理效能。

3. 创新发展活动流程优化：数字化背景下创新发展更加敏捷化与高效化、智能化与精细化、开放化与开源化

随着数字要素深度渗透到创新活动各个环节并不断拓展创新发展边界，创新发展的决策模式、活动流程和组织方式呈现出更强的数字化和智能化特征，表现为创新主体的市场创新行为更加敏捷化与高效化，传统的产品创新和工艺创新流程更加智能化与精细化，创新组织形式和组织流程更加开放化与开源化。

受限于创新主体相对有限的信息处理和经验决策能力，创新活动的速度、方向与效率往往面临较高的风险性和不确定性，数字化通过提升创新主体数字感知、分析和理性决策能力来快速制定和灵活调整创新方案，使得创新活动更加敏捷化和高效化。数字化为企业快速、灵活地调整商业模式、业务流程和运营方式，应对快速变化的市场需求提供了可行手段（张敬伟等，2022）。例如，相较于传统的市场创新模式，数字化背景下企业可以利用大数据技术和人工智能技术来及时获取海量用户信息和动态分析市场需求，以快速优化产品营销策略和改善产品设计方案。企业还可以利用协同办公云平台和数字工作流程管理软件来提升团队协同创新和创新管理的效率。

传统的产品和工艺创新往往以人和设备为核心，面临较高的技术成本与试错成本，数字化则赋予创新发展智能分析与智慧决策，从而拓展创新边界、优化生产流程和改善服务模式，加速了创新活动向智能化和精细化方向演进。在产业创新发展领域，数据驱动的产品创新模式和工艺创新流程正在催生更加智能的数字创新产品、数字赋能的创新产品和人机协同的智能化生产方式（Sjödin et al.，2018）。例如，企业将数字科技与传统的物理产品相结合形成智能互联产品，大大拓展了企业的创新发展边界（Wang et al.，2022；曹鑫等，2022）。先进制造技术与新一代信息技术深度融合所形成的智能制造生产方式使得装备设计和制造、加工工艺等产业创新流程更加智能化，同时也有助于强化对创新环境的动态感知能力，从而快速响应、动态调整和优化配置创新资源。在社会创新发展领域，借助数字科技对复杂繁多的数据进行分析和处理，精细划分服务人群和服务需求，汲取有用信息辅以科学决策，有助于改变传统社会服务中的粗放低效服务的模式，使社会公共服务更加精细化。

　　创新活动往往具有明显的组织边界特征，并且创新主体需要独自承担创新的成本与风险，其创新行为表现出较强的封闭性与审慎性，数字化则使企业创新组织边界被进一步打破，加速了创新发展活动向开放化和开源化转变。一方面，相较于封闭式创新，开放式创新成为数字经济时代创新活动的重要方式。企业能够通过获取数字资源来缓解内部创新资源约束和拓展其投入要素来源。具有开放性、可供性等特征的数字科技催生了开放式创新生态系统组织形态（韩少杰和苏敬勤，2023），进一步强化了企业开放式创新的广度和深度（贾西猛等，2022），使得组织间协同创新效率大幅提升（Urbinati et al.，2020）。相应地，创新管理活动的组织边界也被进一步打破，开始从企业内部管理拓展至生态治理层面（Beltagui et al.，2020）。另一方面，相较于封闭式创新，开源创新成为数字经济时代创新发展更加重要的创新模式。数字化有助于促进开源软件的发展，使更多的创新主体开始采用开源软件来开展业务，同时开源软件也为不同创新主体开展数字化转型提供了多元的发展机会和多样的工具支持（隆云滔和刘海波，2023）。数字化与开源创新间形成的正反馈效应正在催生开放式创新平台、开放实验室、开源社区等，促使分布式创新和重组创新活动规模快速增长（中国信息通信研究院，2021）。

1.2.2　数字化背景下创新发展的理论变革

数字化背景下的创新发展实践变革挑战了创新产品有界、创新主体集中、创新过程与结果分离等创新发展理论的基本假设（Nambisan et al.，2017），使得既有创新发展理论在解释数字化背景下创新发展实践时的应用情境、分析工具、研究方法等不再完全适用，需要认识论和方法论的适应性变革来更好地指导和支撑创新发展实践。在认识论层面，需要思考以熊彼特创新理论、国家创新体系理论为代表的创新发展理论如何在数字化背景下拓展、丰富和应用。在方法论层面，则需要利用数字化手段改进创新发展的研究范式，完善数字化背景下的创新发展研究工具和分析方法，以更好地感知和解析数字化背景下创新发展的新现象和新问题，总结和挖掘数字化背景下创新发展的基本规律。

1. 创新发展理论体系完善：数字化背景下创新发展基本理论的丰富和拓展

数字化背景下，产品创新的基本模式、工艺创新的生产流程、商业模式的创造逻辑和创新组织的基本形态正在发生变化（曲永义，2022），这些新的实践议题为数字化背景下创新发展理论的拓展打开了重要的机会窗口，迫切需要完善数字经济时代的创新发展理论体系。

作为创新发展领域的奠基性理论，熊彼特创新理论面临数字化的新背景。熊彼特从创新形成、创新类型、创新主体、创新影响等方面系统回答了创新驱动经济发展的基础问题。数字化背景下，无论是创新的来源、形式还是创新的过程和组织相较于熊彼特所处的工业经济时代均发生了结构性变革。熊彼特创新理论在解释数字经济时代的创新形成机制、创新数字化转型的创造性破坏效应等基础问题上力度不足，迫切需要对其适用性加以理论反思、拓展和重构，以增强其时代适应能力和发展能力（Bodrožić and Adler，2021）。一方面，需要对熊彼特创新理论中创新形成、创新类型、创新主体、创新影响等基本议题进行再检验、再思考和再拓展。另一方面，需要丰富和拓展数字创新发展经济体系的基础理论，进一步从数字科技、知识生产方式、创新主体的边界、制度与条件等方面探究数字创新发展经济体系的演化动力和数字创新发展经济体系的增值效应。

　　数字化使创新发展表现出更强的复杂性和开放性，引发创新发展体系基本结构、主体关系、制度环境、系统功能的变革，呈现出更强的生态特征（刘洋等，2020；Beltagui et al.，2020），因此需要将数字化因素引入国家创新体系理论以及创新生态系统理论的发展中。一方面，数字化背景下的创新活动更强调多元知识和能力的集成，是人、设备、数字基础设施、应用场景等不同要素互动的复杂过程和系统（曲永义，2022），其在推动整个技术经济范式变革的同时也将对国家创新体系的演化产生深远影响（杨晶等，2020）。具体而言，数字化不仅催生出数据这一新的创新发展要素，而且有助于创新主体连接与创新要素配置突破时间、空间和组织的限制（Nambisan et al.，2019），这从根本上改变了知识的生产、扩散、应用过程并重塑了国家创新体系效能的生成机制。因此，需要丰富和拓展数字化背景下国家创新体系的相关理论，从知识生产系统、知识扩散系统和知识应用系统等系统功能视角厘清数字赋能国家创新体系的影响路径，明晰数字赋能国家创新体系的政策方向。另一方面，数字经济时代的创新活动不再局限于单一创新主体或组织内部（陈冬梅等，2020），数字创新生态成为数字产业创新发展活动开展的重要形式，同时数字创新体系对其他产业创新生态系统的赋能作用也正在显现（张超等，2021）。因此，需要探究数字化与创新生态系统主体、结构、制度、功能、演进间的理论逻辑关系，丰富和拓展数字化背景下创新生态系统理论的研究。

　　2. 创新发展研究范式重构：数字驱动的创新发展研究范式加速形成

　　数字化背景下，创新发展活动呈现出明显的要素数字化、组织网络化、节点平台化特征（周代数，2021），原来的线性创新、封闭式创新逐渐被迭代式创新、分布式创新以及跨界创新所替代（柳卸林等，2020），开放化、智能化、平台化、生态化等特征更加明显。围绕上述创新发展实践的新特征，探索数字化背景下创新发展研究范式的变革，提炼出具有数字时代特征的科学问题，明晰数字化背景下创新发展研究的探索路径，对于指导前沿创新发展研究和实践具有重要的理论价值与现实意义。

数字化正在改变创新发展的经典研究范式。长久以来，以数据统计推断和数理模型推导为主的定量分析方法是创新发展研究的主流范式，但数字科技快速发展下涌现的大数据分析、机器学习等方法推动传统创新发展与管理研究方法的改进与优化。以人工智能、大数据、云计算为代表的新一代信息技术正在推动科研范式的数字化转型，特别是生成式人工智能正在引发科研支撑、科研过程、科研产出与科研传播的系统性变革，为促进科学知识的发现、应用和扩散提供了新的路径。数据密集型科学正在成为继经验科学、理论科学和计算科学之后的科学研究第四范式（Hey et al.，2009；OECD，2019a；郁建兴等，2023）。在创新治理方面，创新治理往往面临着及时性、前瞻性、精准性、复杂性与秩序性等诸多挑战，数字化则为政府部门改善创新发展与管理活动提供了前所未有的发展机遇，有助于推进创新决策的多元主体参与，提高创新治理科学性和透明度，改善创新治理精准性和有效度，提升创新治理决策能力和效率，增强创新治理预测和控制能力，从而提高创新治理整体效能。例如，政府部门在数字手段的支持下，能够通过密集地使用数字科技和数据资源来建立新的或改善已有的部门程序和基础设施，从而更好地促进数字科学与创新政策（digital science and innovation policy，DSIP）的制定与实施（OECD，2020a）。

1.3　数字化背景下创新发展的内涵

数据资源、数字科技、数字平台和数字基础设施等构成的数字创新体系不断建设、发展和完善，能够为创新发展提供更加多样、更高质量的创新要素供给。进一步地，数字创新体系进一步通过要素、技术、主体、平台等赋能路径为科技、产业、社会和环境领域的创新发展提供动力和支撑（图 1-2）。具体而言，数字化改善和优化了创新链上各类创新发展活动开展所依赖的资源与环境、组织与机构，在增强创新发展效能

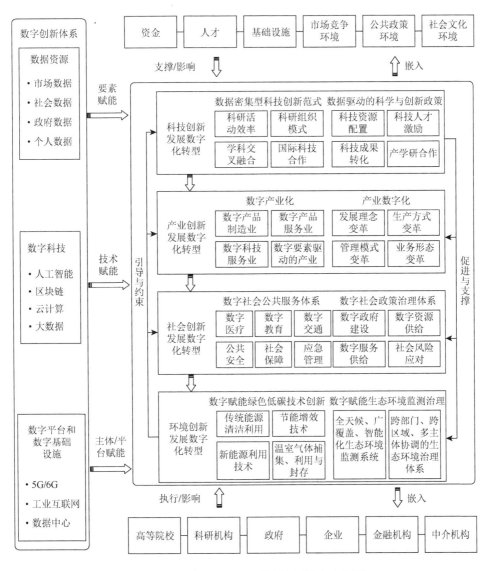

图 1-2　数字化背景下的创新发展示意图

的同时也进一步强化了不同类型创新发展活动间的效率、整体性与协调性。例如，科技创新发展数字化转型所产生的成果能够进一步支撑产业、社会和环境领域创新发展效能的提升，而环境创新发展数字化转型同时又引导和约束着科技、产业和社会领域创新发展的方向和目标。同时，数字化带来了创新发展实践场域的拓展，也为科技、产业、社会、环境创新发展带来了新动力与新机制，催生出诸如数字创新、数字产业、数字社会等新的创新发展方式。因此，将数字化背景下的创新发展界定为：利用数字化为各领域创新发展带来的新动力或新机制来催生新的创新发展模式，借助数字创新体系来提升科技、产业、社会、环境领域创新发展效能。

1.3.1 科技领域：数字化助力数字驱动科技创新范式与治理模式形成

科技创新发展数字化转型是指将数字创新成果赋能和融入科技创新发展与管理活动全过程中，打造数据驱动的科技创新范式和治理模式，更好地促进和支撑科技创新活动的发生与发展。一方面，充分发挥数字要素在提升科研活动效率、改善科研组织模式、学科交叉融合和国际科技合作等方面的赋能作用，加速形成"数据密集型科学"的研究范式，打造人机协同的智慧科研组织模式，促进开放科学、交叉科学和融合科学发展，构建开放共享的国际科技合作网络（OECD，2020a）。另一方面，面向科技创新发展数字化转型实践需求，加快构建数据驱动的科学与创新政策系统，合理利用数字科技在改善科技资源配置、科技人才激励、科技成果转化、产学研合作等科技创新政策布局、决策、制定、实施和评估中的重要作用。例如，利用大数据技术帮助政府部门收集和分析海量数据从而更好地动态监测社会经济现象和应对社会挑战（OECD，2022），构建不同层级、不同职能部门间的信息集成系统以打通部门间潜在的职能分割和信息不对称壁垒，从而使创新发展与管理政策的制定和实施更加系统、科学、合理、有效（Wang et al.，2018；Meiyanti et al.，2018）。

1.3.2　产业领域：数字化加速数字产业化与产业数字化协同创新生态构建

产业创新发展数字化转型是指通过大力发展数字科技、充分发挥数据要素作用、优化升级数字基础设施等手段协同推进数字产业化和产业数字化转型，推动关键技术创新能力提升、提升核心产业竞争力、培育数字经济新业态新模式和赋能传统产业结构转型升级，形成新的技术-经济范式和产业创新生态，从而引领和促进数字经济高质量发展（Matt et al.，2021）。其中，数字产业化发展的重点在于以数据要素产业化和数字科技产业化为核心（孙占利和付蓓静，2022），通过发展数字产品制造业、数字产品服务业、数字科技应用业、数字要素驱动业，从而为产业数字化发展提供必要的数字产品、服务、技术和基础设施等（国家统计局，2021），以及促进战略性新兴产业和未来产业的发展。产业数字化发展的重点则是将数字产业化所生产的技术、产品、服务和基础设施广泛、充分、有效地应用于农业、工业、服务业部门发展理念、生产方式、管理模式、业务形态的变革与升级，从而促进各部门效率提升、产出增加和价值增值，加速形成数字科技与实体经济深入融合的发展模式（中国信息通信研究院，2020）。

1.3.3　社会领域：数字化支撑数字社会公共服务体系与政府治理体系完善

社会创新发展数字化转型是指将数字要素与数字科技广泛应用到公共服务领域以更好地应对社会挑战（Qureshi et al.，2021），构建更加高效化、智能化、精细化、人性化、便捷化、均等化的公共服务体系和社会治理体系，加快建设生活更加美好、发展更有质量的数字社会和服务更有温度、治理更加为民的数字政府。一方面，数字社会是适应数字时代生产生活方式变革和满足人民美好生活愿景的社会发展形态。数字化为医疗、教育、交通、公共安全、社会保障、应急管理等传统公共服务升级提供了全新的技术支撑体系和实践应用场景（Constantinides et al.，2018），智慧医养、智慧交通、智慧教育等更加智能便捷的公共服务体系能够更充分地满足人民更加个性化、多元化的生活与发展需求（Barrett et al.，2015），加快建设兼顾公平与效率的共享型数字社会。另一方面，数字政府是引领驱动数字经济发展和数字社会建设、营造良好数字生态、加快数字化发展的必然要求。数字社会公众多层次、多样化的需求对政府调控社会运行系统的数字资源供给能力和数字服务水平提出了更高要求，需要建设数字化、智能化的政府运行新形态来推动社会公共服务高质量发展，加快建设人民满意的服务型数字政府（穆荣平等，2022）。此外，数字化转型在促进社会发展的同时也带来了隐私暴露、数字鸿沟、数字伦理等社会挑战，迫切需要针对各类数字风险建立相应的监测、防控与治理政策体系。

1.3.4　环境领域：数字化赋能绿色可持续发展与治理路径拓展

环境创新发展数字化转型是指将数字要素应用于绿色创新和环境创新发展与管理的全过程，向绿色科技赋能产业和社会创新发展的绿色低碳转型，从而在全社会形成绿色低碳发展模式和高效智能的生态环境治理体系，实现经济发展效率、质量和可持续性的全面提升。一方面，加快建设数字赋能的绿色低碳创新发展体系。科技创新发展层面，加快建设绿色低碳技术创新体系。围绕传统能源清洁利用，节能增效，新能源利用和温室气体捕集、利用与封存等技术建立协同创新体系，形成国家战略科技力量、高等院校、科研机构、企业等产学研用深度融合的绿色低碳技术创新体系，加快突破一批清洁低碳能源关键技术（Mansour，

2023）。产业创新发展层面，形成绿色低碳循环发展的生产新模式。将数字科技与数字基础设施应用于能源、电力、钢铁、交通、建筑等重点行业，推动传统行业全产业链条的数字化和绿色化改造（Rehman et al.，2023），打造绿色低碳的生产模式和实现能源结构的绿色转型，提升全产业链条的生产效率并降低能源消耗（戴翔和杨双至，2022）。社会创新发展层面，倡导数字赋能的绿色生活新风尚，将数字科技广泛应用于交通、消费、医疗、教育、卫生等社会公共服务领域，打造绿色出行、绿色消费、绿色办公和绿色服务的生活模式（中国信息通信研究院，2023）。另一方面，强化数字科技在生态环境监测系统和治理体系的应用（Nguyen et al.，2020）。在生态环境监测方面，依托云计算、大数据、人工智能等新一代信息技术和数字基础设施建立全天候、广覆盖的动态监测系统和能够进行连续采集、智能分析的生态大数据系统，从而扩大生态环境监测的广度、精度和智能化程度。生态环境治理方面，将传统的生态环境治理手段与数字科技相结合，构建多部门协作、多主体参与、跨区域协同的生态环境治理体系，以提高生态环境治理的整体性、协调性和精细化程度。

此外，数字化背景下的区域创新发展是在特定空间范围内科技、产业、社会、环境创新发展共同作用的结果，如何推动区域层面创新发展的数字化转型成为当前重点关注的实践议题。然而，数字化可能颠覆经典区域创新发展理论的基本假设（陈晓红等，2022），引致数字化背景下区域创新发展实践缺乏合适的理论指导与支撑，也无法为数字化时代区域创新发展与管理的未来趋势变化提供可行性建议。因此，迫切需要探索数字化如何促进区域层面资源配置理论、产业集聚理论、经济增长理论等区域创新发展理论的发展与演化，以及数字化如何变革区域价值创造过程中的要素价值、科学价值、技术价值、经济价值和社会价值等，从而为区域创新要素配置重塑、区域科技创新链升级、区域产业结构重构、区域社会经济发展和区域创新治理体系转型等实践提供理论支撑与指导。

1.4 本章小结与未来展望

1.4.1 本章小结

本章揭示了数字化背景下创新发展的新变化,进而构建了创新发展数字化转型的基本分析框架。研究发现,数字化正在加速创新发展实践与理论的变革。数字化为创新发展带来数据资源、数字科技、数字平台和数字基础设施等新的投入要素体系,进而拓展了创新发展的实践场域,改善了创新发展的活动流程。同时,以熊彼特创新理论、国家创新体系理论等为代表的创新发展理论必须适应数字化转型发展趋势,从而更好地解释和指导数字经济时代的创新发展实践。进一步地,随着数字创新体系的建设和完善,各类数字创新成果能够更加充分地渗透到科技、产业、社会、环境等各个领域的创新发展实践中,以更好地促进各类创新活动开展,提升各领域创新发展整体效能。

1.4.2 未来展望

本章提炼出数字化背景下创新发展实践与理论的变革方向,总结了创新发展数字化转型的基本内容,为后续开展创新发展数字化转型研究提供了基本思路与分析框架。在此基础上,可以结合创新发展的具体理论和实际情境进行更深层次的探讨,从而为创新发展数字化转型提供理论指导与经验支撑。理论层面,需要完善和构建数字经济时代创新发展的基本理论,包括熊彼特创新理论在数字经济时代如何发展、数字创新发展经济体系如何构建、数字化背景下的国家创新体系理论和创新生态系统理论如何完善等基本问题。实践层面,需要推进科技、产业、社会和环境等不同领域创新发展与管理数字化转型的实践探索,思考数字化如何助力科研范式与创新治理、产业创新发展与治理、区域创新发展与治理、社会创新发展与治理、环境创新发展与治理等实际问题，并提炼出相应的科学问题加以实证研究与案例研究。

本章参考文献

蔡跃洲. 2021. 中国共产党领导的科技创新治理及其数字化转型：数据驱动的新型举国体制构建完善视角[J]. 管理世界，37（8）：30-46.

曹鑫，欧阳桃花，黄江明. 2022. 智能互联产品重塑企业边界研究：小米案例[J]. 管理世界，38（4）：125-142.

陈冬梅，王俐珍，陈安霓. 2020. 数字化与战略管理理论：回顾、挑战与展望[J]. 管理世界，36（5）：220-236，20.

陈凯华. 2020. 加快推进创新发展数字化转型[J]. 瞭望，（52）：24-26.

陈凯华，赵彬彬，康瑾，等. 2023. 数字赋能国家创新体系：演化过程、影响路径与政策方向[J]. 科学学与科学技术管理，44（2）：19-32.

陈潭. 2015. 作为提升国家治理效能的"大数据×"[J]. 华中科技大学学报（社会科学版），29（4）：7-8.

陈晓红，李杨扬，宋丽洁，等. 2022. 数字经济理论体系与研究展望[J]. 管理世界，38（2）：208-224，13-16.

戴翔，杨双至. 2022. 数字赋能、数字投入来源与制造业绿色化转型[J]. 中国工业经济，（9）：83-101.

工业和信息化部办公厅. 2020. 工业和信息化部办公厅关于推动工业互联网加快发展的通知[EB/OL]. https://www.miit.gov.cn/jgsj/xgj/wjfb/art/2020/art_56f2702b081743bfa6be118b6d2e336e.html[2023-10-07].

国家统计局. 2021. 数字经济及其核心产业统计分类（2021）[EB/OL]. http://www.stats.gov.cn/sj/tjbz/gjtjbz/202302/t20230213_1902784.html[2023-02-08].

韩少杰，苏敬勤. 2023. 数字化转型企业开放式创新生态系统的构建：理论基础与未来展望[J]. 科学学研究，41（2）：335-347.

贾西猛，李丽萍，王涛，等. 2022. 企业数字化转型对开放式创新的影响[J]. 科学学与科学技术管理，43（11）：19-36.

江小涓，罗立彬. 2019. 网络时代的服务全球化：新引擎、加速度和大国竞争力[J].

中国社会科学，（2）：68-91，205-206.

李晓华.2022. 数字科技、制造业新形态与全球产业链格局重塑[J]. 东南学术，（2）：134-144，248.

刘洋，董久钰，魏江.2020. 数字创新管理：理论框架与未来研究[J]. 管理世界，36（7）：198-217，219.

柳卸林，董彩婷，丁雪辰.2020. 数字创新时代：中国的机遇与挑战[J]. 科学学与科学技术管理，41（6）：3-15.

隆云滔，刘海波.2023-04-26. 开源创新赋能数字经济高质量发展[N]. 中国社会科学报，（8）.

陆峰.2022. 数字化转型与治理方法论[M]. 北京：人民邮电出版社.

穆荣平，陈凯华.2022. 2020 国家创新发展报告[M]. 北京：科学出版社.

穆荣平，蔺洁，池康伟，等.2022. 创新驱动社会服务数字转型发展的趋势、国内外实践与建议[J]. 中国科学院院刊，37（9）：1259-1269.

曲永义.2022. 数字创新的组织基础与中国异质性[J]. 管理世界，38（10）：158-174.

单珊.2022. 党的十八大以来我国突发公共卫生事件应急管理体系建设的重大成就和重要经验[J]. 管理世界，38（10）：70-78.

孙早，侯玉琳.2019. 工业智能化如何重塑劳动力就业结构[J]. 中国工业经济，（5）：61-79.

孙占利，付蓓静.2022. "数字产业化"的界定与统一规范使用[J]. 征信，40（12）：16-24.

田秀娟，李睿.2022. 数字技术赋能实体经济转型发展：基于熊彼特内生增长理论的分析框架[J]. 管理世界，38（5）：56-74.

万攀兵，杨冕，陈林.2021. 环境技术标准何以影响中国制造业绿色转型：基于技术改造的视角[J]. 中国工业经济，（9）：118-136.

王芳，郭雷.2022. 数字化社会的系统复杂性研究[J]. 管理世界，38（9）：208-221.

王飞跃，缪青海.2023. 人工智能驱动的科学研究新范式：从 AI4S 到智能科学[J]. 中国科学院院刊，38（4）：536-540.

王永钦，董雯.2020. 机器人的兴起如何影响中国劳动力市场？——来自制造业上市公司的证据[J]. 经济研究，55（10）：159-175.

魏江，赵雨菡.2021. 数字创新生态系统的治理机制[J]. 科学学研究，39（6）：965-969.

谢康，夏正豪，肖静华. 2020. 大数据成为现实生产要素的企业实现机制：产品
　　创新视角[J]. 中国工业经济，(5)：42-60.

熊彼特. 1990. 经济发展理论[M]. 何畏译. 北京：商务印书馆.

徐翔，厉克奥博，田晓轩. 2021. 数据生产要素研究进展[J]. 经济学动态，(4)：
　　142-158.

杨晶，李哲，康琪. 2020. 数字化转型对国家创新体系的影响与对策研究[J]. 研究
　　与发展管理，32 (6)：26-38.

杨宗凯，吴砥，郑旭东. 2018. 教育信息化 2.0：新时代信息技术变革教育的关键
　　历史跃迁[J]. 教育研究，39 (4)：16-22.

叶毓睿，李安民，李晖，等. 2022. 元宇宙十大技术[M]. 北京：中译出版社.

依绍华，梁威. 2023. 传统商业企业如何创新转型：服务主导逻辑的价值共创平台
　　网络构建[J]. 中国工业经济，(1)：171-188.

郁建兴，高翔，王诗宗，等. 2023. 数字时代的公共管理研究范式革命[J]. 管理世界，
　　39 (1)：104-116.

张超，陈凯华，穆荣平. 2021. 数字创新生态系统：理论构建与未来研究[J]. 科研
　　管理，42 (3)：1-11.

张建锋，肖利华，许诗军. 2022. 数智化：数字政府、数字经济与数字社会大融合
　　[M]. 北京：电子工业出版社.

张敬伟，涂玉琦，靳秀娟. 2022. 数字化商业模式研究回顾与展望[J]. 科技进步与
　　对策，39 (13)：151-160.

张文魁. 2022. 数字经济的内生特性与产业组织[J]. 管理世界，38 (7)：79-90.

中国科学院创新发展研究中心. 2009. 2009 中国创新发展报告[M]. 北京：科学出
　　版社.

中国信息通信研究院. 2020. 中国数字经济发展白皮书（2020 年）[R]. 北京：中国
　　信息通信研究院.

中国信息通信研究院. 2021. 全球产业创新生态发展报告：变局中的竞争、合作与
　　开放[R]. 北京：中国信息通信研究院.

中国信息通信研究院. 2022. 人工智能白皮书（2022 年）[R]. 北京：中国信息通信
　　研究院.

中国信息通信研究院. 2023. 数字化绿色化协同发展白皮书（2022 年）[R]. 北京：
　　中国信息通信研究院.

中国信息通信研究院，京东探索研究院. 2022. 人工智能生成内容（AIGC）白皮书（2022 年）[R]. 北京：中国信息通信研究院，京东探索研究院.

周代数. 2021. 数字化背景下的创新范式转型及其金融支持[J]. 科技中国，（10）：40-43.

Acemoglu D，Restrepo P. 2018. The race between man and machine：implications of technology for growth，factor shares and employment[J]. American Economic Review，108（6）：1488-1542.

Aharon D Y，Demir E，Siev S. 2022. Real returns from unreal world? Market reaction to Metaverse disclosures[J]. Research in International Business and Finance，63（3）：101778.

Antman E M，Loscalzo J. 2016. Precision medicine in cardiology[J]. Nature Reviews Cardiology，13（10）：591-602.

Balsmeier B，Woerter M. 2019. Is this time different? How digitalization influences job creation and destruction[J]. Research Policy，48（8）：103765.

Barrett M，Davidson E，Prabhu J，et al. 2015. Service innovation in the digital age：key contributions and future directions [J]. MIS Quarterly，39（1）：135-154.

Baudier P，Chang V，Arami M. 2022. The impacts of blockchain on innovation management：sectoral experiments[J]. Journal of Innovation Economics & Management，1（37）：1-8.

Beltagui A，Rosli A，Candi M. 2020. Exaptation in a digital innovation ecosystem：the disruptive impacts of 3D printing[J]. Research Policy，49（1）：103833.

Bereznoy A，Meissner D，Scuotto V. 2021. The intertwining of knowledge sharing and creation in the digital platform based ecosystem. A conceptual study on the lens of the open innovation approach[J]. Journal of Knowledge Management，25（8）：2022-2042.

Bodrožić Z，Adler P S. 2021. Alternative futures for the digital transformation：a macro-level schumpeterian perspective[J]. Organization Science，33（1）：105-125.

Bresciani S，Ciampi F，Meli F，et al. 2021. Using big data for co-innovation processes：mapping the field of data-driven innovation，proposing theoretical developments and providing a research agenda[J]. International Journal of Information Management，60（5）：102347.

Cai L，Gao J Y，Zhao D. 2020. A review of the application of deep learning in medical image classification and segmentation[J]. Annals of Translational Medicine，8（11）：713.

Chesbrough H. 2003. Open Innovation：the New Imperative for Creating and Profiting from Technology[M]. Brighton：Harvard Business Press.

Chesbrough H，Vanhaverbeke W，West J. 2006. Open Innovation：Researching a New Paradigm[M]. Oxford：Oxford University Press.

Ciarli T，Kenney M，Massini S，et al. 2021. Digital technologies，innovation，and skills：emerging trajectories and challenges[J]. Research Policy，50（7）：104289.

Constantinides P，Henfridsson O，Parker G G. 2018. Introduction：platforms and infrastructures in the digital age[J]. Information Systems Research，29（2）：381-400.

Denicolai S，Previtali P. 2023. Innovation strategy and digital transformation execution in healthcare：the role of the general manager[J]. Technovation，121（4）：102555.

Dong F，Hu M Y，Gao Y J，et al. 2022. How does digital economy affect carbon emissions? Evidence from global 60 countries[J]. The Science of the Total Environment，852（1）：158401.

Ehret M，Wirtz J. 2017. Unlocking value from machines：business models and the industrial internet of things[J]. Journal of Marketing Management，33（1/2）：111-130.

Fan J，Zhang P Z，Yen D C. 2014. G2G information sharing among government agencies[J]. Information & Management，51（1）：120-128.

Faraj S，Jarvenpaa S L，Majchrzak A. 2011. Knowledge collaboration in online communities[J]. Organization Science，22（5）：1224-1239.

Gawer A. 2014. Bridging differing perspectives on technological platforms：toward an integrative framework[J]. Research Policy，43（7）：1239-1249.

Ghasemaghaei M，Calic G. 2019. Does big data enhance firm innovation competency? The mediating role of data-driven insights[J]. Journal of Business Research，104：69-84.

Goldfarb A，Tucker C. 2019. Digital economics[J]. Journal of Economic Literature，57（1）：3-43.

Henfridsson O，Nandhakumar J，Scarbrough H，et al. 2018. Recombination in the open-ended value landscape of digital innovation[J]. Information and Organization，28（2）：89-100.

Hey A J G，Tansley S，Tolle K M. 2009. The Fourth Paradigm：Data-Intensive Scientific Discovery[M]. Redmond：Microsoft Research.

Hinings B，Gegenhuber T，Greenwood R. 2018. Digital innovation and transformation：an institutional perspective[J]. Information and Organization，28（1）：52-61.

Jones C I，Tonetti C. 2020. Nonrivalry and the economics of data[J]. American Economic Review，110（9）：2819-2858.

Kumar N，Qiu L，Kumar S. 2018. Exit，voice，and response on digital platforms：an empirical investigation of online management response strategies[J]. Information Systems Research，29（4）：849-870.

Lin A，Chen N-C. 2012. Cloud computing as an innovation：percepetion，attitude，and adoption[J]. International Journal of Information Management，32（6）：533-540.

Lucas R E，Jr. 1988. On the mechanics of economic development[J]. Journal of Monetary Economics，22（1）：3-42.

Lusch R，Vargo S L. 2014. Service-Dominant Logic：Premises，Perspectives，Possibilities[M]. Cambridge：Cambridge University Press.

Lu R-S，Asada K，Krichbaum T P，et al. 2023. A ring-like accretion structure in M87 connecting its black hole and jet[J]. Nature，616：686-690.

Lyytinen K，Yoo Y，Boland R J，Jr. 2016. Digital product innovation within four classes of innovation networks[J]. Information Systems Journal，26（1）：47-75.

Mansour N. 2023. Green technology innovation and financial services system：evidence from China[J]. Businesses，3（1）：98-113.

Marion T J，Fixson S K. 2021. The transformation of the innovation process：how digital tools are changing work，collaboration，and organizations in new product development[J]. Journal of Product Innovation Management，38（1）：192-215.

Matt D T，Molinaro M，Orzes G，et al. 2021. The role of innovation ecosystems in Industry 4.0 adoption[J]. Journal of Manufacturing Technology Management，32（9）：369-395.

Meiyanti R，Utomo B，Sensuse D I，et al. 2018. E-government challenges in developing countries: a literature review[C]. 2018 6th International Conference on Cyber and IT Service Management（CITSM）. Parapat: IEEE.

Morabito V. 2017. Business Innovation through Blockchain[M]. Cham: Springer International Publishing.

Moschko L，Blazevic V，Piller F T. 2023. Paradoxes of implementing digital manufacturing systems: a longitudinal study of digital innovation projects for disruptive change[J]. Journal of Product Innovation Management，40（4）: 506-529.

Nambisan S，Lyytinen K，Majchrzak A，et al. 2017. Digital innovation management: reinventing innovation management research in a digital world[J]. MIS Quarterly，41（1）: 223-238.

Nambisan S，Wright M，Feldman M. 2019. The digital transformation of innovation and entrepreneurship: progress，challenges and key themes[J]. Research Policy，48（8）: 103773.

Nguyen T T，Pham T A T，Tram H T X. 2020. Role of information and communication technologies and innovation in driving carbon emissions and economic growth in selected G-20 countries[J]. Journal of Environmental Management，261: 110162.

OECD. 2015. Data-driven innovation: big data for growth and well-being[R]. Paris: OECD Publishing.

OECD. 2019a. Fostering science and innovation in the digital age[R]. Paris: OECD Publishing.

OECD. 2019b. Measuring the digital transformation: a roadmap for the future[R]. Paris: OECD Publishing.

OECD. 2020a. The digitalisation of science，technology and innovation: key developments and policies[R]. Paris: OECD Publishing.

OECD. 2020b. Going digital integrated policy framework[R]. Paris: OECD Publishing.

OECD. 2020c. Enhanced access to publicly funded data for science，technology and innovation[R]. Paris: OECD Publishing.

OECD. 2022. Responding to societal challenges with data: access，sharing，stewardship and control[R]. Paris: OECD Publishing.

Olokundun M，Ogbari M E，Falola H，et al. 2022. Leveraging 5G network for digital innovation in small and medium enterprises：a conceptual review[J]. Journal of Innovation and Entrepreneurship，11（1）：41.

Ozili P K. 2021. Digital finance，green finance and social finance：is there a link?[J]. Financial Internet Quarterly，17（1）：1-7.

Paunov C，Guellec D，El-Mallakh N，et al. 2019. On the concentration of innovation in top cities in the digital age[R]. Paris：OECD Publishing.

Pee L G，Pan S L，Wang J Y，et al. 2021. Designing for the future in the age of pandemics：a future-ready design research（FRDR）process[J]. European Journal of Information Systems，30（2）：157-175.

Qin W，Chen S Q，Peng M G. 2020. Recent advances in industrial internet：insights and challenges[J]. Digital Communications and Networks，6（1）：1-13.

Qureshi I，Pan S L，Zheng Y Q. 2021. Digital social innovation：an overview and research framework[J]. Information Systems Journal，31（5）：647-671.

Rehman S U，Giordino D，Zhang Q Y，et al. 2023. Twin transitions & industry 4.0：unpacking the relationship between digital and green factors to determine green competitive advantage[J]. Technology in Society，73：102227.

Rodrigo L，Palacios M，Ortiz-Marcos I. 2019. Digital social innovation：analysis of the conceptualization process and definition proposal[J]. Dirección y Organización，67：59-66.

Romer P M. 1986. Increasing returns and long-run growth[J]. Journal of Political Economy，94（5）：1002-1037.

Shafqat S，Kishwer S，Rasool R U，et al. 2020. Big data analytics enhanced healthcare systems：a review[J]. The Journal of Supercomputing，76（3）：1754-1799.

Si S，Hall J，Suddaby R，et al. 2023. Technology，entrepreneurship，innovation and social change in digital economics[J]. Technovation，119（1）：102484.

Sjödin D R，Parida V，Leksell M，et al. 2018. Smart factory implementation and process innovation：a preliminary maturity model for leveraging digitalization in manufacturing moving [J]. Research-Technology Management，61（5）：22-31.

Svahn F，Mathiassen L，Lindgren R. 2017. Embracing digital innovation in incumbent firms：how volvo cars managed competing concerns[J]. MIS Quarterly，41（1）：

239-253.

Tilson D，Lyytinen K，Sørensen C. 2010. Research commentary-Digital infrastructures：the missing IS research agenda[J]. Information Systems Research，21（4）：748-759.

Urbinati A，Chiaroni D，Chiesa V，et al. 2020. The role of digital technologies in open innovation processes：an exploratory multiple case study analysis[J]. R&D Management，50（1）：136-160.

Valle-Cruz D，Criado J I，Sandoval-Almazán R，et al. 2020. Assessing the public policy-cycle framework in the age of artificial intelligence：from agenda-setting to policy evaluation[J]. Government Information Quarterly，37（4）：101509.

Wang C C，Medaglia R，Zheng L. 2018. Towards a typology of adaptive governance in the digital government context：the role of decision-making and accountability[J]. Government Information Quarterly，35（2）：306-322.

Wang G T，Henfridsson O，Nandhakumar J，et al. 2022. Product meaning in digital product innovation[J]. MIS Quarterly，46（2）：947-976.

Wang P. 2021. Connecting the parts with the whole：toward an information ecology theory of digital innovation ecosystems[J]. MIS Quarterly，45（1）：397-422.

Wu L，Hitt L，Lou B. 2020. Data analytics，innovation，and firm productivity[J]. Management Science，66（5）：1783-2290.

Wu Y，Zhang K，Zhang Y. 2021. Digital twin networks：a survey[J]. IEEE Internet of Things Journal，8（18）：13789-13804.

Yoo Y，Boland R J，Lyytinen K，et al. 2012. Organizing for innovation in the digitized world[J]. Organization Science，23（5）：1398-1408.

Yoo Y，Henfridsson O，Lyytinen K. 2010. Research commentary：the new organizing logic of digital innovation：an agenda for information systems research[J]. Information Systems Research，21（4）：724-735.

Zhang Y，Chen K H. 2022. Network growth dynamics：the simultaneous interaction between network positions and research performance of collaborative organisations[J]. Technovation，115（4）：102538.

第 2 章　数字化背景下创新研究范式
与问题分析

　　随着数字资源、数字科技、数字平台、数据基础设施成为数字时代创新活动的关键生产要素，数字化正在深刻变革创新发展与管理的内在机制、基本流程与演化路径，创新内涵不断拓展（OECD，2020a）。在此基础上数字化转型进一步催生了数字经济、平台经济等新型经济发展形态（陈晓红等，2022），并重构了创新管理与治理的组织形态和发展方式（Nambisan et al.，2017；刘洋等，2020）。在这一过程中，创新研究面临越发复杂的现实与理论挑战（Benner and Tushman，2015；Nambisan et al.，2017；刘洋等，2020），创新发展与管理所要解决的问题也变得越发广泛（Appio et al.，2021），迫切需要探索并明确数字化背景下的创新研究范式，增强对数字化背景下创新活动的分析视角与研究议题的学理性认识，从而有效指导数字时代的创新发展与管理实践。

　　近年来，已有学者开始探讨数字化背景下创新研究的理论框架与新问题。一方面，部分学者探索构建数字创新与数字赋能创新的理论框架。Yoo 等（2012）从组织层面基于数字科技的重编程性和数据同质性概括分析了数字情境下创新的趋同性、生成性及衍生性的三方面新特征，Nambisan 等（2017）则在传统创新管理的假设上提出新时期创新管理研究的四类分析逻辑，包括问题-解决方案的动态组合设计、社会意义感知架构、技术可供性与限制以及数字创新设计编排。同时，数字化背景下创新发展与管理的理论架构越发受到关注（Appio et al.，2021；Vial，2019；魏江等，2021；刘洋等，2020），数字经济等新兴理论体系也不断演进（陈晓红等，2022；江小涓和靳景，2022；田秀娟和李睿，2022；张文魁，2022）。另一方面，已有学者开始探讨数字化背景下创新研究面临的新挑战与新问题。现有文献表明，数字时代下知识与学科的交叉融合越发重要，在这一过程中知识产生与应用的方式和过程、数据获取与共享的途径与处理等都面临新的挑战（Schmidthuber et al.，2023）。新近讨论注意到数字科技正在重塑创新之于社会发展与环境治理的影响机制，带动了公共部门创新（Fan et al.，2023；Kim et al.，2022）、绿色转型创新（Bianchini et al.，2023；曹裕等，2023）。总体来看，有关创新数字化转型的相关研究日益丰富，但多聚焦于创新发展与管理的特定领域，不同研究主题之间较为割裂和独立，缺乏系统性的理论规范和整合，未能形成系统性的研究范式。这导致对数字化转型背景下创新发展的整体性与学理性认知不足，迫切需要构建数字化背景下的创新研究范式。

针对以上现实与理论瓶颈，本章以明确数字化背景下创新研究范式为关键，聚焦数字化赋能创新活动的路径机制及数字化背景下创新活动的新变化，基于创新研究已有理论，尝试通过对以下三方面问题进行回答——①如何系统性分析数字化背景下的创新活动？②数字化背景下创新研究面临哪些新问题？③未来创新研究的关注重点是什么？——明确新时期创新研究的逻辑内涵以及亟待关注的关键问题。本章主要作出了两方面的贡献：第一，结合熊彼特五类创新、创新价值链、创新系统、知识全过程以及知识增长等理论为系统性分析数字化背景下的创新活动提供分析基础与基本思路。第二，总结并提炼数字化背景下创新研究的关注重点及迫切需要解决的关键问题，吸引更多学者关注创新数字化转型过程中的理论性变革①。

2.1　创新研究的五种范式与数字化背景下的新思考

自熊彼特 1912 年提出创新理论后，创新发展与管理理论体系不断

---

① 本章关注要点在于数字赋能创新活动的作用逻辑以及数字化背景下创新活动发生的变化，数字创新自身的发展与管理并未在本章重点讨论范围内。

健全，内容不断丰富，表现出从微观到宏观、从分类到系统的演化特征。数字化背景下，数字赋能创新活动愈加复杂化，创新发展的系统性、复杂性进一步加强，仅凭单一的创新理论无法对愈加集成化、体系化的社会现象作出解释并进行合理分析，因此需要基于不同实践应用场域研判相应研究范式以进行系统性分析（Nambisan et al.，2017；Appio et al.，2021）。为此，本章基于对创新活动从微观（企业/产业）层面到中/宏观（区域/国家）层面的整体性系统分析视角，依据熊彼特五类创新、创新价值链、创新系统、知识全过程以及知识增长等经典理论的研究特点，总结出研究数字化背景下创新活动的五种范式，为分析和指导创新数字化转型实践提供理论支撑（图2-1）。

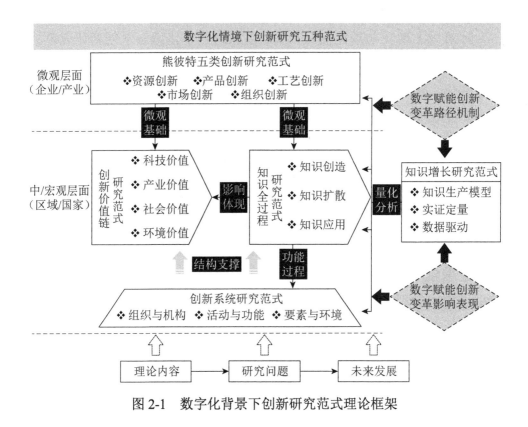

图 2-1　数字化背景下创新研究范式理论框架

具体来看，在微观层面熊彼特五类创新研究范式将企业等创新主体的创新活动划分为并行式的五种类型，为剖析创新活动提供分析依据。进一步地，在中/宏观层面创新活动覆盖与涉及范围不断扩大，创新价值链研究范式以价值创造为依托发展为涵盖科技、产业、社会、环境等纵向递进环节的理论，并在各具体环节与熊彼特五类创新研究范式交叉互补，从影响效果方面研判整体创新活动。创新系统研究范式则为创新活动的系统性发展以及创新价值的增值提供结构分析支撑，有助于解构数字化带来的系统复杂性变革，从组织与机构、活动与功能要素与环境等多方面为剖析创新活动的发展与管理态势提供依据。知识全过程研究范式则从功能角度与创新系统研究范式相互补充，并基于知识创造、知识扩散与知识应用三个环节与创新价值链研究范式互为表征，为从过程角度解构创新活动提供依据。知识增长研究范式从实证量化角度以知识生产模型与内生增长理论为理论根基，为分析数字化对创新发展的影响程度提供了量化方法与实证依据。需要注意的是，以上五种创新研究范式彼此交叉、相互渗透，在分析数字化背景下的创新活动时可综合运用。

2.1.1　熊彼特五类创新研究范式与数字化背景下的新思考

熊彼特认为创新是指各类生产要素的全新组合与建立新的生产函数（张培刚，1991）。为更好地阐释创新活动的种类，熊彼特进一步概括了创新的五类具体形式，分别是资源创新（开辟原材料或中间产品的新供给来源）、产品创新（引进新产品或产品的新特性）、工艺创新（采用新技术或新的生产方式）、市场创新（开辟新市场）和组织创新（采用新的组织方式）（Schumpeter，1934）。其中，企业作为创新的主体，在执行五类创新的过程中发挥关键性作用。

熊彼特五类创新研究范式回答了"创新有哪些类型"的问题，解析了各类创新形成的内在机制，并强调了企业作为创新主体的重要性，为从企业和产业层面剖析创新发展与管理、区分不同创新活动类型提供了理论依据（Aghion and Howitt，1992），同时也为探索企业在创新活动中的关键作用奠定了研究基础。具体而言，熊彼特提出的五类创新概念是对其提出的创新定义（即要素新组合）的进一步分类，是要素组合在投入、流程、制造、组织、营销等不同创新环节的体现，同时企业这一主体形式在创新活动中的重要作用被不断探索（Aghion et al.，2005）。

　　数字化背景下，数据要素作为新的生产要素被纳入创新体系，传统要素互动的壁垒不断被打破，创新要素组合的范围不断被拓展（Yoo et al.，2012），数字科技派生的新服务、新模式和新业态更是对产业与经济发展产生巨大影响（张文魁，2022）。在此情形下，采用熊彼特五类创新研究范式有助于解析数字化背景下企业和产业层面创新发展与管理中不同创新类型的活动特征与形成逻辑，为从微观层面研究创新数字化转型提供合适的分析视角，并有效指导企业创新策略制定与数字化转型方向。但需要注意的是，数字化正在从根本上变革不同类型创新活动的开展逻辑与管理模式（Pesch et al.，2021；Wang，2022），各类创新的内涵与边界如何变化、数字转型如何影响不同创新活动等问题需要在新背景下进行系统性思考。

2.1.2　创新价值链研究范式与数字化背景下的新思考

　　在熊彼特五类创新理论解释了创新的形成与类型的基础上，越来越多的学者进一步从创新活动的过程与影响角度解构创新活动（余泳泽和刘大勇，2013），不断认识到创新之于社会进步与环境改善的重要作用（OECD，2020a）。其中 Hansen 和 Birkinshaw（2007）首次提出创新价值链的分析观点，从企业创意产生、转换与扩散的角度解释了创新的发展过程。随着创新的影响与作用逐渐扩大，创新价值的执行主体不断拓展，在区域/国家等中观与宏观层面上创新价值越发体现。在此基础上，创新价值链研究范式发展成为涵盖"科技-产业-社会-环境"全方位、多链条的价值共创模式（穆荣平和陈凯华，2020）。在这一视角下，创新发展的本质内涵逐渐凸显，价值增值与循环特征更加明显。

创新价值链研究范式回答了"创新如何以及在哪些维度上产生影响"的问题，是在创新类型的基础上进一步对创新纵向作用层次的解构与分析。在内涵方面，创新价值链理论强调多主体多要素共同参与、资源协同共享以及内外部价值创造与增值（杨忠等，2019；曲冠楠等，2022）。在可持续发展的目标下，创新价值链研究范式不仅注重科技与企业/产业的创新价值，更加关注就业、权利等社会价值（Majchrzak et al.，2016）与污染、低碳等环境价值的全面创新发展，为协调科技进步、产业竞争、社会演变、环境保护等提供全过程价值分析框架。在此范式下众多新理念不断演变发展，包括关注社会效益的社会创新与社会技术转型（socio-technical transitions）（Murray et al.，2010；Schot and Steinmueller，2018），以及注重环境保护的责任式创新（responsible innovation）（Bacq and Aguilera，2022；Owen et al.，2012；梅亮和陈劲，2015）等，创新价值链研究范式的理论内涵不断丰富。

数字经济时代，数字科技的强渗透性与融合性进一步模糊了创新价值创造过程中的组织边界（Nambisan et al.，2017），推动创新活动的研发、生产等模式开源化、开放化、共享化（戚聿东和肖旭，2020；曲永义，2022），极大地改变了创新不同环节的价值创造与生成机制。在此情形下，基于创新价值链的多环节互动分析视角有助于研判数字化背景下区域/国家层面创新发展与管理的整体综合性活动，从而为解构创新价值的创造、增值、转移与扩散提供合适的切入视角。但在数字化转型过程中，"科技-产业-社会-环境"各个环节的价值内涵是否发生变化仍不明确，数字科技、数据资源等对不同创新价值环节的赋能方式与影响路径更有待系统性分析（Nambisan et al.，2020）。

2.1.3　创新系统研究范式与数字化背景下的新思考

创新系统研究范式从系统科学的角度出发，在关注企业、研究机构等创新主体的基础上，更加注重影响创新和知识的发展、扩散、应用和管理的经济、社会、政治、组织、制度以及其他环境性因素（Edquist，2006；Freeman，1987；Nelson，1993）。具体来看，创新系统主要涵盖资金、技术、人才等创新投入要素，制度环境、基础设施、政策法规等创新环境要素，论文、专利、产品等创新产出要素，以及政府、企业、高校/科研院所、中介机构等创新主体要素，从而形成了创新体系的系统构成要素。这些要素相互联系、相互作用，按照一定组合形式形成协同共存的层次结构，从而推动企业创新、产业升级和区域发展（图2-2）。创新系统研究范式更加重视系统性视角下不同要素成分的整体结构，进而从更加复杂的系统角度关注影响创新活动的动力和效果的关键因素（陈凯华，2022）。

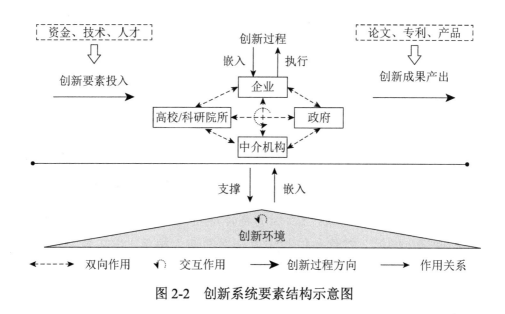

图 2-2　创新系统要素结构示意图

创新系统研究范式回答了"如何更好地促进并实现创新"的问题，为从系统视角剖析主体、制度、环境等要素及其互动提供了分析依据，有助于解构区域/国家层面创新发展与管理的系统复杂变革，为分析系统性创新行为（如产学研主体合作与互动）、全面支持创新发展举措（如基础设施建设）提供了完整且实际的理论框架与政策指导。随着系统性发展观念不断深入，在创新系统研究范式下衍生发展出诸多理论方法与框架。其中，最早产生的为国家创新体系（Freeman，1987；Liu and White，2001；OECD，1997），随后以探究特定领域技术发展为目的的技术创新体系（Bergek et al.，2008；Carlsson and Stankiewicz，1991）、聚焦产业内部与产业之间协同发展的产业创新体系（Malerba，2002，2004），以及关注不同区域集群创新发展的区域创新体系（Asheim and Isaksen，1997；Cooke et al.，1997）等概念相继涌现。进一步地，为促进创新主体更好地应对创新活动的高风险性与资源稀缺性，创新生态系统的发展理念逐渐获得更多关注（柳卸林和王倩，2021；魏江和赵雨菡，2021；张超等，2021）。

随着数字要素与数字科技深度嵌入创新活动，创新系统的要素组成更加丰富，这进一步促使创新系统中传统要素、主体之间的协同关系发生了根本改变（张超等，2021）。在此背景下，更需要基于创新系统研究范式中系统观的分析逻辑，研判不同层次（国家、区域、产业）创新系统在发展动力、主体结构与功能、要素环境等方面的转型变化，以及数字化转型对不同子系统协同发展路径和系统效能等方面带来的深刻影响。

2.1.4　知识全过程研究范式与数字化背景下的新思考

知识全过程研究范式强调知识在统一创新活动、连接创新要素过程中的关键性作用（Roper et al.，2008），聚焦于知识生产、扩散、应用的整体循环过程，在功能层面与创新系统理论相呼应（Carlsson et al.，2002；Hekkert et al.，2007；赵兰香和方新，2005）。上游环节即知识生产阶段，主要包括基础研究，通过科学新发现产生重大创新成果，部分实现成果转化并对技术和市场产生影响。中游环节即知识扩散阶段，在知识生产带来的新技术与新成果的基础上，促使知识在不同的网络互动过程中流转扩散。下游环节即知识应用阶段，为采用新技术的环节，旨在通过技术孵化、技术转移、新技术创业等活动将新知识投入应用，实现创新的不同层级价值。

知识全过程研究范式回答了"创新发展的关键活动与功能过程是什么"的问题，有助于在理解创新发展的基础上更加全面地剖析创新过程，并为创新过程与绩效的评估与管理奠定基础。创新驱动发展体系将知识作为其资源观的核心，强调通过学习行为对新知识进行创造、积累、扩散和应用（柳卸林等，2017）。在这一视角下，创新活动的知识基础与过程属性被更大程度地解构，有利于促进对于不同阶段知识具体功能和作用的认知，进而更好地管理和利用知识资源，提高创新效率和质量。同时，基于功能视角的知识全过程研究范式分析有助于研判创新实施过程中的瓶颈和阻碍，揭示创新活动中的知识孤立问题并促进跨领域合作。

数字化转型带来的思维逻辑与分析工具变革深刻改变了知识全过程不同环节的发展方式与交互逻辑。数字赋能下知识创造前端科研效率不断提升（OECD，2020a），科研范式也面临新一轮变革发展（洪永淼和汪寿阳，2021；郁建兴等，2023）。高效互通的知识共享平台进一步加速了知识传播，提升了知识流动速度（Forman and van Zeebroeck，2019），并使得知识全过程协同创新程度不断加深（Nambisan et al.，2017）。在此情形下，基于知识全过程视角进行分析有助于概括数字化背景下区域/国家层面创新发展与管理的全过程整体性和功能性变化。需要注意的是，数字化背景下以人为主的知识生产与应用方式向数据驱动以及人与数据共同驱动的方式拓展，极大地改变了传统知识创造与发展的逻辑。但有关该变革对知识过程不同阶段的影响机制探索尚不完善。因此，更加需要探究以数字科技为底层基础、以数据要素为传播载体的发展模式对不同阶段的具体影响路径，包括知识生产阶段中的科学发现、科研范式等，知识扩散阶段中的知识传播工具与途径、广度与深度等，以及知识应用阶段中的产业研究范式、科技成果转化等。

2.1.5　知识增长研究范式与数字化背景下的新思考

在熊彼特的创新发展理念之下，越来越多的学者逐渐意识到技术与知识发展的重要性，并致力于从宏观经济增长与生产函数的角度进行量化分析。其中，Romer（1986，1990）首次将知识视为资本的一种基本形式，将知识重组视作创新的来源，注重科学技术不断发展下知识增长带来的经济刺激效应，从而系统性地剖析了知识与技术对于经济增长的作用。他在模型中将知识生产内生化，重视知识积累产生的技术进步，知识生产函数如下所示。

$$\dot{A} = \theta L_A^\gamma A^\varphi \tag{2-1}$$

式中，$\dot{A}$ 表示新知识的生产量；L_A 表示研发人员数量；θ 表示研发人员知识生产效率；A 表示知识存量；$0 < \gamma < 1$，表示重复研发效应，即市场中不同主体的研发活动可能存在重复，导致整体的研发效率降低；φ 为常数，表示知识扩散效率，当 $\varphi < 1$ 时，表示随着知识存量增加，从现有知识中生产新知识将会更加容易，反之则表示知识存量增加限制了新知识生产。

保罗·罗默通过将知识的积累与增长内生化，提出知识生产函数与内生增长理论，揭示了"知识如何能作为长期经济增长的驱动力"，明确了创新影响及其作用路径，有助于量化分析数字化背景下的创新发展与管理。在数字化转型背景下，数据成为重要的知识生产要素，传统知识生产函数中假定为常数的参数（如知识生产率、重复研发效应等）更是转变为数据的函数。为此，探究数字科技与数据资源等对于研发人员生产效率、学科交叉与知识融合程度、知识积累速率、有效研发性等的影响机制成为探索数字化背景下知识增长规律的重要切入点。

2.2 数字化背景下创新研究的新问题与新内容

数字科技的发展变革突破了单一理论驱动的研究方法范式（苏毓淞和刘江锐，2021），使得不同研究层次关注的问题发生极大的改变（Appio et al.，2021；Barrett et al.，2015；Bodrožić and Adler，2022；Mariani et al.，2023），因此迫切需要对创新研究的关注问题进行拓展思考以适应数字时代创新快速发展的需要。基于已有创新研究与理论探索，本节总结并提炼数字时代五种创新研究范式所需关注和解决的新问题与新内容（表 2-1）。

表 2-1　数字化背景下创新研究的新问题与新内容

研究范式	新问题	新内容
熊彼特五类创新研究范式	数字化背景下五类创新类型内涵边界与形成机制的变化	不同创新类型的内涵范围；数据要素与传统要素的互动机理；数字化产品设计流程与理念；数字赋能制造工艺转型发展机制；数字时代企业组织变革机制与新形式；数字化背景下市场创新新方向与新模式等
创新价值链研究范式	数字赋能过程中价值内涵、价值创造与增值机制的变革	数字科技赋能科技活动开源融合与智能发展机制；数字赋能产业变革路径；数字经济的产能释放效用；数字科技在社会服务中的应用与发展；数字科技服务环境改善的实现机制与治理模式；数字化与绿色化协同发展等
创新系统研究范式	数字化背景下创新系统发展动力、结构功能、要素环境与系统效能的变革	创新系统发展动力与主体功能演变；创新合作网络结构与功能变化；数字化转型下系统体制机制与产业结构演变路径；系统能力与效率能力变革路径等
知识全过程研究范式	数字化影响知识全过程不同阶段转型发展的机制路径与作用效果	数字科技提升科研效率途径；新型研究范式的演变与发展；数字化对知识网络形成与知识扩散模型的影响；数字化赋能知识转移与不同领域知识技术交叉融合应用等
知识增长研究范式	数字化背景下知识增长动力与规律的演化	知识研发效率与重复研发率的函数态变化；数字科技提升知识研发效率的途径；新型知识合作机制与共享合作模式演变等

2.2.1　熊彼特五类创新研究范式的新问题与新内容

数字时代创新活动的理论逻辑与实施机制发生较大变化，熊彼特五类创新研究范式作为分析创新形成过程与创新类型的关键理论视角，不同创新类型在数字化背景下内涵边界与形成机制的变化成为其在新时期关注的新问题与新内容。

资源创新方面，数字化的发展使得数据要素成为新的生产要素并被纳入创新活动中，打破了不同要素的壁垒与鸿沟（Yoo et al.，2012），并极大地拓展了投入要素的边界，促进形成泛在互联的要素网络（康瑾和陈凯华，2021）。在此情形下，资源创新的新内涵范围、要素之间的联动关系等成为需要深入探索的研究议题。同时，数据要素具体参与实际生产以及促进传统生产投入体系转型的作用机制有待进一步研究。

产品创新方面，数字化的可编辑性使得产品设计不再单纯依赖市场经验（刘意等，2020），而是更多依据需求改变（Lyytinen et al.，2016），体现出"数字+实体"的特性（Yoo et al.，2012）。在这一过程中，数字化转型改变了诸多产品的传统价值属性（如数字时代智能汽车的出现表征其未来定位更加面向移动智能终端方向发展而非传统交通工具），为产品创新带来了更多可能性，产品创新的内涵范围与生成机制成为需要关注的研究议题。同时，数据要素在产品生产设计与客户需求之间的低成本、高效率流通使得个性化定制服务（Lyytinen et al.，2016；江小涓和靳景，2022）与跨时空产品供给（江小涓和罗立彬，2019）更加高效。在此情形下，"企业生产销售—用户采买反馈—企业改进提升"的传统生产路径与服务理念应如何转型发展以适应个性化需求的不断提升有待更加深入的系统性分析。

组织创新方面，数字化转型在提升组织动态能力与效率的同时（周翔等，2023），也加剧了数字化工作平台作为新兴组织形式对于传统组织模式的挑战（陈冬梅等，2020）。在此情形下，为适应高效生产模式而推动企业组织模式扁平化、网络化、生态化的实现路径及涌现机制成为亟须关注的重点（Hanelt et al.，2021；Li et al.，2022；Nambisan et al.，2017）。

工艺创新方面，随着人机协同、机机协同等智能生产方式的持续发展，生产的灵活性与便捷性不断增强（OECD，2017），但在实际生产过程中数字化转型的巨大优势却并未完全展现（Moschko et al.，2023）。如何借助数字赋能促进工艺流程高效化变革成为一个重要的研究方向（Fukawa and Rindfleisch，2023；Moschko et al.，2023）。

市场创新方面，数字化带来的精准营销与需求创造（而不仅仅是需求满足）正加速形成网络化和动态化的集成式市场需求生态圈（陈剑等，2020；陈剑和刘运辉，2021），跨领域竞争现象越发普遍。企业如何在数字科技赋能下不断拓展已有市场经营模式并在此基础上开辟"蓝海"竞争赛道与模式将是未来探索市场创新的重要方向。

2.2.2　创新价值链研究范式的新问题与新内容

创新价值随时代发展不断拓展，不仅在于提高经济的增长绩效，还包括引领经济发展方式的转型，从而有效协调经济与社会、环境等其他领域的矛盾（Schot and Steinmueller，2018；黄幸婷和杨煜，2021）。数字化转型催生了新型价值创造与发展途径（Nambisan et al.，2017），使得创新价值内涵范围的变化及其增值机制的变革成为新时期关注的新问题与新内容。

科技创新价值层面，从数学、材料科学到生物学，传统上与数字化无关但实现经济发展所依赖的科学技术研究领域的数字化渗透程度越来越高（OECD，2020a）。数智时代数字科技正在改变科学的进程并扩大其范围，不断赋能科技活动交叉融合化与智能高效化，其在量子通信（Monroe and Kim，2013）、生物医学（Lander，2011）等领域的重要作用吸引了学界和业界越发广泛的关注。但在这一过程中，数字化转型带来的多轨道技术发展选择、跨学科合作复杂性变化、数字科技管理等问题却越发突出（OECD，2020a），对于科技活动内涵范围的影响效果与不同领域的作用机制更需要进一步深入探讨。

产业创新价值层面，"数据+算力+算法"带来的"工具革命+决策革命"不断赋能工业互联网等新场景、新业态的智能化与生态化变革发展，催生了新型经济发展形态（江小涓和靳景，2022；张文魁，2022）。在此情境下，数字化如何重塑产业发展形态（Leone et al.，2021）、如何在更大程度上释放新兴产业形态对产业升级的放大和倍增作用以促进经济高质量发展越发成为重点关注的研究问题。

社会创新价值层面，在数字科技的发展下，现代社会在教育、医疗、农业等方面普遍存在的公平、效率、质量等问题有了新的解决方法（Denicolai and Previtali，2023；OECD，2015；柏培文和张云，2021）。如何借助数字化转型提供更好的社会服务用以保障和改善民生，是社会创新发展数字转型的最终目的（穆荣平和陈凯华，2022）。因此探究数字科技在改善公共治理、提升公共服务方面的路径机制成为时下越发关注的重点（Osborne et al.，2022；Ruijer，2023）。

环境创新价值层面，数字科技同样为实现绿色化发展提供了新的思路（Du et al.，2023；曹裕等，2023；范英和衣博文，2021），但由于数字化发展严重依赖能源、基础设施和材料（Jones，2018），因此也引发了对于数字化与绿色可持续发展净效应的新思考（Bianchini et al.，2023）。在此情境下，当前研究应进一步探究数字赋能社会与环境可持续创新发展的机制路径及实现方式。

2.2.3 创新系统研究范式的新问题与新内容

数字化转型为创新主体合作网络、创新子系统协同关系以及支持创新的基础设施与制度环境等带来了巨大的发展机遇与挑战。为应对以上变革，需要从创新系统的视角进行研究。在此情形下，数字时代创新系统的发展动力、结构功能、要素环境与系统效能等方面的变化成为新时期创新系统研究范式需要关注的新问题与新内容。

发展动力方面，具有渗透性、替代性、协同性的通用型数字技术（蔡跃洲和牛新星，2021）加强了各个创新要素之间的紧密联系，极大地促进了创新系统内部的协同和互动。数字赋能创新体系的变革性发展无疑驱使新情境下系统发展的动力机制成为重要的研究议题，包括创新系统内不同主体实现数字化转型的动力来源、系统整体实现数字化转型的机制路径，以及数字创新自身在系统演化过程中的作用等。同时，数字化转型过程中创新开放化、生态化为创新系统带来了新的发展动力，使得创新系统理论需要立足时代发展态势，关注创新生态系统与开放创新模式的建构演变（Wang，2021），以及其在提升系统创新能力与效率过程中的影响效果，从而实现系统整体高效协同发展。

结构功能方面，数字化背景下数字科技、数字平台、数字基础设施、数据资源作为创新系统的新型关键要素进入系统运行过程中，极大地改变了传统创新系统中的主体关系、功能定位等。因此需要进一步探究不同创新主体在数字化背景下的结构与功能层面互动关系，包括创新合作网络结构与创新协同效率变化（Brunswicker and Schecter，2019；Pershina et al.，2019）、组织内部资源配置新模式（Marion and Fixson，2021），以及数字发展对于政府转型治理与数字政府建设（Asgarkhani，2005；Kim et al.，2022）等功能主体的影响。

要素环境方面，数字化发展促使产业结构变革，带动新型数字基础设施建设，使得相关政策法规制定过程与目标同样需要调整。数据要素、数字科技等在赋能传统产业转型升级过程中，推动了数字产业的兴起与发展。因此有必要探究该类新兴产业嵌套在地区与国家创新体系中的发展机制（Lundvall and Rikap，2022），及其为系统发展提供的动力变革路径。此外，数字基础设施作为数字化背景下支撑创新活动的基础性环境要素，其建设与发展是使包括数字产品创新、数字组织创新等在内的不同创新活动向动态化、网络化发展（Henfridsson et al.，2014；刘洋等，

2020），实现数字化转型的基础保障。因此探究数字基础设施的发展机制及其在促进数字创新发展（Henfridsson and Bygstad，2013）、改善创新过程（刘洋等，2020）、加速知识流动（Constantinides et al.，2018；Forman and van Zeebroeck，2019）等方面的作用路径成为需要思考的新问题。在此情景下政策制定者应如何完善政策制定过程、调整政策目标方向以精准靶向并促进创新数字化转型，提升不同创新过程中主体创新能力与效率等成为数字时代越发重要的研究议题。

2.2.4　知识全过程研究范式的新问题与新内容

数字时代知识创造、转移扩散与应用发展的范式与路径发生了极大的改变（OECD，2023）。在此情形下，数字化影响知识全过程不同阶段转型发展的机制路径和作用效果成为新时期需要关注的新问题与新内容。

知识生产方面，以人工智能、大数据为代表的新一代数字科技的发展拓展了知识生产过程中数据分析的维度与宽度（Lee and Martin，2015），并通过自动数据挖掘与分析直接引起新的发现，使知识分析的整体逻辑由"假设检验"变成了"假设生成"（Mazzocchi，2015）。在此情形下，科学知识的生产过程与科学研究的理论逻辑被极大地颠覆（OECD，2023），探究数字科技如何变革知识生产路径，助力并引领科学研究新范式诞生与发展成为新时代需要思考的科学问题（OECD，2020a）。此外，数字化背景下科学研究开放化程度逐渐加大，致力于促进创新过程高效化与消除知识传播障碍的开放科学倡议（OECD，2022）越发颠覆传统知识生产的方式。在此背景下，如何提升科学和创新活动开放化与合作化程度、促进开放式创新等成为重要的研究方向（OECD，2020a）。

知识扩散方面，得益于数据要素的广泛流通性、数字科技的普遍适用性以及数字基础设施的深入渗透性（Cheng and Wang，2022），知识扩散不断突破地理限制（Forman and van Zeebroeck，2019），由单一线性结构不断向动态网络结构拓展（何琦等，2022），促进了学术共同体之间的知识共享与交流。在这一过程中数字化对于知识扩散模型的影响路径、不同主体之间知识合作的组织机制如何变化等均有待系统性分析。同时数字化背景下的知识扩散研究更加侧重于动态演化视角下各个不确定性较高情境下新兴领域（如互联网、移动通信、社交媒体、复杂创新网络等）中的扩散行为（Pérez-González et al.，2017），进一步强调数字化带来的更为复杂的网络特征对知识扩散过程的影响。因此要更加注重探索社会网络结构、新兴社交网络等传播渠道对于知识扩散机制的影响等问题。

知识应用方面，数字科技在拓展知识前沿的基础上不断更新知识在技术升级、产品开发、产业发展等领域的应用转化路径与协同转化效率（Cooper，2021；陈凯华等，2023）。以数字孪生技术为例，其创建物理实体数字副本的独特能力加速了从知识设计设想到转化落地应用的进程，并提升了整体过程的灵活性与操作性（Fukawa and Rindfleisch，2023）。然而，当前数字赋能知识应用与转化的实践场景尚未被完全探索（赵剑波，2020），包括数字化在前沿科技、医疗服务、绿色能源等知识应用具体领域的作用效果与影响机制尚有待进一步探索。此外，创新创业作为实现知识落地转化的重要途径，数字化为其带来的机遇与挑战同样越发成为创新研究核心问题（Youssef et al.，2021；Nambisan et al.，2019），包括数字化带来的新兴创业形式、利益相关者如何通过数字科技实现创业目标、数字化背景下的创业过程变革等（Secundo et al.，2020）。

2.2.5　知识增长研究范式的新问题与新内容

数字科技的快速发展与数据要素赋能生产在很大程度上改变了知识增长与分析的逻辑。研究数字化对于知识增长动力与过程机制的影响以及带来的知识增长规律变化成为新时期重点关注的研究问题。

　　数字化转型带来了数据驱动的知识研发效率变革。智能化、平台化、高效化技术的发展与应用为科学合作、实验和分析提供了新的工具（OECD，2020a；张学文和陈凯华，2022），大幅提升了知识生产效率（Borovik V and Borovik A，2019；康瑾和陈凯华，2021），并促进新型知识创造方式的形成与发展（OECD，2020a；罗威等，2020）。一系列变革突破了"一定时间和资源条件下，知识的产生和应用对经济增长的贡献是恒定的"传统假设，使得知识生产模式和动力发生变化。在此情形下，研发人员知识生产效率（即知识生产函数中的 θ）基于数据要素函数化，如何对其进行衡量并进行量化分析成为重点研究的问题之一。在这一过程中，知识投入产出比、数据利用率等如何变化尚不明确，如何通过不同维度的数字科技应用提升整体知识生产效率更有待系统性分析（Borovik A and Borovik V，2019）。

　　数字化背景下知识增长效率同样会发生变化。数字化通过连接聚集不同社会领域的异质行动者（Lin et al.，2017），有效推动知识在不同主体与不同领域之间的共享与传播（陈晓红等，2022）。数字科技在促进学科交叉与知识外溢的同时驱动科学发展开放化、创新资源集成化和行为主体协同化（OECD，2020a），使得知识生产函数中假定为常数的知识扩散效率（φ）与重复研发效应（γ）的基于数据的函数化动态演变有待深入分析。在这一过程中，数字化促进不同领域知识的交叉融合，使得科技领域知识发展演化的路径机制发生变化，由此带来的协同合作机制与共享研发模式的变化更加需要探索。

2.3　数字化背景下创新研究迫切需要解决的关键问题展望

　　五种研究范式及其数字化背景下新问题的提出，旨在系统性分析创新数字化转型的范围层次与变革程度，以及如何对其发展方向进行研判等理论问题，以期构建较为完善的创新发展与管理分析框架。结合研究现状与实践需求，本节进一步提出不同研究范式下亟须解决的关键问题（表2-2）。

表 2-2 数字化背景下创新研究亟须解决的关键问题

研究范式	关键问题	具体内容
熊彼特五类创新研究范式	数字赋能不同创新类型的差异性对比研究	数字化对熊彼特五类创新活动规模与效率的差异化作用机制；数字化如何差异化影响熊彼特五类创新活动的演化方向及相应经济社会影响
创新价值链研究范式	数字化与绿色化双转型背景下创新价值共创研究	多主体间协同共创融合程度；数字时代多情景共享价值创造机制、全过程耦合发展路径；数字赋能社会与环境可持续发展治理体系建设
创新系统研究范式	数字赋能创新系统整体效能提升的路径研究	借助数字化提升创新系统能力与效率的实施路径；数字赋能治理体系的路径与方法
知识全过程研究范式	数字化背景下创新范式的动力机制与模式演变	数字化影响科研过程与科研产出的机制路径；数字赋能知识扩散网络的新型演变机制；加快科学发现与产业应用互联互通的路径方法
知识增长研究范式	数字赋能下协同合作机制影响知识产出的路径变化	数字化对协同合作机制的影响；数字赋能下不同合作机制类型对于知识增长与产出的影响效果；数字化转型对于不同协同合作机制下异质性创新产出成果的影响效果及作用机制

2.3.1 数字赋能不同创新类型的差异性对比研究

随着数据要素和数字科技深度渗透创新各个环节，创新要素种类不断丰富，产品创新和工艺创新不断升级（Marion and Fixson，2020；Wang，2022），创新活动组织形式和组织流程得以重构（Hanelt et al.，2021），企业市场捕捉和感知能力更加敏锐（Leone et al.，2021），使得熊彼特五类创新活动价值创造机制、价值实现机制和发展方向表现出越发明显的多样性（variety）和差异性。一方面，依赖人力和资本的传统创新活动的规模和效率相对有限，很难使企业保持持续竞争力。企业亟须适应创新数字化转型的发展趋势，利用数字赋能创新规模增长与效率提升，从而形成差异化的创新优势与竞争优势。因此，数字化对熊彼特五类创新活动规模与效率的差异化作用机制成为迫切需要关注的研究主题。另一方面，数字化使得熊彼特五类创新活动的发展方向越发多样（Cheng and Wang，2022；Fukawa and Rindfleisch，2023；Moschko et al.，2023），同时也正在使原本不属于某行业的企业通过产品创新、工艺创新、市场创新等类型的组合可以实现跨行业竞争，并对本行业企业造成巨大冲击，甚至是颠覆性改变。因此，应进一步深入探索数字化如何差异化影响熊彼特五类创新活动的演化方向及由此带来的经济社会影响。

2.3.2　数字化与绿色化双转型背景下创新价值共创研究

创新价值链研究范式下，需要进一步深化数字化与绿色化双转型背景下创新价值共创研究。数字化转型在社会发展中的深度嵌入，颠覆了已有的供需两端的生产与发展模式，并不断扩大创新过程参与者通过承担社会责任进行协同创新的可能性与边界（邢小强等，2021）。在此过程中包括企业、政府、大学、科研机构、公众等多方主体在内的创新发展与管理效率发生了何种变化、主体间的协同创新融合程度如何改变均需深入分析。与此同时，数字化背景下，随着创新过程前端与后端的壁垒不断被打破，更应注重各方利益主体实现社会效益与经济效益共同发展的协同机制（Kramer and Pfitzer，2016；Porter and Kramer，2011）。因此数字时代各价值创造环节的发展方向、多情景共享价值创造机制，以及全创新价值链的价值共创与耦合发展路径成为迫切需要研究的问题。在此基础上，随着时代与社会发展更加亟待分析的重要问题是数字化赋能社会与环境共同可持续发展的治理体系建设。数字化转型建设对能源应用与社会形态产生了巨大的冲击（Bianchini et al.，2023），在带来机遇的同时也使社会发展面临巨大的挑战（Agarwal，2018；Ruijer et al.，2023）。因此，如何在促进数字化为创新发展提供新动能的同时，协调科技、经济、社会、环境等不同维度的创新发展目标，解决贫富差距拉大、能源消耗激增等问题（康瑾和陈凯华，2021），进而构建可持续的创新发展与管理体系同样是迫切需要研究的问题。

2.3.3 数字赋能创新系统整体效能提升的路径研究

创新系统视角下，探索数字赋能创新系统整体效能提升的路径机制成为数字时代迫切需要解决的关键问题。创新系统整体效能体现了系统运行效率、系统能力等多方面综合绩效，也体现了其在一定条件下能够实现特定目标的程度或水平，是应对高质量可持续发展的重要切入视角。因此要聚焦提升创新系统能力和效率，借鉴创新过程的分析维度，重视分析数字化赋能创新主体高效协同、创新要素有序流动、创新生态持续优化的机制路径，以及数字化转型对于已有系统理论的延伸与拓展（如数字创新生态系统、数字创新发展经济体系等），从而为数字时代知识生产、应用与扩散提供环境（Prokop et al.，2021）。进一步地，创新系统整体效能的提升离不开高效有序治理体系的建设，探究数字赋能治理体系的路径与方法同样迫在眉睫。数字化在为经济创新发展提供新动能的同时，使得发展不均衡问题日益凸显，数字垄断、基础设施鸿沟、平台极化等问题更加突出（中国信息通信研究院，2023）。如何更有效地借助数字平台化解数字鸿沟（杜勇等，2022）、借助数字科技赋能治理体系高效化与精细化发展（陈凯华等，2020；郝跃等，2022）并强化数据要素与国家治理深度融合（陈凯华等，2022）越发成为新时代抢占战略机遇的重要抓手。

2.3.4 数字化背景下创新范式的动力机制与模式演变

知识全过程视角下，数字化极大影响了知识传播与应用的机制路径，促进知识创造、应用与扩散不同环节之间的连通性发展（Benitez et al.，2020；Moschko et al.，2023），带动整体创新范式的动力机制与模式发生演变。知识创造方面，数字化带来了大规模异构数据、开放共享数据库以及数据驱动的智能化研究方法，加快并优化了科研进程，为科学研究范式的迭代发展提供了新动力（Hey et al.，2009；OECD，2023；Wang et al.，2023）。但当前研究普遍关注到数字化带来的知识生产方面影响，却并未深入剖析其中影响机制与作用路径，更忽视了数字化转型过程中知识发展动力机制的变化。数字化对于科学研究的支撑作用、对科学研究过程及科研产出的影响等成为亟须深入研究的要点议题。知识扩散方面，数字科技促进实现更为广阔快速的跨地域、跨领域、跨时域的知识合作与传播（Forman and van Zeebroeck，2019；Pershina et al.，2019），形成集成式知识扩散网络，有力地拓展并改善了知识创造过程相关产出的传播途径与扩散效率。在此情形下需要进一步探索数字化赋能知识传播网络、传播内容以及对于开放科学等方面的深层次影响机制与效果。在知识应用方面，数字科技促进了诸如众包（crowdsourcing）、开源社区等知识转化与应用机制/平台的发展，在许多先进产业生产领域打破了设计制造与科学体系互相独立的局面（OECD，2020b），如数字制药行业预计到 2027 年人工智能将成为最重要的药物研发工具（OECD，2022）。因此，探究数字化如何加快科学发现与产业应用互联互通，以及对于知识在不同类型产业中的应用机制的差异性影响等成为进一步研究的重点议题。

2.3.5　数字赋能下协同合作机制影响知识产出的路径变化

　　数字化通过打破时空限制、扩大创新合作主体范围等改变了传统协同合作机制，进而对知识产出带来变革影响。数字科技提供了更为便捷、高效的合作平台和工具，促进了创新主体间的跨时空协同合作（Forman and van Zeebroeck，2019）以及多元参与者的协同创新（Pershina et al.，2019），提升了知识增长与创新发展的效率与质量。同时大数据、云计算等数字赋能技术使得获取大规模实时数据与用户反馈成为可能

（Leone et al.，2021），进而提升数据驱动下知识反馈与循环增长的效率，优化知识产出路径（Cong et al.，2021）。基于新背景下创新协同合作机制的多样化发展路径，亟须进一步探究数字赋能过程中不同协同合作机制类型对于知识增长与产出的影响效果。同时数字化对于合作过程中沟通障碍缓解、资源分配调整等方面的调节作用是否更加有效地促进知识增长与产出同样亟待深入探索（Pershina et al.，2019）。在此基础上，协同合作机制的变化会不断拓展创新主体的知识来源，使其在知识搜索、重组、积累等方面面临不同选择。知识积累与增长作为实现渐进式创新/颠覆式创新/可持续创新等的重要环节（Jung and Lee，2016；Singh and Fleming，2010），数字化转型对于不同协同合作机制下异质性创新产出成果的影响效果及其作用机制同样有待深入分析。

2.4　本章小结与未来展望

数字科技、数字平台、数字基础设施、数据资源等数字时代的关键生产要素正引发创新活动模式、流程、组织等的结构性变革，迫切需要明确数字化背景下创新研究的基本理论方法，以指导日新月异的创新实践发展。本章积极响应并推进数字化背景下创新研究范式的讨论，尝试构建数字化背景下创新活动的理论分析体系。近年来，创新研究领域学者开始关注到数字化转型对创新发展与管理实践及研究的影响，形成关于数字经济体系、数字创新管理、数字社会复杂系统管理、数字平台与基础设施建设、数智赋能组织与生产方式变革等理论的讨论，以及数据驱动下创新研究方法变革与新兴问题的讨论。这些研究或聚焦数字时代的新型发展形态，或围绕数字化赋能发展与管理的理论机制展开了具体论述，为理解数字化背景下创新研究范式提供了基本支撑。本章则明确以经典创新理论为框架（包括熊彼特五类创新、创新价值链、创新系统、知识全过程以及知识增长理论），形成了从微观至宏观、由企业/产业至区域/国家的系统性论述，清晰呈现了数字化背景下多方面研究创新活动的理论机制。进一步地,本章结合不同理论视角下研究问题的变化,总结并提炼数字化背景下五种研究范式所重点关注的新问题与新内容,同时聚焦时下热点与难点需求,提出各类研究视角下迫切需要解决的关键问题,为下一阶段研究提供了明晰的研究议程。

本章虽提出数字化背景下的创新研究范式理论框架,但创新研究的发展与塑造离不开与实践层面的紧密结合。基于前述对各类创新研究范式的理论分析,未来有待从创新数字化转型的机制路径、影响因素、经济社会影响等方面开展实践探索并不断完善创新研究范式理论框架。有必要从实证研究层面设计分析创新数字化转型发展的可行路径。一是针对数字化情境下不同的创新研究问题选取合适的研究范式进行定量分析。例如,在考察数字赋能创新活动的影响及作用机制时,可选取熊彼特五类创新研究范式,通过实证回归或案例分析的形式探讨数字化如何差异化影响熊彼特五类创新活动的差异化影响及其影响机制。再如,在探讨数字化对创新活动影响的系统性时,可选取创新系统研究范式,深入剖析数字化要素介入后对创新体系内部要素、主体和制度子系统变革的综合影响。二是需要在国家、区域、产业等不同层面对各类创新研究问题进行多维度的探讨和研究,建立起数字化转型影响创新发展的"宏观-中观-微观"影响传导机制。例如,在探讨数字化如何促进创新合作时,既可以从区域层面探讨不同区域间或某一区域内部产学研主体在促进数字经济创新发展的合作模式构建问题,从产业层面探讨数字产业创新主体和其他产业创新主体间如何建立协同、高效的创新模式和成果转化机制,也可以同时结合区域间产业结构的差异性探讨数字化对产业创新发展的异质性影响和制定因地制宜的发展策略。

本章参考文献

柏培文, 张云. 2021. 数字经济、人口红利下降与中低技能劳动者权益[J]. 经济研究, 56 (5): 91-108.

蔡跃洲, 牛新星. 2021. 中国数字经济增加值规模测算及结构分析[J]. 中国社会科学，（11）：4-30，204.

曹裕，李想，胡韩莉，等.2023. 数字化如何推动制造企业绿色转型？——资源编
　　排理论视角下的探索性案例研究[J]. 管理世界，39（3）：96-112，126，113.

陈冬梅，王俐珍，陈安霓.2020. 数字化与战略管理理论：回顾、挑战与展望[J]. 管
　　理世界，36（5）：20，220-236.

陈剑，黄朔，刘运辉.2020. 从赋能到使能：数字化环境下的企业运营管理[J]. 管
　　理世界，36（2）：117-128，222.

陈剑,刘运辉.2021. 数智化使能运营管理变革:从供应链到供应链生态系统[J]. 管
　　理世界，37（11）：14，227-240.

陈凯华.2022. 创新计量学：理论与方法[J]. 计量经济学报，2（2）：209-227.

陈凯华，冯泽，孙茜.2020. 创新大数据、创新治理效能和数字化转型[J]. 研究与
　　发展管理，32（6）：1-12.

陈凯华，冯卓，郭锐，等.2022. 加强数据要素治理在国家治理现代化中的基础作
　　用[J]. 中国科学院院刊，37（12）：1716-1726.

陈凯华，赵彬彬，康瑾，等.2023. 数字赋能国家创新体系：演化过程、影响路径
　　与政策方向[J]. 科学学与科学技术管理，44（2）：19-32.

陈晓红，李杨扬，宋丽洁，等.2022. 数字经济理论体系与研究展望[J]. 管理世界，
　　38（2）：208-224，13.

杜勇，曹磊，谭畅.2022. 平台化如何助力制造企业跨越转型升级的数字鸿沟？
　　——基于宗申集团的探索性案例研究[J]. 管理世界，38（6）：117-139.

范英，衣博文.2021. 能源转型的规律、驱动机制与中国路径[J]. 管理世界，37（8）：
　　95-105.

郝跃，陈凯华，康瑾，等.2022. 数字技术赋能国家治理现代化建设[J]. 中国科学
　　院院刊，37（12）：1675-1685.

何琦，艾蔚，潘宁利.2022. 数字转型背景下的创新扩散：理论演化、研究热点、
　　创新方法研究：基于知识图谱视角[J]. 科学学与科学技术管理，43（6）：17-50.

洪永淼，汪寿阳.2021. 大数据如何改变经济学研究范式？[J]. 管理世界，37（10）：
　　40-56，72.

黄幸婷，杨煜.2021. 创新驱动经济绿色转型发展的政策工具组合研究[J]. 生态经
　　济，37（10）：53-59.

江小涓，靳景.2022. 数字技术提升经济效率：服务分工、产业协同和数实孪生[J].

管理世界，38（12）：9-26.

江小涓，罗立彬. 2019. 网络时代的服务全球化：新引擎、加速度和大国竞争力[J]. 中国社会科学，（2）：68-91，205-206.

康瑾，陈凯华. 2021. 数字创新发展经济体系：框架、演化与增值效应[J]. 科研管理，42（4）：1-10.

刘洋，董久钰，魏江. 2020. 数字创新管理：理论框架与未来研究[J]. 管理世界，36（7）：198-217，219.

刘意，谢康，邓弘林. 2020. 数据驱动的产品研发转型：组织惯例适应性变革视角的案例研究[J]. 管理世界，36（3）：164-183.

柳卸林，高雨辰，丁雪辰. 2017. 寻找创新驱动发展的新理论思维：基于新熊彼特增长理论的思考[J]. 管理世界，（12）：8-19.

柳卸林，王倩. 2021. 创新管理研究的新范式：创新生态系统管理[J]. 科学学与科学技术管理，42（10）：20-33.

罗威，罗准辰，雷帅，等. 2020. 智能科学家：科技信息创新引领的下一代科研范式[J]. 情报理论与实践，43（1）：1-5，17.

梅亮，陈劲. 2015. 责任式创新：源起、归因解析与理论框架[J]. 管理世界，（8）：39-57.

穆荣平，陈凯华. 2022. 2020 国家创新发展报告[R]. 北京：科学出版社.

戚聿东，肖旭. 2020. 数字经济时代的企业管理变革[J]. 管理世界，36（6）：135-152，250.

曲冠楠，陈凯华，陈劲. 2023. 面向新发展格局的意义导向"创新链"管理[J]. 科学学研究，41（1）：134-142，180.

曲永义. 2022. 数字创新的组织基础与中国异质性[J]. 管理世界，38（10）：158-174.

苏毓淞，刘江锐. 2021. 计算社会科学与研究范式之争：理论的终结？[J]. 复旦学报（社会科学版），63（2）：189-196.

田秀娟，李睿. 2022. 数字技术赋能实体经济转型发展：基于熊彼特内生增长理论的分析框架[J]. 管理世界，38（5）：56-74.

王文娜，阳镇，梅亮，等. 2023. 价值链数字化能产生创新赋能效应吗？——来自中国制造企业的微观证据[J]. 科学学与科学技术管理，44（2）：33-55.

魏江，刘嘉玲，刘洋. 2021. 新组织情境下创新战略理论新趋势和新问题[J]. 管理世界，37（7）：13，182-197.

魏江，赵雨菡. 2021. 数字创新生态系统的治理机制[J]. 科学学研究，39（6）：965-969.

邢小强，汤新慧，王珏，等. 2021. 数字平台履责与共享价值创造：基于字节跳动扶贫的案例研究[J]. 管理世界，37（12）：152-176.

杨忠，李嘉，巫强. 2019. 创新链研究：内涵、效应及方向[J]. 南京大学学报（哲学·人文科学·社会科学），56（5）：62-70，159.

余泳泽，刘大勇. 2013. 我国区域创新效率的空间外溢效应与价值链外溢效应：创新价值链视角下的多维空间面板模型研究[J]. 管理世界，（7）：6-20，70，187.

郁建兴，高翔，王诗宗，等. 2023. 数字时代的公共管理研究范式革命[J]. 管理世界，39（1）：104-116.

张超，陈凯华，穆荣平. 2021. 数字创新生态系统：理论构建与未来研究[J]. 科研管理，42（3）：1-11.

张培刚. 1991. 创新理论的现实意义：对熊彼特《经济发展理论》的介绍和评论[J]. 经济学动态，（2）：57-63.

张文魁. 2022. 数字经济的内生特性与产业组织[J]. 管理世界，38（7）：79-90.

张学文，陈凯华. 2022. 数字时代的开放科学：理论探索与未来展望[J]. 科学学研究，40（2）：203-208.

赵剑波. 2020. 推动新一代信息技术与实体经济融合发展：基于智能制造视角[J]. 科学学与科学技术管理，41（3）：3-16.

赵兰香，方新. 2005. 模块重构：构建我国国家创新系统的新思路[J]. 科学学与科学技术管理，（11）：64-68.

中国信息通信研究院. 2023. 全球数字治理白皮书（2022年）[R]. 北京：中国信息通信研究院.

周翔，叶文平，李新春. 2023. 数智化知识编排与组织动态能力演化：基于小米科技的案例研究[J]. 管理世界，39（1）：138-157.

Agarwal P K. 2018. Public administration challenges in the world of AI and bots[J]. Public Administration Review，78（6）：917-921.

Aghion P，Bloom N，Blundell R，et al. 2005. Competition and innovation：an inverted-U relationship[J]. The Quarterly Journal of Economics，120（2）：701-728.

Aghion P，Burgess R，Redding S，et al. 2005. Entry liberalization and inequality in industrial performance[J]. Journal of the European Economic Association，3（2/3）：

291-302.

Aghion P，Howitt P. 1992. A model of growth through creative destruction[J].
　　Econometrica，60（2）：323.

Appio F P，Frattini F，Petruzzelli A M，et al. 2021. Digital transformation and
　　innovation management：a synthesis of existing research and an agenda for future
　　studies[J]. Journal of Product Innovation Management，38（1）：4-20.

Asgarkhani M. 2005. Digital government and its effectiveness in public management
　　reform[J]. Public Management Review，7（3）：465-487.

Asheim B T，Isaksen A. 1997. Location，agglomeration and innovation：towards
　　regional innovation systems in Norway?[J]. European Planning Studies，5（3）：
　　299-330.

Bacq S，Aguilera R V. 2022. Stakeholder governance for responsible innovation：a
　　theory of value creation，appropriation，and distribution[J]. Journal of Management
　　Studies，59（1）：29-60.

Barrett M，Davidson E，Prabhu J，et al. 2015. Service innovation in the digital age：
　　key contributions and future directions[J]. MIS Quarterly，39（1）：135-154.

Beltagui A，Rosli A，Candi M. 2020. Exaptation in a digital innovation ecosystem：the
　　disruptive impacts of 3D printing[J]. Research Policy，49（1）：103833.

Benitez G B，Ayala N F，Frank A G. 2020. Industry 4.0 innovation ecosystems：an
　　evolutionary perspective on value cocreation[J]. International Journal of
　　Production Economics，228：107735.

Benner M J，Tushman M L. 2015. Reflections on the 2013 decade award：
　　"exploitation，exploration，and process management：the productivity dilemma
　　revisited"ten years later[J]. Academy of Management Review，40（4）：497-514.

Bergek A，Jacobsson S，Carlsson B，et al. 2008. Analyzing the functional dynamics of
　　technological innovation systems：a scheme of analysis[J]. Research Policy，
　　37（3）：407-429.

Bianchini S，Damioli G，Ghisetti C. 2023. The environmental effects of the "twin"
　　green and digital transition in European regions[J]. Environmental and Resource
　　Economics，84（4）：877-918.

Bodrožić Z，Adler P S. 2022. Alternative futures for the digital transformation：a macro-level schumpeterian perspective[J]. Organization Science, 33（1）: 105-125.

Borovik V, Borovik A. 2019. Improving the efficiency of scientific research based on digitalization[C]. SPBPU IDE'19: Proceedings of the 2019 International SPBPU Scientific Conference on Innovations in Digital Economy. New York: Association for Computing Machinery.

Brunswicker S, Schecter A. 2019. Coherence or flexibility? The paradox of change for developers' digital innovation trajectory on open platforms[J]. Research Policy, 48（8）: 103771.

Carlsson B, Jacobsson S, Holmén M, et al. 2002. Innovation systems: analytical and methodological issues[J]. Research Policy, 31（2）: 233-245.

Carlsson B, Stankiewicz R. 1991. On the nature, function and composition of technological systems[J]. Journal of Evolutionary Economics, 1: 93-118.

Cheng C, Wang L M. 2022. How companies configure digital innovation attributes for business model innovation? A configurational view[J]. Technovation, 112: 102398.

Cong L W, Xie D X, Zhang L T. 2021. Knowledge accumulation, privacy, and growth in a data economy[J]. Management Science, 67（10）: 6480-6492.

Constantinides P, Henfridsson O, Parker G G. 2018. Introduction: platforms and infrastructures in the digital age[J]. Information Systems Research, 29（2）: 381-400.

Cooke P, Gomez Uranga M, Etxebarria G. 1997. Regional innovation systems: institutional and organisational dimensions[J]. Research Policy, 26（4/5）: 475-491.

Cooper R G. 2021. Accelerating innovation: some lessons from the pandemic[J]. Journal of Product Innovation Management, 38（2）: 221-232.

Denicolai S, Previtali P. 2023. Innovation strategy and digital transformation execution in healthcare: the role of the general manager[J]. Technovation, 121: 102555.

Diaconu M. 2011. Technological innovation: concept, process, typology and implications in the economy[J]. Theoretical & Applied Economics, 18（10）: 128-144.

Du J T, Shen Z Y, Song M L, et al. 2023. Nexus between digital transformation and energy technology innovation: an empirical test of A-share listed enterprises[J].

Energy Economics，120：106572.

Edquist C. 2006. Systems of Innovation：perspectives and challenges[C]//Dodgson M，Gann D M，Phillips N. The Oxford Handbook of Innovation. New York：Oxford University Press：181-208.

Fan Z T，Christensen T，Ma L. 2023. Policy attention and the adoption of public sector innovation[J]. Public Management Review，25(10)：1815-1834.

Forman C，van Zeebroeck N. 2019. Digital technology adoption and knowledge flows within firms：can the Internet overcome geographic and technological distance?[J]. Research Policy，48（8）：103697.

Freeman C. 1987. Technology，Policy，and Economic Performance：Lessons from Japan[M]. London：Pinter Publishers.

Fukawa N，Rindfleisch A. 2023. Enhancing innovation via the digital twin[J]. Journal of Product Innovation Management，40（4）：391-406.

Hanelt A，Bohnsack R，Marz D，et al. 2021. A systematic review of the literature on digital transformation：insights and implications for strategy and organizational change[J]. Journal of Management Studies，58（5）：1159-1197.

Hansen M T，Birkinshaw J. 2007. The innovation value chain[J]. Harvard Business Review，85（6）：121-130，142.

Hekkert M P，Suurs R A A，Negro S O，et al. 2007. Functions of innovation systems：a new approach for analysing technological change[J]. Technological Forecasting and Social Change，74（4）：413-432.

Henfridsson O，Bygstad B. 2013. The generative mechanisms of digital infrastructure evolution[J]. MIS Quarterly，37（3）：907-932.

Henfridsson O，Mathiassen L，Svahn F. 2014. Managing technological change in the digital age：the role of architectural frames[J]. Journal of Information Technology，29（1）：27-43.

Hey A J G，Tansley S，Tolle K M. 2009. The Fourth Paradigm：Data-Intensive Scientific Discovery[M]. Redmond：Microsoft Research.

Jones N. 2018. How to stop data centres from gobbling up the world's electricity[J]. Nature，561：163-166.

Jung H J，Lee J . 2016. The quest for originality：a new typology of knowledge search and breakthrough inventions[J]. Academy of Management Journal, 59 (5): 1725-1753.

Kim S, Andersen K N, Lee J. 2022. Platform government in the era of smart technology[J]. Public Administration Review, 82 (2): 362-368.

Kramer M, Pfitzer M. 2016. The ecosystem of shared value[J]. Harvard Business Review, 94: 80-89.

Lander E S. 2011. Initial impact of the sequencing of the human genome[J]. Nature, 470 (7333): 187-197.

Lee M, Martin J L. 2015. Surfeit and surface[J]. Big Data & Society, 2 (2): 1245531121.

Leone D, Schiavone F, Appio F P, et al. 2021. How does artificial intelligence enable and enhance value co-creation in industrial markets? An exploratory case study in the healthcare ecosystem[J]. Journal of Business Research, 129: 849-859.

Li H, Zhang C, Kettinger W J, et al. 2022. Digital platform ecosystem dynamics: the roles of product scope, innovation, and collaborative network centrality[J]. MIS Quarterly, 46 (2): 739-770.

Lin X L, Li Y B, Wang X Q. 2017. Social commerce research: definition, research themes and the trends[J]. International Journal of Information Management, 37 (3): 190-201.

Liu X L, White S. 2001. Comparing innovation systems: a framework and application to China's transitional context[J]. Research Policy, 30 (7): 1091-1114.

Lundvall B Å, Rikap C. 2022. China's catching-up in artificial intelligence seen as a co-evolution of corporate and national innovation systems[J]. Research Policy, 51 (1): 104395.

Lyytinen K, Yoo Y, Boland R J, Jr. 2016. Digital product innovation within four classes of innovation networks[J]. Information Systems Journal, 26 (1): 47-75.

Majchrzak A, Markus M L, Wareham J. 2016. Designing for digital transformation: lessons for information systems research from the study of ICT and societal challenges[J]. MIS Quarterly, 40 (2): 267-277.

Malerba F. 2002. Sectoral Systems of Innovation and Production[J]. Research Policy, 31 (2): 247-264.

Malerba F. 2004. Sectoral systems of innovation：concepts，issues and analyses of six major sectors in Europe[M]. New York：Cambridge University Press.

Mariani M M，Machado I，Nambisan S. 2023. Types of innovation and artificial intelligence：a systematic quantitative literature review and research agenda[J]. Journal of Business Research，155：113364.

Marion T J，Fixson S K. 2021. The transformation of the innovation process：how digital tools are changing work，collaboration，and organizations in new product development[J]. Journal of Product Innovation Management，38（1）：192-215.

Mazzocchi F. 2015. Could Big Data be the end of theory in science? A few remarks on the epistemology of data-driven science[J]. EMBO Reports，16（10）：1250-1255.

Monroe C，Kim J. 2013. Scaling the ion trap quantum processor[J]. Science，339（6124）：1164-1169.

Moschko L，Blazevic V，Piller F T. 2023. Paradoxes of implementing digital manufacturing systems：a longitudinal study of digital innovation projects for disruptive change[J]. Journal of Product Innovation Management，40（4）：506-529.

Murray R，Caulier-Grice J，Mulgan G. 2010. The Open Book of Social Innovation：Ways to Design，Develop and Grow Social[M]. London：The Young Foundation.

Nambisan S，Lyytinen K，Majchrzak A，et al. 2017. Digital innovation management：reinventing innovation management research in a digital world[J]. MIS Quarterly，41（1）：223-238.

Nambisan S，Lyytinen K，Yoo Y. 2020. Handbook of Digital Innovation[M]. Cheltenham：Edward Elgar Publishing.

Nambisan S，Wright M，Feldman M. 2019. The digital transformation of innovation and entrepreneurship：progress，challenges and key themes[J]. Research Policy，48（8）：103773.

Nelson R R. 1993. National Innovation Systems：a Comparative Analysis[M]. New York：Oxford University Press.

OECD. 1997. National innovation systems[R]. Paris：OECD Publishing.

OECD. 2015. Data-driven innovation：big data for growth and well-being[R]. Paris：OECD Publishing，

OECD. 2017. New health technologies：managing access，value and sustainability[R]. Paris：OECD Publishing.

OECD. 2020a. The digitalisation of science，technology and innovation：key developments and policies[R]. Paris：OECD Publishing.

OECD. 2020b. Going digital integrated policy framework[R]. Paris：OECD Publishing.

OECD. 2022. Responding to societal challenges with data：access，sharing，stewardship and control[R]. Paris：OECD Publishing.

OECD. 2023. Artificial intelligence in science：challenges，opportunities and the future of research[R]. Paris：OECD Publishing.

Osborne S P，Powell M，Cui T E，et al. 2022. Value creation in the public service ecosystem：an integrative framework[J]. Public Administration Review，82（4）：634-645.

Owen R，Macnaghten P，Stilgoe J. 2012. Responsible research and innovation：from science in society to science for society，with society[J]. Science and Public Policy，39（6）：751-760.

Pershina R，Soppe B，Thune T M. 2019. Bridging analog and digital expertise：cross-domain collaboration and boundary-spanning tools in the creation of digital innovation[J]. Research Policy，48（9）：103819.

Pérez-González D，Trigueros-Preciado S，Popa S. 2017. Social media technologies' use for the competitive information and knowledge sharing，and its effects on industrial SMEs' innovation[J]. Information Systems Management，34（3）：291-301.

Pesch R，Endres H，Bouncken R B. 2021. Digital product innovation management：balancing stability and fluidity through formalization[J]. Journal of Product Innovation Management，38（6）：726-744.

Porter M E，Kramer M R. 2011. Creating shared value[J]. Harvard Business Review，89（1/2）：62-77.

Prokop V，Hajek P，Stejskal J. 2021. Configuration paths to efficient national innovation ecosystems[J]. Technological Forecasting and Social Change，168：120787.

Romer P M. 1986. Increasing returns and long-run growth[J]. Journal of Political

Economy，94（5）：1002-1037.

Romer P M. 1990. Endogenous technological change[J]. Journal of Political Economy，98（5）：S71-S102.

Roper S，Du J，Love J H. 2008. Modelling the innovation value chain[J]. Research Policy，37（6/7）：961-977.

Ruijer E，Porumbescu G，Porter R，et al. 2023. Social equity in the data era：a systematic literature review of data-driven public service research[J]. Public Administration Review，83（2）：316-332.

Schmidthuber L，Willems J，Krabina B. 2023. Trust in public performance information：the effect of data accessibility and data source[J]. Public Administration Review，83（2）：279-295.

Schot J，Steinmueller W E. 2018. Three frames for innovation policy：R&D，systems of innovation and transformative change[J]. Research Policy，47（9）：1554-1567.

Schumpeter J A. 1934. The Theory of Economic Development：an Inquiry into Profits，Capital，Credit，Interest，and the Business Cycle[M]. London：Transaction Publishers.

Secundo G，Rippa P，Cerchione R. 2020. Digital academic entrepreneurship：a structured literature review and avenue for a research agenda[J]. Technological Forecasting and Social Change，157：120118.

Singh J，Fleming L. 2010. Lone inventors as sources of breakthroughs：myth or reality?[J]. Management Science，56（1）：41-56.

Suseno Y，Laurell C，Sick N. 2018. Assessing value creation in digital innovation ecosystems：a social media analytics approach[J]. The Journal of Strategic Information Systems，27（4）：335-349.

Vial G. 2019. Understanding digital transformation：a review and a research agenda[J]. The Journal of Strategic Information Systems，28（2）：118-144.

Wang G T. 2022. Digital reframing：the design thinking of redesigning traditional products into innovative digital products[J]. Journal of Product Innovation Management，39（1）：95-118.

Wang H，Fu T，Du Y，et al. 2023. Scientific discovery in the age of artificial intelligence[J]. Nature，620：47-60.

Wang P. 2021. Connecting the parts with the whole: toward an information ecology theory of digital innovation ecosystems[J]. MIS Quarterly, 45 (1): 397-422.

Yoo Y, Boland R J, Jr, Lyytinen K, et al. 2012. Organizing for innovation in the digitized world[J]. Organization Science, 23 (5): 1398-1408.

Youssef A B, Boubaker S, Dedaj B, et al. 2021. Digitalization of the economy and entrepreneurship intention[J]. Technological Forecasting and Social Change, 164: 120043.

第3章 数字化驱动创新发展理论
——熊彼特创新理论视角

20世纪初期至中期，经济学家熊彼特系统地提出了创新理论，为解释经济发展提供了新的视角，并且其理论内涵也随时代变化而不断丰富和完善。熊彼特创新理论提出一百余年后，以现代信息技术引领的新一轮科技革命和产业变革方兴未艾，数字化转型成为全球经济社会发展的新方向。数字化正在深刻变革创新发展的动力、模式和路径，改变了创新要素的组合方式（Yoo et al.，2012），模糊了企业创新边界（Pershina et al.，2019；Nambisan et al.，2019），并且产生了复杂的经济影响和社会影响（Gong and Ribiere，2021）。习近平总书记在2022年1月16日出版的第2期《求是》上发表文章《不断做强做优做大我国数字经济》，强调"数字经济发展速度之快、辐射范围之广、影响程度之深前所未有，正在成为重组全球要素资源、重塑全球经济结构、改变全球竞争格局的关键力量"。数字化使得熊彼特创新理论面临新的环境，迫切需要对熊彼特创新理论在数字化背景下的新内涵、新特征加以理论阐释和深入分析，重新思考"创新形成""创新类型""创新主体""创新影响"等基本问题。

数字科技不断突破，它正在加速世界范围内的数字化变革进程，颠覆了创新要素的组合方式和创新主体的连接方式，形成了新的创新模式。如何理解数字化对创新的影响？这就需要在新时代特征下赋予熊彼特创新理论新的理解，构建数字时代的熊彼特创新理论框架。然而，除Bodrožić和Adler（2022）从熊彼特理论中的宏观视角对数字化转型过程中技术、组织和公共政策的互动和数字化转型的未来情景进行相关分析外，较少有其他文献对数字化背景下熊彼特创新理论进行系统性的思考和论述。基于此，本章旨在探索和分析熊彼特创新理论在数字化转型过程中的时代意义和新的发展特征，为明确创新数字化转型方向、增强创新数字化转型能力、构建数字经济创新体系提供理论支撑。

3.1　数字化背景下熊彼特"创新形成"理论的发展

Schumpeter（1934）认为，创新是指"对现有力量（forces）和事物（things）执行新组合"，创新"是把生产要素和生产条件的新组合引入生产体系，建立一种新的生产函数"（张培刚，1991），经济发展过程就是"执行新组合"的过程。熊彼特首次从新组合与生产函数的角度阐释创新的发生和经济的发展，回答了"什么是创新""什么是发展"的基本问题。

数字化背景下，熊彼特创新形成所依赖的物质基础和组合环境与熊彼特所处的工业经济时代相比发生了结构性的变革。一方面，数据成为新的不可或缺的生产要素并参与到经济社会系统的创新活动与生产活动中（江小涓，2023），同时数据要素能够与劳动、资本、土地等传统生产要素相结合以产生新的生产资料（谢康等，2020；林志杰和孟政炫，2021；蔡继明等，2022），实现新组合所需的要素投入数量、种类和质量大大丰富和拓展。另一方面，人工智能、区块链、云计算和大数据等数字科技在创新活动中的广泛应用使得创新要素组合的时空距离进一步模糊，并且正在重塑创新活动的支撑条件和产生过程（刘洋等，2020）。

3.1.1　数字化拓展新组合的来源

熊彼特时代，新组合的来源主要是人类世界和物理世界。数字时代的世界是由人类世界、物理世界和信息世界深度融合而成，三元世界的融合提供了更多新组合的来源。数据要素是原始数据经过采集、存储、加工和分析之后形成的承载有价值信息的数据产品（蔡继明等，2022），具有虚拟性、非竞争性、排他性（部分排他性）、规模报酬递增等特征（徐翔和赵墨非，2020）。这些特征使得数据要素能够作为其他生产要素的数字孪生（梅宏，2022），通过与其他生产要素和生产条件相结合以产生更多新组合。例如，数据要素与货币结合形成数字货币，数据要素与控制系统结合形成智能控制系统，数据要素与制造业结合形成大规模个性化定制、远程运维、智能制造等新业态，甚至可能产生"产业虚拟集聚"的新形态（王如玉等，2018）。数字时代的新组合在形成之后还能够为作为其他新组合的构成要素，产生"意料之外"的创新衍生品。这种在创新形成之后不断演化迭代形成的新的创新不仅在现实中十分普遍，而且会创造比原始创新更大的价值。Mitchell（2009）、Diaconu（2011）和Yoo 等（2012）指出，数字创新能够以一种计划外、自发的方式不断演化，他们将其称为"通用数字技术创新的生成性特征"。例如，微信作为一款即时通信软件，能够利用其用户生态衍生出财富管理、交通出行等服务创新，起到了创新平台的作用。

3.1.2　数字化降低新组合的成本

熊彼特创新模式下，创新要素的跨组织、跨产业、跨区域配置面临信息搜寻成本、契约签订成本、交通成本等约束导致新组合的成本较高，因此创新要素往往在组织、产业、区域和国家层面表现出明显的集聚特征（Diaconu，2011）。数字科技能够促使生产要素和生产条件的供给与需求跨越组织、时间、空间的限制以实现更为精确的匹配，同时数字基础设施的完善和普及使得数据流通速度显著提升、流通范围显著扩大，有助于进一步降低新组合的成本。例如，数字时代的企业创新活动能够在虚拟空间中进行，从而减少了地理距离、信息不对称等因素产生的要素组合成本（von Hippel，2005；Faraj et al.，2011）。智能机器能够代替人与其他创新主体进行全天候无障碍交流，降低了时间距离产生的沟通成本。此外，数字化使得企业能够从来源广泛的知识里集中掌握最新的知识前沿和焦点（如绘制知识图谱），改善其已有的知识生产活动，优化其关于技术发展方向的判断（Farboodi and Veldkamp，2020）。

3.1.3　数字化提高新组合的效率

熊彼特创新模式下，创新主体主要通过自身判断及其掌握的资源来执行新组合，需要独自承担新组合的成本与风险，对创新的态度较为审慎，因而创新的平均周期较长。数字化加强了创新主体之间的联系，使得企业能够通过数据共享、产学研合作、技术收购等方式从外部获取更多创新资源和信息（OECD，2019），有助于企业及时调整创新战略和加快创新速度。同时，根据熊彼特创新理论，实现新组合需要相关配套生产条件的一系列调整，如劳动者能力、技术、制度、基础设施等，这也是导致创新周期较长的重要原因。基于数字科技的创新具有可重新编程性、数据同质性、数字科技自我参照性等特征（Yoo et al.，2010，2012；Nambisan et al.，2017，2019），使得新组合在形成之后也能够快速灵活调整。例如，手机公司推出手机操作系统的公测版，根据消费者的意见对系统进行持续优化升级。再如，在生成式人工智能的参与下，新组合的形成将更加自动化和智能化，能够显著提升创新活动效率。

3.2　数字化背景下熊彼特"企业家"理论的发展

熊彼特把职能是实现新组合的人称为"企业家"，认为其承担了通过创新推动经济体系不断革新的职责（Hagedoorn，1996），并且把"企业家"建立的组织称为企业。"企业家"的作用在于执行新组合，而成立企业的目的就在于降低新组合成本并提高执行新组合的能力。

数字化背景下，创新活动所依赖的资源和环境相较于熊彼特时期发生了显著变化，这意味着执行新组合的主体范围也会有所改变，需要重新思考和界定"企业家"的内涵与外延，以及"企业家"和企业该如何应对数字化在组织层面产生的影响。一方面，数字化使得企业组织内部的员工有更多的机会成为新组合的执行者，同时数字化也打破了"企业家"局限于企业组织内部的传统形式，使得创新链条上的相关用户和社会个体也有机会借助更广泛的数字资源执行新组合。另一方面，"企业家"范围的拓展要求企业加强自身能力建设，构建和培育更强的数字感知能力、动态适应能力和生态构建能力，从而应对数字化给企业创新和发展带来的挑战。

3.2.1　数字化背景下"企业家"范围不断扩大

熊彼特提出的"企业家"是基于创新功能提出的概念，这意味着只要实现了新组合的主体都能被称为"企业家"，而不论其是否成立了新的企业。在熊彼特看来，"企业家"是一种暂时的身份，只有在其执行新组合过程中才是"企业家"，一旦其按照既定规则作出决策，就失去了"企业家"的身份。有学者认为，熊彼特提出的"企业家"概念实际上是"创新者"（innovator）（Śledzik，2013），其本质是引入新的想法、方法或设备。为便于理解，本章仍然沿用熊彼特提出的"企业家"概念。数字化背景下，供应商、生产者、消费者等主体可以利用数字科技来寻求新的发展机会（Davidson and Vaast，2010），以此来改进或创建新的企业，促使"企业家"范围扩大。

1. 员工成为"企业家"

传统创新模式下，企业创始人及管理层的决策决定企业的业务方向（Eckhardt and Shane，2003），下级工作人员按照上级领导的要求完成工作。数字时代，企业人员构成向网络化、柔性化方向转变，除了具有固定编制、固定工作场所的内部人员以外，很多分散、具有不同临时目的的主体也成为企业的重要组成部分，他们在各自领域具有更大的自主权，本质上起到了无数的"企业家"作用。同时，企业内部的创业活动正在成为数字时代企业保持组织活力与竞争力的重要方式。企业员工通过创造新产品、新服务、新技术组建新的业务在企业内部形成新的业务部门或是催生衍生企业（Sharma and Chrisman，1999；Antoncic and Hisrich，2001）。例如，2010 年底腾讯公司在开发一款即时通信工具时，组织了三个团队同时开发产品，最终微信创始人张小龙带领的 QQ 邮箱团队胜出。

2. 用户成为"企业家"

传统创新模式下，制造商是创新的主体，用户是创新成果的使用者，但双方之间存在的信息不对称以及高昂的创新试错成本导致企业难以满足用户的个性化需求。一些学者提出了用户创新的概念，认为用户与制造业协同开展创新活动能够提高创新质量、拓展创新类型以及更快地满足用户需求（von Hippel，1977）。数字化促使以制造商为中心的创新模式加速向以用户为中心转变，用户主导的开源创新成为日益重要的创新模式。一个典型的例子是开源创新，开源社区、代码托管平台、协同设计软件的发展降低了软件的协同设计成本，软件用户在创新公地中无偿贡献出自己编制的程序代码供其他开发者使用和修改，从而不断完善软件的设计和功能。这一方面推动了用户创新成果在开源市场中扩散和为软件用户积累声誉（von Hippel，2006），另一方面，用户的原始创新成果被其他人无偿使用也有助于形成非正式标准，为创新者带来持久的竞争优势，这些收益可以抵消用户无偿公布创新成果造成的利益损失（von Hippel and von Krogh，2003）。

3. 个体成为"企业家"

根据熊彼特创新理论，执行新组合的成本很高，而个体掌握的资源有限，需要向银行借入资本，并从劳动市场上雇佣劳动力。因此，只有那些具有资本和劳动力获取优势的个体才有机会成为"企业家"。数字化背景下，数据成为执行新组合的重要条件，同时也降低了创业资源的获取门槛。例如，数字化催生了网络直播、微商电商等新型创业形式。

个体只需要利用手机、摄像头等设备以及微信、微博等数字平台，便可以将其生产的知识产品与消费者对接，成为"企业家"一员。《第 48 次中国互联网络发展状况统计报告》显示，截至 2021 年 6 月，中国网络直播用户规模达 6.38 亿人，同比增长 7539 万人。这表明，数字时代的个体"企业家"将越来越普遍，个体经济将成为数字经济的重要组成部分。

3.2.2　数字化对企业创新能力提出了新的要求

在创新组织层面，熊彼特早期强调小型新创企业在创新中的重要作用，后期则强调设立研发实验室的大企业对创新的驱动作用，但其核心不变的观点在于企业的竞争能力取决于其调整现有生产手段并实现新组合的能力。数字化背景下，创新条件、创新环境和创新过程的变革对企业创新综合能力和创新组织方式提出了更高要求（曲永义，2022），不仅需要企业通过更加敏锐的数字感知能力来识别创新机会与风险，也需要企业增强动态适应能力和构建创新生态来应对快速变化的创新环境和日益激烈的市场竞争。

1. 数字感知能力

数字感知能力是指企业扫描内部和外部发展机会和风险的能力。数字时代，气候、资源、环境、技术、政策等因素都处在不断变化中，形成了一个不可预测、复杂多变的外部环境系统，这要求企业能够实时感知外部环境的变化，随时了解潜在的发展机会和风险。数字化背景下，快速把握数字机会和风险对企业占据竞争优势至关重要。"企业家"必须时刻保持对差异、机会和威胁的感知能力，否则随时会面临失败（Hull et al.，2007）。数字资源为培养"企业家"数字感知能力提供了基础，企业可以利用数字资源（如网络媒体、交易平台、操作系统）搜集企业上下游、用户、竞争对手以及国家政策的分散信息（Sambamurthy et al., 2003; Urbinati et al., 2020), 提高企业感知外部风险、捕捉机会的能力, 从而保障企业战略决策的及时性和科学性。

2. 动态适应能力

在感知外部环境的变化之后, 企业需要迅速调整自身的经营策略来作出回应, 如快速整合内外部资源, 与外部的合作伙伴进行协商, 重新设计企业内部组织架构等 (Warner and Wäger, 2019), 这要求企业具备更强的动态适应能力。动态适应能力是指企业创建、扩展和修改其谋生方式的能力, 包括改变其资源、运营方式、业务范围、产品、客户的能力 (Teece et al., 1997; Winter, 2003), 以应对外部环境变化。尤其是在数字时代, 客户的个性化动态需求与市场环境的快速变化要求企业在更短的响应时间内, 以更低的成本提供更高质量的产品, 对企业的组织更新速度和商业模式转换能力提出了更高要求, 需要企业建立更强的动态适应能力。

3. 生态构建能力

熊彼特认为, "企业家" 实施新组合的目的并不是享乐, 而是享受创业和成功的愉悦, 想要在商业上建立一个私人王国, 体现的是个人利益最大化原则。数字化背景下, 企业的价值创造理念需要从个体利益最大化向创新生态系统利益最大化转变。数字科技和数字平台的应用催生了数字创新生态系统这一新型组织形态, 由平台领导者、供应商、用户等不同创新主体构成, 并且不同创新主体之间形成了相互依赖、相互制约的关系 (Li et al., 2022)。由于存在网络效应, 数字创新生态系统中各方主体类型、数量的变化对平台生态系统的整体价值创造能力具有重要影响。数字创新生态系统具有的组织边界模糊化、组织形态扁平化、组织决策民主化等特征使得创新主体之间的关系从零和博弈转向价值共创, 企业间竞争也从价格竞争、产品竞争等单一维度竞争转变为整个创新生态系统之间的竞争, 这对企业生态构建能力提出了更高要求。此外，数字化要求打通企业各部门的合作壁垒，构建内部创新生态。面对数字时代快速变化的市场需求，工作问题的解决需要多个部门协同才能实现。每个工作人员不仅要具备自己所在部门的知识，还应该具备与其他部门进行实时沟通的准备和能力，传统以部门为中心的单一创新方式需要向以提供解决方案为中心的协同创新方式转变。

3.3　数字化背景下熊彼特五类创新理论的发展

熊彼特概括了创新的五种具体形式，分别是资源创新、产品创新、工艺创新、市场创新和组织创新。其中，资源创新被定义为"掠取或控制原材料或半制成品的一种新的供应来源"。产品创新被定义为"采用一种新的产品"或"一种产品的一种新特性"，从而能够"更加充分地满足现有需求和原先已经满足了的需求"。广义上的产品创新既包括商品创新也包括服务创新。工艺创新被定义为"采用一种新的生产方法，也就是在有关的制造部门中尚未通过经验检定的方法"，以此来"实现单位产品的费用减少，从而在现有价格和新的成本之间创造出差额"。市场创新被定义为"开辟一个新的市场，也就是有关国家的某一制造部门以前不曾进入的市场，不论该市场之前是否存在"。组织创新被定义为"实现任何一种工业的新的组织，如造成一种垄断地位或打破一种垄断地位"。

数字化背景下，数字驱动的技术经济范式变革赋予了创新活动更强的数字特征，既需要关注数字创新向熊彼特五类创新渗透带来的数字产品创新、数字组织创新等新现象，也需要探讨数字化如何影响不同类型创新活动在组织内或组织间的互动。一方面，数据要素和数字科技深度渗透到创新各个环节，使得创新要素投入种类不断丰富，产品创新和工艺创新不断升级，创新组织形式和组织流程得以重构（曲永义，2022），企业市场捕捉和感知能力更加敏锐（戚聿东和肖旭，2020），进而加速资源创新、产品创新、工艺创新、市场创新和组织创新五类创新活动的实现。另一方面，数字化有助于突破五类创新活动间存在的资源、部门、信息等壁垒，促进五类创新活动的互动和融合，推动企业进行商业模式创新和构建协同创新生态。

3.3.1 数字化加速实现资源创新

熊彼特时代的资源创新主要是指原材料的创新，如生产设备、人力、资本等投入要素的创新。数字时代，投入要素的种类更加丰富，不仅数字资源（数据、数字科技、数字基础设施、应用程序等）自身成为重要的投入要素（王一鸣，2020），而且数字资源还能与传统要素结合形成新的投入要素，如操作人员利用数字科技操控智能机器人。企业还能利用数字资源拓展其投入要素来源，如企业通过数字平台与其他企业进行生产资源合作共享（Marion and Fixson，2021）。数字化引起投入要素的变化改变了企业既有的资源观，促使企业从获取资本、原材料等传统生产资源向数字资源转变。谷歌、腾讯等数字公司正在通过并购、投资等方式获取外部数字资源（Lundvall and Rikap，2022），以此来构建自身主导的平台创新生态。

3.3.2 数字化加速实现产品创新

熊彼特时代的产品创新主要是有形产品，如新的铁路、汽车、电气用具等，也包括新的服务（Drejer，2004）。因此，产品创新是指企业有效地将其资源转化为新产品或新服务以满足市场需求。数字化丰富了企业新产品类型，扩大了新产品的供给范围，促使新产品供给方式转变。从产品类型角度看，传统创新模式下企业通过为客户提供物理产品来创造价值，服务的供给则面临同步性、不可储存性等因素的限制，只能在固定场所、固定时间进行交易。数字化背景下，企业将数字组件与物理产品相结合，形成具有监测、控制、优化等功能的智能互联新产品（Porter and Heppelmann，2014），如智能手机、智能汽车。从产品供给范围来看，数字科技还能与传统的教育、医疗、交通等服务相结合，突破服务供给的时空约束，扩大服务供给范围。从产品供给方式来看，传统创新模式下企业主要为消费者提供一次性产品，数字化转型则促使产品供给方式向长期化方向转变（马骏等，2018），如消费者在购买智能产品之后可以长期享受企业提供的系统升级服务。

3.3.3　数字化加速实现工艺创新

工艺创新涉及企业生产方式的优化，目的是优化企业生产流程、降低企业生产成本和巩固企业竞争优势（Davenport，1993）。数字化背景下，生产过程中数据采集的广度和密度显著增加，有助于企业利用实时生产数据识别和优化离散的生产过程，提高资源利用效率，增加生产的灵活性（OECD，2017）。同时，通过引入机器学习等数字科技，智能机器可以自主调控生产方式，形成人机协同、机机协同等智能生产方式（Sjödin et al.，2018）。例如，企业能够利用 5G 和物联网技术的多连接、低延时、大带宽优势，将前端设备采集的海量数据输送至智能分析平台，实现工业生产的全流程信息感知，帮助企业优化生产流程和提高生产效率。

3.3.4　数字化加速实现市场创新

传统的市场营销模式注重如何以现有的产品满足消费者需求，体现了以企业为中心的营销理念，而数字时代企业市场营销方式逐渐从以企业为中心向以消费者为中心转变。企业不仅可以通过社交平台、电商平台、视频等渠道将其产品宣传渗透至更多人群，同时还可以通过与消费者的信息互动掌握不同消费人群的偏好以实施精准营销（Gordon，2016）。企业能够使用大数据技术来收集和分析终端用户的海量数据信息，改善上游新产品的研发或设计更好的解决方案，将用户需求引入产品设计、生产过程以进行个性化定制和开拓新的应用场景。此外，企业还可以借助数字化手段更加精准地感知和研判市场需求的动态变化，快速响应市场需求并及时调整市场创新战略（Kaartemo and Nyström，2021），如通过产品差异化战略以吸引更多客户或对现有产品进行改进以强化客户黏性。

3.3.5　数字化加速实现组织创新

根据社会技术系统理论，技术系统的任何变化都需要行政系统的变化以适应技术系统创造的需求。换言之，组织创新是其他类型创新得以充分实施和利用的必要前提（Damanpour et al.，1989；Armbruster et al.，2008；Teece，2010）。从组织边界来看，可以将组织创新分为企业内部组织创新和企业间组织创新，前者是指企业内部组织结构、治理结构变化形成的创新，后者是指不同企业之间相互关系变化形成的创新（如垄断、竞争、合作）。数字化使得企业内部组织方式和企业间组织方式均发生显著变化，改变了创新流程和组织形式（刘洋等，2020）。一方面，企业内部组织向平台化、扁平化发展转变。企业利用数字平台连接企业内部各个业务单元，促使企业内部组织架构扁平化发展，同时推动企业与外部市场充分连接，以快速感应和回应市场需求。另一方面，企业间组织向网络化、生态化趋势发展。数字化促使企业之间的组织边界日益模糊，企业利用数字平台与产业链上下游、客户以及相关外部组织广泛连接，形成关系复杂、动态演化的网络生态（Balachandran and Hernandez，2018），企业间通过平台中枢完成信息交互以及资源配置来提升企业间组织运作效率（马骏等，2018）。

3.3.6　数字化促进五类创新系统性整合

熊彼特将创新分为五类，但并未探讨不同类型创新之间的互动关系。

现实中，不同类型创新之间可能会相互影响（Walker，2008；Gunday et al.，2011；Cheng and Wang，2022）。例如，工艺流程的改进有助于实现产品创新（Oke，2007），同时新产品的开发也有助于企业开辟新的市场。熊彼特传统经济体系中，不同类型创新所需要的要素和条件不同，五类创新一旦产生就会形成相对固定的商业模式，并且会随着时间推移产生路径依赖，从而阻碍新商业模式的开发和应用（Chesbrough et al.，2018）。不仅如此，商业模式的转换是一个复杂过程，需要企业管理者适时转变经营理念，设计一系列相互依赖的战略决策（Velu and Stiles，2013），协调企业内各个部门的业务，企业为了降低成本往往倾向于沿用以往的战略选择和商业模式。

数字科技的嵌入使得投入、产品、组织、流程、营销等层面形成了各自的创新生态系统，同时不同层次的创新生态系统密切互动形成了更大范围、更高层次的创新生态系统（Wang，2021）。因此，数字时代的企业需要突破不同创新环节的部门壁垒、资源壁垒和信息壁垒，从不同创新类型融合的角度定义新的价值主张以及价值捕获方法，实现商业模式创新（Velu and Stiles，2013）。Rogers（2016）认为，数字化转型本质上不是技术而是战略，企业需要利用商业模式创新来满足客户需求和优化客户体验。数字科技的应用使得企业创新活动呈现柔性化、模块化特征，促进了生态系统内信息的传递、共享和追踪，使得企业能够对不同类型创新进行重组，根据外部环境的变化迅速调整和创建新的商业模式（Westerman et al.，2014）。简言之，如果创新是"要素的新组合"，那么数字化转型则有助于企业根据市场环境的变化将不同类型的创新融合在一起，形成动态调整的商业模式，实现"创新的新组合"。

3.4　数字化背景下熊彼特"创造性破坏"理论的发展

熊彼特认为人口和财富增加所带来的只是经济在量上的增长，经济内部结构并没有发生革命性的变化，只是在原有经济体系内部的适应过程，此时经济处于"由一定环境所制约的循环流转状态"，人们"根据经过反复证明的经验来行动"，这种状态下不存在创新。熊彼特在《资本主义、社会主义和民主》一书中提出了"创造性破坏"的概念，认为"不断地从内部使这个经济结构革命化，不断地破坏旧结构，不断地创造新结构"这一创造性破坏过程就是资本主义发展的本质。资本主义就是在这种旧均衡不断被破坏和新均衡不断出现中实现发展的（Aghion and Howitt，1992）。

数字经济时代，以大数据、云计算、人工智能等为代表的新一代信息技术正向经济社会系统的各个领域深度渗透，技术经济范式加速从工业化向数字化演进（陈晓红等，2022），对熊彼特"创造性破坏"理论的思考必须嵌入数字化的时代背景。相较于传统的部门专用性技术，数字科技具有更强的连接性、渗透性和融合性，基于数字科技开展的数字创新活动进一步模糊了产业边界、组织边界和部门边界（Nambisan et al.，2017），使得创新数字化转型带来的"创造性破坏"效应相较于工业经济时代影响范围更大、影响程度更深，并且涉及就业、收入、平等、权利等社会问题的方方面面，需要全面辩证地思考创新数字化转型带来的"创造效应"和"破坏效应"。

3.4.1 数字化背景下"创造性破坏"效应的宏观体现：分配结构

宏观层面，创新的"创造性破坏"效应体现为分配结构的变化，具体包括两方面。一方面，在位企业会利用其垄断优势扩大创新规模，打压初创企业，以增加创新租金，从而加剧了企业间发展不平等问题；另一方面，企业家可以通过创新手段超越在位的竞争对手以获得垄断租金，从而促进社会流动和弱化经济发展不平等（Aghion et al.，2021）。数字化背景下，创新对经济利益分配的影响更加复杂。数据要素和数字科技等数字资源逐渐成为企业的核心资产，在位企业通过技术引进、兼并、收购等方式获取数字资源，不断巩固并扩大其竞争优势，强化对初创企业的资源领先优势，这可能会增强经济不平等程度。然而，数字化转型也能够帮助企业及时了解和发现创新机会，降低企业创新成本、提高生产效率，促进包容性发展（Gaggl and Wright，2017），减轻经济不平等。

数字化对经济产出的促进作用在新冠疫情期间尤为明显。2020 年 5 月，美国经济学家巴里·艾肯格林在《展望》杂志发表文章《熊彼特的病毒：创造性破坏如何拯救新冠经济》，认为尽管新冠疫情造成了停课、公共支出减少、供应链中断等不利影响，但数字科技的应用催生了无人工厂、在线购物等新业态，缓解了经济下滑趋势。

3.4.2　数字化背景下"创造性破坏"效应的中观体现：产业结构

创新数字化转型引致的"创造性破坏"效应在中观层面表现为产业结构转型升级引致的部门生产率变化和发展模式变革。这种"创造性破坏"效应不仅受到农业、制造业和服务业部门自身发展特征的影响，同时同一产业部门内不同行业间的"创造性破坏"效应也存在显著差异。

创新数字化转型对农业部门的"创造"效应表现为以数字化手段重塑和提升农业产业链价值。数字科技、农村数字基础设施、农资电商平台向农业全产业链的嵌入能够提升生产、供给和销售环节的智能化与精准化程度，催生出了如数字农业、助农直播带货等新产业、新业态和新商业模式。创新数字化转型对农业部门也可能产生"破坏"效应，数字科技加速传统农业向工业化逻辑主导下的高度机械化、规模化、专业化生产方式的转变过程中不可避免会带来技术性失业现象。

对于制造业部门，产业数字化转型过程中数字科技与传统制造业的深度融合能够提升产品研发、制造、销售环节的自动化和智能化水平以实现产业链降本增效（柏培文和张云，2021）。同时，数字产业化过程中依托于新一代信息技术而催生的工业互联网、数字产品制造等产业也正在成为产业结构调整与升级的新动力。然而，对于那些因产业技术路径约束、核心数字技术缺乏等因素而难以实现数字化转型的传统制造业门类，则有可能受到数字化的"破坏"效应而逐渐丧失行业地位和发展优势。

数字化在服务业部门拥有更加丰富的应用场景，医疗、教育等服务与人工智能、大数据、区块链等新一代数字科技深度融合所催生的在线医疗、在线教育等新业态推动传统服务业向纵深发展。国务院副总理刘鹤在 2021 年世界互联网大会上提出，"要合理界定数字产权，克服'鲍莫尔病'和'数字鸿沟'"[①]。这表明，如何在促进数字化转型的同时缓解或克服服务部门的"鲍莫尔病"是未来经济发展面临的难点。数字化使得"鲍莫尔病"的发展方向面临不确定性。数字科技在服务业中的广泛应用有助于改善产业内各环节分工协作效率、提升全产业链的贯穿和协同能力、创造新的数字孪生的双重价值叠加空间（江小涓和靳景，2022）。但是，由于服务业部门内部不同行业的技术需求和发展模式不同，行业间数字化转型程度和进程不一，对部门生产率的影响表现出明显差异，可能会加剧"鲍莫尔病"。

3.4.3　数字化背景下"创造性破坏"效应的微观体现：就业结构

微观层面，数字化带来的"创造性破坏"效应体现在就业结构的变化。毫无疑问，数字化在创造新的就业机会的同时，会导致一些传统就业岗位减少甚至消失。关于数字化创造的新的岗位能够在多大程度上弥补其造成的失业，相关讨论早已有之（Dunlop，2016）。早期的悲观主义者认为，数字科技发展会导致大规模机器替代人现象，造成大面积失

---

①《光明网评论员：数字经济时代如何克服"鲍莫尔病"》，https://guancha.gmw.cn/2021-09/27/content_35195807.htm[2023-10-26]。

业（Whitley and Wilson，1982）。与传统技术相比，数字科技的渗透性更强，影响更加广泛（Brynjolfsson and McAfee，2014；Dunlop，2016），对就业造成的破坏效应更大（Frey and Osborne，2017）。例如，机器人的应用会对企业的劳动力需求产生一定的替代性影响（王永钦和董雯，2020），电子办公软件的发展代替了簿记员的工作，微信发展取代了电话、邮箱的部分功能，在线预订旅行减少了对旅行社的需求。但是，现实中数字科技的发展及应用并未造成大量失业，原因在于数字化转型催生了大量新的岗位，如软件工程师、网约车司机、数据科学家等，吸收了传统产业中流出的劳动力。Aghion 等（2020）基于法国企业数据的研究结果显示，工厂自动化程度每提高 1 个百分点，两年后的就业率会增加 0.25 个百分点。最近的一些研究表明，投资于数字科技的企业同时存在就业破坏效应与就业创造效应，但企业对数字科技的投资是一个内生于企业特征的行为，导致数字化的"创造性破坏"效应难以估计（Hunt et al.，2022）。李磊等（2021）基于中国企业数据的研究发现，机器人的应用有助于资本密集型企业扩大生产规模从而增加对劳动力的需求，但会挤压劳动密集型企业的就业。

3.5　本章小结与未来展望

作为创新研究领域的奠基性理论，熊彼特创新理论首次从创新角度分析经济发展过程，系统性回答了"创新形成""创新类型""创新主体""创新影响"等问题，构建了创新的基本理论框架，并且影响了其后数百年的创新研究范式。如今，距离熊彼特创新理论提出已经一百余年，数字转型成为新时代创新的显著的特征之一，熊彼特创新理论中的一些基本假定不再适用，迫切需要在数字化背景下完善熊彼特创新理论基础，指导日新月异的数字化研究和创新实践。

（1）数字化加速创新的形成。熊彼特创新理论所要回答的核心问题是"经济如何发展"。在熊彼特之前，新古典经济学理论采用的静态分析方法，认为在不存在外部动因的情况下，经济发展是一个围绕均衡不断波动的过程。熊彼特则认为经济发展过程是一个不断打破均衡的过程，并且打破均衡的力量是来自经济体系内部主体的行为——创新，从而将经济发展过程内生化。不过，尽管熊彼特提出了创新的概念，认为一切创新都可被看作现有生产力量和事物的新组合，但并未回答"哪些因素能够促进新组合的形成"。数字化背景下，数据成了新的生产要素，能够跨越组织和时空边界，与其他生产力量结合形成新组合，并降低新组合成本，缩短新组合周期。因此，基于数字化视角的分析进一步从前端打开了创新的黑箱，弥补了熊彼特创新理论对创新形成分析的不足，有助于建构"数字赋能创新、创新驱动发展"的创新理论框架。

（2）数字化拓展了创新的类型，同时也促进各类创新活动的系统性整合。熊彼特不仅从新组合的角度解释了创新的形成，还一以贯之地提出了创新的不同类型：资源创新、产品创新、工艺创新、市场创新和组织创新。数字化背景下，生产要素与生产条件的新组合在各个创新环节均加速形成，促进了五类创新的实现。同时，数字化转型使得整个创新过程模块化，还有助于不同类型创新的融合，形成商业模式创新。基于创新类型视角的分析具有鲜明的现实意义，对企业而言，其可以利用数字化转型有针对性地促进其资源、工艺、产品、组织、市场等各个环节的创新，促进不同创新环节之间的衔接和融合，提高企业创新能力；对政府而言，其在制定数字化政策时需要考虑不同创新环节的差异性需求，这样才能提高数字化政策的精准性；对数字化评估机构而言，其在诊断和评估企业数字化转型效果时，需要从各个创新环节以及不同环节之间融合的角度进行综合审视。

（3）数字化拓展了"企业家"范围，并对企业创新能力提出了更高要求。熊彼特创新理论中，新组合的实现需要特定创新主体来完成，这类创新主体需要具备异于常人的能力，不仅要有发现新组合及其市场价值的独特洞察力，还需要具备执行新组合的条件，如资金、劳动力等，熊彼特将这类主体称为"企业家"。数字化背景下，市场主体发现新组合的渠道增加，执行新组合的成本下降，员工、用户和个体都具备执行新组合的能力，从而扩大了熊彼特"企业家"范围。本章研究表明，数字化转型有助于重塑经济体系及价值创造逻辑，数字时代的创新政策不仅需要关注企业的发展，还需要对企业内部创业行为以及用户创新、个体创新以重要关注。同时，需要增强企业数字感知、生态构建、动态适应能力，以应对数字时代的创新需求和形成新的经济增长点。

（4）数字化加速了"创造性破坏"。熊彼特认为，创新的过程是新事物不断淘汰旧事物的过程，他将这一过程称为"创造性破坏"。数字化背景下的创新也是"创造性破坏"的过程，体现在宏观、中观、微观三个层面。宏观层面，数字化转型可能加大或缩小中小企业与大企业之间的收入差距，从而加剧或削弱经济不平等；中观层面，不同产业利用数字化转型发展的机会不同，可能加剧或削弱产业间生产率差异；微观层面，数字化转型在为劳动者带来新就业机会的同时，造成了部分劳动者的失业。这意味着，数字化对企业、产业和宏观经济发展的影响存在"创造效应"和"破坏效应"两方面，为了强化数字化发展的积极作用并弱化其负面影响，需要提高传统产业劳动者的数字技能，帮助其满足数字时代的就业要求；需要拓展传统产业数字化转型应用场景，构建上中下游融通的产业创新生态，实现产业均衡发展；需要缩小数字化发展的区域、城乡、代际收入分配差距，实现数字赋能的共同富裕。

最后需要指出的是，由于熊彼特创新理论涉及内容广泛，并且已经有众多理论学派对其进行了拓展和丰富，本章仅仅是以熊彼特创新理论的一些核心内容为分析对象，考察其在数字化转型过程中的新变化和新特征，并从理论拓展、实证研究方面指出未来可能的研究方向。后续研究也可以基于更丰富的理论视角对熊彼特创新理论进行深入分析，从而为构建更加完善的创新数字化转型理论体系贡献思考。

本章参考文献

柏培文，张云. 2021. 数字经济、人口红利下降与中低技能劳动者权益[J]. 经济研究，56（5）：91-108.

蔡继明，刘媛，高宏，等. 2022. 数据要素参与价值创造的途径：基于广义价值论的一般均衡分析[J]. 管理世界，38（7）：108-121.

陈晓红，李杨扬，宋丽洁，等. 2022. 数字经济理论体系与研究展望[J]. 管理世界，38（2）：208-224，13.

江小涓. 2023. 江小涓最新重磅演讲：数字时代的经济学（全文）[EB/OL]. https://c.m.163.com/ news/a/I0KQOB2P05534KO1.html[2023-02-28].

江小涓，靳景. 2022. 数字技术提升经济效率：服务分工、产业协同和数实孪生[J]. 管理世界，38（12）：9-26.

李磊，王小霞，包群. 2021. 机器人的就业效应：机制与中国经验[J]. 管理世界，37（9）：104-119.

林志杰，孟政炫. 2021. 数据生产要素的结合机制：互补性资产视角[J]. 北京交通大学学报（社会科学版），20（2）：28-38.

刘洋，董久钰，魏江. 2020. 数字创新管理：理论框架与未来研究[J]. 管理世界，36（7）：198-217，219.

马骏，张永伟，袁东明，等. 2018. 万物互联和智能化趋势下的企业变革、产业变革及制度供给[M]. 北京：中国发展出版社.

梅宏. 2022. 大数据与数字经济[J]. 求是，（2）：28-34.

戚聿东，肖旭. 2020. 数字经济时代的企业管理变革[J]. 管理世界，36（6）：135-152，250.

曲永义. 2022. 数字创新的组织基础与中国异质性[J]. 管理世界，38（10）：158-174.

王如玉，梁琦，李广乾. 2018. 虚拟集聚：新一代信息技术与实体经济深度融合的空间组织新形态[J]. 管理世界，34（2）：13-21.

王一鸣. 2020. 百年大变局、高质量发展与构建新发展格局[J]. 管理世界，36（12）：1-13.

王永钦，董雯. 2020. 机器人的兴起如何影响中国劳动力市场？——来自制造业上市公司的证据[J]. 经济研究，55（10）：159-175.

谢康，夏正豪，肖静华. 2020. 大数据成为现实生产要素的企业实现机制：产品创新视角[J]. 中国工业经济，（5）：42-60.

徐翔，赵墨非. 2020. 数据资本与经济增长路径[J]. 经济研究，55（10）：38-54.

张培刚. 1991. 创新理论的现实意义：对熊彼特《经济发展理论》的介绍和评论[J]. 经济学动态，（2）：57-63.

Aghion P，Antonin C，Bunel S. 2021. The Power of Creative Destruction[M]. Cambridge：Harvard University Press.

Aghion P，Bunel S，Jaravel X. 2020. What are the labor and product market effects of automation? New Evidence from France[EB/OL]. https://scholar.harvard.edu/files/aghion/files/what_are_the_labor_and_product_market_effects_of_automation_jan2020.pdf [2023-12-07].

Aghion P，Howitt P. 1992. A model of growth through creative destruction[J]. Econometrica，60（2）：323-352.

Antoncic B，Hisrich R D. 2001. Intrapreneurshi：construct refinement and cross-cultural validation[J]. Journal of Business Venturing，16（5）：495-527.

Armbruster H，Bikfalvi A，Kinkel S，et al. 2008. Organizational innovation：the challenge of measuring non-technical innovation in large-scale surveys[J]. Technovation，28（10）：644-657.

Balachandran S，Hernandez E. 2018. Networks and innovation：accounting for structural and institutional sources of recombination in brokerage triads[J]. Organization Science，29（1）：80-99.

Bodrožić Z，Adler P S. 2022. Alternative futures for the digital transformation：a macro-level schumpeterian perspective[J]. Organization Science，33（1）：105-125.

Brynjolfsson E，McAfee A. 2014. The Second Machine Age：Work，Progress，and Prosperity in a Time of Brilliant Technologies[M]. London：WW Norton & Company.

Cheng C，Wang L M. 2022. How companies configure digital innovation attributes for business model innovation? A configurational view[J]. Technovation，112：102398.

Chesbrough H，Lettl C，Ritter T. 2018. Value creation and value capture in open innovation[J]. Journal of Product Innovation Management，35（6）：930-938.

Damanpour F, Szabat K A, Evan W M. 1989. The relationship between types of innovation and organizational performance[J]. Journal of Management Studies, 26 (6): 587-602.

Davenport T H. 1993. Process Innovation: Reengineering Work Through Information Technology[M]. Boston: Harvard Business School Press.

Davidson E, Vaast E. 2010. Digital entrepreneurship and its sociomaterial enactment[C]. 2010 43rd Hawaii International Conference on System Sciences. Honolulu: IEEE.

Diaconu M. 2011. Technological innovation: concept, process, typology and implications in the economy[J]. Theoretical & Applied Economics, 18(10): 128-144.

Drejer I. 2004. Identifying innovation in surveys of services: a Schumpeterian perspective[J]. Research Policy, 33 (3): 551-562.

Dunlop T. 2016. Why the Future is Workless[M]. Sydney: New South Publishing .

Eckhardt J T, Shane S A. 2003. Opportunities and entrepreneurship[J]. Journal of Management, 29 (3): 333-349.

Faraj S, Jarvenpaa S L, Majchrzak A. 2011. Knowledge collaboration in online communities[J]. Organization Science, 22 (5): 1224-1239.

Farboodi M, Veldkamp L. 2020. Long-run growth of financial data technology[J]. American Economic Review, 110 (8): 2485-2523.

Frey C B, Osborne M A. 2017. The future of employment: how susceptible are jobs to computerisation?[J]. Technological Forecasting and Social Change, 114: 254-280.

Gaggl P, Wright G C. 2017. A short-Run view of what computers do: evidence from a UK tax incentive[J]. American Economic Journal: Applied Economics, 9 (3): 262-294.

Gong C, Ribiere V. 2021. Developing a unified definition of digital transformation[J]. Technovation, 102: 102217.

Gordon R J. 2016. The Rise and Fall of American Growth[M]. Princeton: Princeton University Press.

Gunday G, Ulusoy G, Kilic K, et al. 2011. Effects of innovation types on firm performance[J]. International Journal of Production Economics, 133(2): 662-676.

Hagedoorn J. 1996. Innovation and entrepreneurship: schumpeter revisited[J]. Industrial and Corporate Change, 5 (3): 883-896.

Hull C E，Hung Y T C，Hair N，et al. 2007. Taking advantage of digital opportunities：a typology of digital entrepreneurship[J]. International Journal of Networking and Virtual Organisations，4（3）：290-303.

Hunt W，Sarkar S，Warhurst C. 2022. Measuring the impact of AI on jobs at the organization level：lessons from a survey of UK business leaders[J]. Research Policy，51（2）：104425.

Kaartemo V，Nyström A G. 2021. Emerging technology as a platform for market shaping and innovation[J]. Journal of Business Research，124：458-468.

Li H，University C，Zhang C，et al. 2022. Digital platform ecosystem dynamics：the roles of product scope，innovation，and collaborative network centrality[J]. MIS Quarterly，46（2）：739-770.

Lundvall B Å，Rikap C. 2022. China's catching-up in artificial intelligence seen as a co-evolution of corporate and national innovation systems[J]. Research Policy，51（1）：104395.

Marion T J，Fixson S K. 2021. The transformation of the innovation process：how digital tools are changing work，collaboration，and organizations in new product development[J]. Journal of Product Innovation Management，38（1）：192-215.

Mitchell M. 2009. Complexity：a Guided Tour[M]. Oxford：Oxford University Press.

Nambisan S，Lyytinen K，Majchrzak A，et al. 2017. Digital innovation management：reinventing innovation management research in a digital world[J]. MIS Quarterly，41（1）：223-238.

Nambisan S，Wright M，Feldman M. 2019. The digital transformation of innovation and entrepreneurship：progress，challenges and key themes[J]. Research Policy，48（8）：103773.

OECD. 2017. New health technologies：managing access，value and sustainability[R]. Paris：OECD Publishing.

OECD. 2019. Digital innovation：seizing policy opportunities[R]. Paris：OECD Publishing.

Oke A. 2007. Innovation types and innovation management practices in service companies[J]. International Journal of Operations & Production Management，27（6）：564-587.

Pershina R，Soppe B，Thune T M. 2019. Bridging analog and digital expertise: cross-domain collaboration and boundary-spanning tools in the creation of digital innovation[J]. Research Policy，48（9）：103819.

Porter E，Heppelmann J E. 2014. How smart，connected products are transforming competition[J]. Harvard Business Review，92（11）：141.

Rogers D L. 2016. The Digital Transformation Playbook: Rethink Your Business for the Digital Age[M]. New York: Columbia Business School Publishing.

Sambamurthy V，Bharadwaj A，Grover V. 2003. Shaping agility through digital options: reconceptualizing the role of information technology in contemporary firms[J]. MIS Quarterly，27（2）：237-263.

Schumpeter J A，Opie R. 1934. The Theory of Economic Development: an Inquiry into Profits，Capital，Credit，Interest，and the Business Cycle[M]. Cambridge: Harvard University Press.

Sharma P，Chrisman J J. 1999. Toward a reconciliation of the definitional issues in the field of corporate entrepreneurship[J]. Entrepreneurship: Theory and Practice，23（3）：11-28.

Sjödin D R，Parida V，Leksell M，et al. 2018. Smart factory implementation and process innovation[J]. Research-Technology Management，61（5）：22-31.

Śledzik K. 2013. Schumpeter's view on innovation and entrepreneurship[C]. Management Trends in Theory and Practice Stefan Hittmar. Zilina: University of Zilina.

Teece D J. 2010. Business models，business strategy and innovation[J]. Long Range Planning，43（2/3）：172-194.

Teece D J，Pisano G，Shuen A. 1997. Dynamic capabilities and strategic management[J]. Strategic Management Journal，18（7）：509-533.

Urbinati A，Chiaroni D，Chiesa V，et al. 2020. The role of digital technologies in open innovation processes: an exploratory multiple case study analysis[J]. R&D Management，50（1）：136-160.

Velu C，Stiles P. 2013. Managing decision-making and cannibalization for parallel business models[J]. Long Range Planning，46（6）：443-458.

von Hippel E. 1977. The dominant role of the user in semiconductor and electronic subassembly process innovation[J]. IEEE Transactions on Engineering Management，

EM-24（2）：60-71.

von Hippel E. 2005. Open source software projects as user innovation networks[J]. Perspectives on Free and Open Source Software，1：267-278.

von Hippel E. 2006. Democratizing Innovation[M]. Cambridge：MIT Press.

von Hippel E，von Krogh G. 2003. Open source software and the "private-collective" innovation model：issues for organization science[J]. Organization Science，14（2）：107-225.

Walker R M. 2008. An empirical evaluation of innovation types and organizational and environmental characteristics：towards a configuration framework[J]. Journal of Public Administration Research and Theory，18（4）：591-615.

Wang P. 2021. Connecting the parts with the whole：toward an information ecology theory of digital innovation ecosystems[J]. MIS Quarterly，45（1）：397-422.

Warner K S R，Wäger M. 2019. Building dynamic capabilities for digital transformation：an ongoing process of strategic renewal[J]. Long Range Planning，52（3）：326-349.

Westerman G，Bonnet D，McAfee A. 2014. Leading Digital：Turning Technology into Business Transformation[M]. Brighton：Harvard Business Press.

Whitley J D，Wilson R A. 1982. Quantifying the employment effects of micro-electronics[J]. Futures，14（6）：486-495.

Winter S G. 2003. Understanding dynamic capabilities[J]. Strategic Management Journal，24（10）：991-995.

Yoo Y，Boland R J，Jr，Lyytinen K，et al. 2012. Organizing for innovation in the digitized world[J]. Organization Science，23（5）：1398-1408.

Yoo Y，Henfridsson O，Lyytinen K. 2010. Research commentary：the new organizing logic of digital innovation：an agenda for information systems research[J]. Information Systems Research，21（4）：724-735.

第4章 数字赋能国家创新体系的理论与政策

国家创新体系建设正面临数字转型的发展环境，数字转型不仅催生数据这一新的创新发展要素，而且有助于创新主体连接与创新要素配置突破时间、空间和组织的限制（Nambisan et al.，2019），这从根本上改变了知识的生产、扩散、应用过程并重塑了国家创新体系效能的生成机制。在此背景下，数字赋能国家创新体系的演化过程是怎样的？数字赋能国家创新体系知识生产、扩散与应用功能的影响路径有哪些？如何构建数字经济时代的国家创新体系政策框架？对上述问题的回答既有助于从理论层面揭示数字转型背景下国家创新体系的发展与演化，也有助于指导国家创新发展政策的战略布局与系统推进。

围绕数字转型背景下国家创新体系效能的影响因素与生成机制，已有文献从知识生产、知识应用、知识扩散等不同视角展开了有益探讨。一部分学者从知识生产角度分析了数字转型对科学技术发展的影响，认为数字转型能够提高科研效率（OECD，2020）和优化科技治理效果（陈凯华等，2020；蔡跃洲，2021）。另一部分学者关注了数字转型对知识应用的影响，认为数字转型能够优化产业创新资源配置和促进协同创新（Nambisan et al.，2017）、降低组织成本（刘洋等，2020）、优化生产流程（周文辉等，2018）和形成数字产品（Yoo et al.，2012），从而重塑传统的创新发展经济体系（康瑾和陈凯华，2021）。此外，还有学者从知识扩散视角出发，认为数字转型能够促进企业内部以及企业之间的知识流动（Paunov and Rollo，2016；Forman and van Zeebroeck，2019），加速形成开放式创新网络。总体而言，现有研究多强调数字转型能够赋能国家创新体系的特定功能，但鲜有文献将知识生产、知识扩散和知识应用纳入到统一的分析框架下，系统分析数字赋能国家创新体系的理论机理,因而难以全面揭示数字转型背景下国家创新体系效能的生成逻辑和提升路径。为弥补已有研究不足,本章尝试从系统功能的理论视角思考数字转型赋能国家创新体系的演化过程、影响路径及政策方向。

分析发现,数字赋能国家创新体系经历了数码化、数字化和数字转型三个循序渐进的发展阶段,并促使国家创新体系效能不断提升。首先,数字要素改变了科研范式,促使知识生产活动呈现智能化、交叉化、全球化趋势。其次,数字要素通过丰富知识扩散工具、途径和模式促使知识扩散活动呈现及时化、多向化、精细化和平台化趋势。最后,数字要素通过优化生产工具和生产方式改变了经济价值创造逻辑,促使知识应用呈现智能化、融合化、服务化和生态化趋势。实践层面,针对我国国家创新体系面临的科研范式数字转型成本高昂、知识扩散数字载体鸿沟及数字经济应用场景缺失等数字赋能问题,提出通过加强数字能力建设、弥补数字鸿沟、构建数字赋能生态以及优化政策布局来促进国家创新体系内部知识生产、知识应用和知识扩散功能的系统性提升。

4.1 数字赋能国家创新体系的演化过程

数字赋能国家创新体系是一个动态演化的过程,体现为数字要素体系与经济社会系统逐步实现融合发展。随着数字要素体系不断完善,数字转型表现出不同的发展阶段特征(OECD,2019a;Gong and Ribicrc,2021),相应地,数字赋能国家创新体系也是一个动态过程。具体而言,数字赋能国家创新体系可划分为数码化、数字化和数字转型三个逐渐递进的发展阶段,每个发展阶段的转换伴随着国家创新体系效能生成逻辑的转变(图 4-1)。当前,数字转型加速向数智化转型转变,特别是人工智能技术的快速发展将对国家创新体系中知识生产、扩散和应用的主体、动力和逻辑产生深远变革。

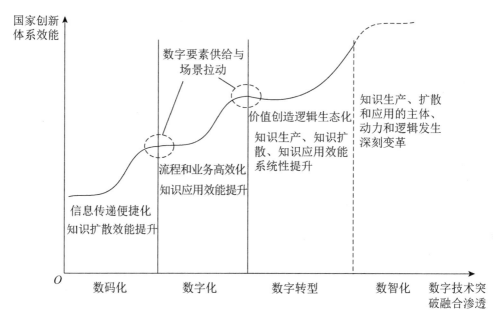

图 4-1　数字赋能国家创新体系效能的演化过程

第一阶段是数码化阶段，数字赋能国家创新体系效能主要体现在便捷化的信息传递来降低国家创新体系的知识扩散成本，提升国家创新体系的知识扩散效能。这一阶段更多强调的是数字要素的信息工具属性在知识扩散中的作用，本质上并未改变创新活动的模式与流程。在传统的国家创新体系结构安排下，不同创新主体之间的信息传递成本较高，科技合作面临较强的时空约束。数码化是指通过数字要素（信号处理技术、计算机、软件、服务器等）将模拟信息编码为 0 和 1 的形式，以便计算机能够存储、处理和传输（Legner et al.，2017）。数码化使创新主体能够更加便捷地从组织内外部获取有效信息并减少信息损耗。从实践来看，数码化进程开始于 20 世纪 80 年代，个人计算机的大范围普及和应用改变了传统纸质的信息存储和传递方式，数据资料能够被储存在电子计算机中，科技人员利用电子邮件等方式与其他人员开展交流合作，这使得国家创新体系内部的知识扩散成本显著下降，并提升知识扩散规模和速度。

第二阶段是数字化阶段，数字赋能国家创新体系效能主要体现在改善国家创新体系的知识应用效能，强调利用数字要素改善创新过程效率，使得创新流程和业务更加高效化（Tilson et al.，2010）。数字化阶段开始于 20 世纪 90 年代中期，互联网技术发展不仅促进了电子商务、互联网金融等数字经济形态发展，涌现了微软、谷歌、阿里巴巴、腾讯等大型数字企业，同时实体经济的发展也能够运用智能机器扩大产能。数字化阶段，创新主体通过将各类数字要素引入其具体经营业务以提高生产效率（Verhoef et al.，2021），但数字科技、数字平台、数字基础设施、数据等异质性数字要素之间尚未形成紧密的共生关系，数字要素与国家创新体系尚未完成深度融合，因此数字赋能国家创新体系效能的提升程度仍存在优化空间。同时，数字化自身发展带来的数据量激增以及应用场景扩大对高质量数字要素的供给能力提出了更高要求。

第三阶段是数字转型阶段，随着数字科技的系统性突破以及数字基础设施、数据配置环境的完善，数字赋能国家创新体系的过程从数字化向数字转型阶段转变。这一阶段，数字要素体系与国家创新体系深度融合，特别是数据成为新的生产要素并全面参与和渗透到创新活动的各个环节中，促进国家创新体系内各创新要素、创新主体之间高效协同，实现国家创新体系内部的知识生产、知识扩散及知识应用效能的系统性提升。一方面，数字要素体系为国家创新体系效能提升提供了源源不断的高质量数字要素供给。人工智能、大数据、区块链、物联网等新一代数字科技的群发性突破带动数字软硬件的广泛部署和加速数据要素的便捷高效流通，使得数字要素之间紧密结合形成数字要素体系，便利了国家创新体系内部知识生产、知识扩散和知识应用的开展。另一方面，数字转型重新定义了国家创新体系内部的价值创造逻辑（Piccinini et al.，2015；Gong and Ribiere，2021；Hanelt et al.，2021）。数字要素能够广泛地向科技、产业、社会、环境系统渗透融合，数字要素体系与国家创新体系形成相互耦合的复杂系统，系统内部各主体互动的技术边界、地域边界和组织边界被打破，其价值创造逻辑从自身收益最大化转向其所在的创新生态系统收益最大化（Adner，

2017；王节祥等，2021），这使得知识生产、知识扩散与知识应用活动之间能够有效匹配、衔接和转化，从而推动国家创新体系整体效能提升和带动经济社会发展模式变革。

4.2 数字赋能国家创新体系的影响路径：基于系统功能视角

国家创新体系效能提升依赖于创新活动与功能、创新组织与机构、创新要素与环境三个维度的协同（陈凯华，2022），而数字转型将深刻改变国家创新体系中组织与机构、要素与环境进而影响创新活动执行和创新体系功能的实现。因此，需要结合国家创新体系的系统功能来打开国家创新体系运行的黑箱，分析数字转型对国家创新体系的影响机制。其中，创新活动与功能维度动态地描述了创新系统的知识生产、知识扩散与知识应用功能以及对应的创新活动。创新组织与机构维度描述的是知识创造、知识扩散与知识应用活动的执行者与参与者，属于内生影响因素。例如，科研机构、大学、企业、政府之间的互动决定了国家整体创新绩效（Freeman，1987；Lundvall，1992；Nelson，1993；OECD，1997；路甬祥，2002）。创新要素与环境维度主要包括公共基础设施、资源与投资以及市场环境、产业结构、政策法规与制度文化。创新要素与环境通过调节组织与机构的行为间接影响知识生产、知识扩散与知识应用的效果，属于外生影响因素。数字转型将通过改变国家创新体系中的资源配置结构、制度结构和组织结构进而影响知识生产、知识扩散与知识应用功能的发挥。

数字转型背景下，数据资源、数字科技、数字平台和数字基础设施等要素深度融合形成了数字要素生态体系（康瑾和陈凯华，2021）。其中，大数据、云计算等数字科技带来了算法和算力的突破，是促使数据资源化、资产化、资本化的核心动力；传感器、大数据中心等数字基础设施是数据要素采集、存储、流通和加工的必要条件；数字平台为数据要素与创新主体的连接提供了渠道（图 4-2）。数字赋能国家创新体系的过程就是数字要素通过作用于创新组织与机构的行为来影响创新活动，进而有效实现知识生产、知识扩散以及知识应用功能的过程，其中制度环境对这一动态过程发挥重要调节作用（图 4-3）。

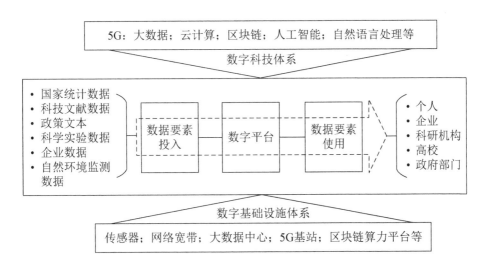

图 4-2 数字要素生态体系的构成

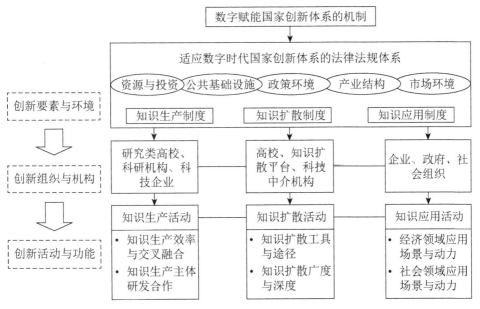

图 4-3 数字赋能国家创新体系的影响路径

4.2.1　数字赋能知识生产系统

数字转型有助于改善传统的科研方式，促使知识生产呈现智能化、交叉化、全球化发展趋势，进而提高知识生产效率和拓展知识生产边界。

数字转型有助于形成智能科研范式。传统国家创新体系中，研究设计、实验操作、数据分析等科研环节主要由人来完成，因而会受到计算能力和分析能力的限制。图灵奖得主吉姆·格雷（Jim Gray）于 2007 年提出数据密集型科研范式的概念，强调通过海量数据处理来发现科学问题的内在规律（Hey et al.，2009）。大数据、云计算等新一代信息技术的突破提高了对大数据的采集、存储、传输和处理能力，使得科学家能够解决复杂的计算问题、优化实验流程和验证新的科学理论（OECD，2019b），人机协同的智能科研范式也有助于提高科研人员的知识生产效率。数字时代产品和服务的高复杂度催生了科技交叉融合的需求（World Bank Group，2020）。数字转型能够推动数字科技与其他科技领域深度融合，借助数字平台将隐性知识转换为所有相关行为者都可以使用的通用语言，便于知识在不同参与者之间传播，有效降低不同领域专家的沟通成本，催生新的知识领域。此外，数字转型有助于推动科技全球化和形成全球知识生产网络。在科技要素方面，数据成为新的知识生产要素，数字科技的应用使得知识生产要素供求双方之间的信息不对称得到有效缓解（江小涓，2020），并加速资金、人才等要素在全球范围内的配置、流动与重组。在科技主体方面，数字平台模糊了创新主体的组织边界（Nambisan et al.，2017；Urbinati et al.，2020）与地域边界（Gupta et al.，2007；OECD，2019a），创新主体间的跨国家、跨地区、跨部门研发合作更加容易实现。

4.2.2　数字赋能知识扩散系统

数字转型有助于丰富知识扩散的工具、途径和模式，使知识扩散呈现及时化、多向化、精细化和平台化特征，进而提升知识扩散的深度和广度。

传统国家创新体系中，知识扩散通常依靠合作研发、人员流动、面对面交流等方式实现。由于空间、时间、语言等因素限制，知识扩散的范围相对有限，而且知识扩散的质量相对较差、成本相对较高、效率相对较低。已有研究表明，空间距离越远，人员流动、交流和合作的成本越高，知识传递的损耗越大，知识扩散的质量和效率将会降低，即存在知识扩散的空间衰减性（Keller，2002）。数字转型拓展了知识扩散渠道，使得新知识能够通过更丰富的工具以更快的速度从知识生产者传递到使用者，如新媒体和数字出版的发展能够保障新知识及时向外扩散。数字转型还强化了知识生产者与使用者之间的联系，促使用户参与到知识生产过程中，知识扩散从"知识生产者向知识使用者"的单向扩散模式向"知识生产者与知识使用者互动"的双向扩散模式转变。例如，科技成果转移转化数字平台能够有效降低知识生产者与知识使用者之间的信息不对称，保障新知识突破时间、空间、语言的限制向知识生产者传递，促使知识扩散向精细化方向转变。知识共享数字平台有助于形成包括知识生产者、知识使用者、平台组织、软件开发者等主体在内的平台创新生态（Helfat and Raubitschek，2018；Nambisan et al.，2020），新知识能够通过更多节点向其他创新主体扩散，知识扩散呈现出平台化发展趋势。

4.2.3 数字赋能知识应用系统

数字赋能知识应用是指在社会经济创新活动中，政府、企业、社会组织等知识应用主体通过构建 5G、区块链、人工智能等相关数字科技的数字基础设施、平台和工具等数字要素组合，改善国家创新体系中知识应用的方式、范围、速度和效率，促使知识应用向智能化、融合化和平台化方向发展。

在数字化手段引入之前，知识应用往往依赖于传统方式，受限于手工操作和有限的信息处理能力。然而，数字化手段为知识应用带来了革命性的改变，不仅使得知识的获取更为便捷和广泛，更重要的是赋予了知识更高效、更精准的应用方式。这种转变不仅提高了创新效率，更促进了知识的快速传播和广泛应用，推动着创新成果向产业界和社会各领域快速渗透。首先，在赋能知识传播和应用方面，传统图书馆通过数字化技术可以转变为数字化图书馆，以及包括科学博客、社交媒体、在线教育平台、开放数据平台这类数字化工具和平台的广泛应用为用户远程访问丰富的信息资源提供了更加便利、智能的获取途径，使知识的传播和应用更加普及和便捷。同时，通过智能算法、大数据分析以及人工智能等工具的运用，能够实现对知识的深度挖掘和准确运用，更容易地将科技成果转化为实际应用的基础。其次，数字技术在与其他非数字技术的融合中发挥着关键作用（柳卸林等，2020），不仅拓展了传统技术的应用范围，还提升了它们的效率、性能和智能化水平，极大拓展了科技知识的应用场景并促进了产品和服务创新（陈庆江等，2023）。例如，在制造领域，3D 打印（三维打印）作为数字技术与传统制造技术融合的典型技术，使得产品设计、模拟和测试可以在虚拟的数字环境中完成，提高了知识应用速率和产品开发效率。此外，数字科技金融通过提供新的融资模式、创新性的金融产品和服务以及数字化技术的运用，加速了科技成果从实验室到市场的转变（庄旭东和王仁曾，2021）。数字化科技成果转化服务与交易平台提供的在线市场使科研机构和企业能够更加便捷地发布、查找和获取科技成果、专利、技术许可等信息，改善科技资源的共享机制和交易模式，提升科技成果转化效率，进而促进知识在全社会的广泛应用（李艺铭和王忠，2020）。

4.3　数字赋能国家创新体系的政策方向

数字转型为国家创新体系效能提升带来广泛机遇的同时也引发了

新的问题，如"大数据欺骗""数字安全""数字垄断"等，这对传统国家创新政策在知识创造过程中创新要素流通及创新主体间的协同、知识扩散过程中的知识产权保护、知识应用过程中的数字治理体系构建等方面提出了挑战。通过梳理我国创新政策实践，识别数字经济时代传统创新政策的局限，进而明确数字转型背景下国家创新体系的政策目标，提出未来创新政策方向。

4.3.1　加强数字能力建设，改善国家创新体系的知识生产功能

数字赋能国家创新体系知识生产的关键在于借助数字要素体系打造智能科研范式，加强科技合作交流和促进学科交叉融合。然而，当前我国科研范式的数字转型成本较高（OECD，2020），数字要素在促进国家创新体系中科技要素流通和强化科技主体协同等方面仍存在诸多阻碍（王珍愚等，2021），迫切需要发挥数字要素在提升知识生产效率和拓展知识生产边界的作用。

建议面向数字时代知识生产模式的智能化、交叉化、全球化发展趋势，为国家创新体系中的知识生产活动提供与之相适应的资源基础和制度保障。一是加快部署智能科研平台及辅助设备等基础设施来改善知识生产效率。人人互动层面，通过拓展虚拟实验室、线上会议、开源创新、人工智能翻译等应用场景，为科研人员之间的互动交流搭建更加便捷、高效的科技合作数字平台。人机互动层面，加强智能科研辅助设备生产及推广应用，运用数字科技辅助科研人员进行实验设计、操作和数据分析，将科研人员从传统的机械化实验流程中解放出来，使其能够将更多的精力投入到富有创造性、思想性的科研活动中。二是加快推进学科交叉融合来拓展知识生产边界。部署和建设一批交叉学科研究机构，将交叉学科引入高校学科体系和科技评价体系中，加速数据科学、计算科学等学科与自然科学、社会科学的交叉融合，推动国家创新体系的知识生产前沿不断拓展。三是利用数字科技和数

字平台拓展国际科技合作渠道和构建全球科技合作网络，强化开放科学的制度保障。完善科研数据开放的监管框架，确保科研数据能够基于特定用途被查找、访问、互操作和重用。支持各地区建立科技资源开放共享数字平台，推动科研仪器设备等科技资源的供给者与使用者精确对接，提高科技资源使用效率。

4.3.2　弥合数字要素鸿沟，优化国家创新体系的知识扩散功能

数字赋能国家创新体系知识扩散的重点在于发挥数字化科研基础设施的交流平台、合作网络和信息联通功能。然而，由于不同人群、地区、产业建设数字科研载体的能力存在差异，容易出现数字鸿沟现象（OECD，2019a），阻碍了国家创新体系中不同部门、地区间的知识扩散能力的提升。此外，数字赋能知识扩散的管理机制不健全，诸如知识扩散过程出现数字化人才不足、知识产权模糊（田颖等，2021）、虚假信息（梅宏，2020）等问题，降低了国家创新体系中知识扩散的速度和质量。

建议面向数字时代知识扩散的新趋势，完善国家创新体系中知识扩散的物质条件和制度环境。一是面向数字赋能知识扩散的及时化、精细化特征，推进广覆盖、多渠道的知识扩散数字平台和基础设施建设，以提升国家创新体系中知识扩散规模和效率。例如，通过加快发展智能翻译、虚实交互等数字科技和推进国家重大科技设施有序开放共享，打造线上线下相结合的知识扩散渠道，促进数字要素在教育培训、科技成果转移、科技合作、期刊建设等国家创新体系知识扩散活动中的应用，保障新知识能够及时、准确、广泛地传递给知识需求者和使用者。二是面向数字赋能知识扩散的多向化、平台化特征，完善知识扩散的支撑体系和管理机制。一方面，加强对数字技能人才和复合型人才的培养，推动面向各类职业人才的数字技能培训，发挥数字化人才促进知识跨地区、跨行业、跨部门扩散的载体支撑作用。另一

方面，综合考虑知识生产者、使用者、数字平台等多方主体利益，完善数字时代的知识产权保护制度，打击知识扩散过程中的知识侵权现象，提高各创新主体知识扩散的活力和动力。发挥新一代信息技术对知识扩散过程全链条监管的优势，避免数字知识无限制扩散造成的"大数据欺骗"问题。

4.3.3　构建数字赋能生态，强化国家创新体系的知识应用功能

数字赋能国家创新体系知识应用取决于各创新主体数字赋能能力、数字创新能力及其可用的实践场景和政府的创新治理能力。当前，我国数字赋能知识应用的场景匮乏（赵剑波，2020），数字治理体系滞后于数字转型实践（梅宏，2020），导致数字赋能知识应用的实际效果有限且存在一定的风险。

建议面向数字赋能知识应用的智能化、融合化和平台化趋势，拓展科技知识应用场景和模式，改善国家创新体系中的知识应用效能。一是面向数字赋能知识应用的智能化趋势，通过开放科学文献获取、构建公共科技知识数据库等方式助力知识的传播和应用。通过科研成果的数字化出版与开放获取促进科学事业发展，以及广泛利用数字化手段如社交媒体、在线教育和科学协作平台，促进科学知识的快速传播和广泛应用。二是面向数字赋能知识应用的融合化趋势，推动数字科技与传统技术融合发展。支持和引导企业将大数据、人工智能等数字科技与传统生产制造技术融合，推动企业实现生产制造、服务提供等方面的智能化和高效化。倡导企业在数字科技和传统技术交汇的领域寻找创新突破点，推动相关领域的技术前沿拓展和应用落地，从而进一步促进产业结构升级和经济转型。三是面向数字赋能知识应用的平台化趋势，拓展数字赋能知识应用的场景和渠道。通过推动数字科技金融和科技成果转移转化平台等建设，建立更加高效的科技成果转化机制与模式，提高科技成果的转

移转化水平，更好地促进不同领域之间的合作与交流，形成数字赋能知识应用的良好生态。

4.3.4 建立需求导向数字创新政策体系，加强数字创新政策系统性布局

数字赋能国家创新体系效能提升依赖知识生产、扩散与应用等不同环节政策的共同驱动与协同配合，因此需要完善创新政策的制定和实施过程，并强化不同部门、不同领域、不同环节创新政策之间的匹配度和协同度。

建议面向国家创新体系整体效能提升的发展要求，明确数字化背景下数字创新政策制定的基本思路和布局原则。一是建立需求导向的数字创新政策体系。长期以来，中国国家创新体系建设采取自上而下的思路，政府在培育创新主体、布局技术方向、推动科技成果转化方面具有主导地位[①]。但在数字转型背景下，科学技术的突破、扩散和应用速度更快，科技发展的不确定性更高。政府应面向经济社会发展重大需求遴选数字创新发展的优先事项，并建立需求导向的数字创新政策体系。二是加强数字创新政策的系统性布局。在制定和实施数字创新政策过程中，一些地方政府往往以上级政府的数字创新政策为"模板"，忽视了地方发展的现实需求和禀赋条件。此外，不同科技资助部门之间的定位也有重叠，对数字科技、数字产业的布局容易出现碎片化、重复和缺位等问题。建议在明确中央政府、地方政府以及不同政府部门功能定位的基础上，对数字领域的科研项目进行分类资助，综合考虑项目成果在知识生产、扩散以及应用等环节的作用来制定更加合理的科技评价标准。

---

① 典型例子是我国自 2006 年起实施的《国家中长期科学和技术发展规划纲要（2006—2020 年）》，对国家创新体系建设作出了全方位部署，政府综合采用了财税政策、政府采购、知识产权战略、金融政策、高新技术产业化等方式来推动国家创新体系建设。

4.4　本章小结与未来展望

4.4.1　本章小结

数字转型背景下,有效实现国家创新体系的知识生产、知识扩散及知识应用功能进而提高国家创新体系整体效能,成为我国应对复杂严峻的国内外环境、实现经济社会高质量发展的必然选择。以数字科技密集型突破应用为重要特征的新一轮科技革命正在重塑国家创新体系内各创新要素和创新主体的互动方式,为提高国家创新体系整体效能创造了新的发展机遇。

数字经济时代,数据要素、数字科技、数字平台、数字基础设施等与国家创新体系深度融合,促使国家创新体系经历了"数码化—数字化—数字转型"三个循序渐进的演化阶段,并且每个阶段的演进都伴随着国家创新体系效能生成逻辑的变化。数字赋能国家创新体系体现在知识生产、知识扩散和知识应用三方面,一是数字赋能促使知识生产向智能化、交叉化和全球化方向转变,二是数字赋能促使知识扩散向及时化、多向化、精细化和平台化方向转变,三是数字赋能促使知识应用向智能化、融合化、服务化和生态化方向发展。基于数字经济时代国家创新体系的效能生成路径,结合当前我国创新政策在支撑国家创新体系效能提升方面的不足,从加强数字能力建设、弥合数字要素鸿沟、构建数字赋能生态以及优化政策效果四方面提出政策建议。

4.4.2　未来展望

本章分析了数字要素赋能国家创新体系的机理并提出相应的政策框架,但仅仅是针对数字转型背景下国家创新体系理论和实践研究的初步尝试,未来可以从以下几个方面展开进一步研究。

一是数字赋能国家创新体系的理论构建研究。本章在国家创新体系理论的基础上分析了数字赋能作用，未来可以从其他创新理论视角思考数字赋能的途径和影响。例如，可以基于熊彼特构建的创新发展理论框架（Radosevic，2022），从创新形成、创新类型、创新主体、创新影响等方面分析数字经济时代熊彼特创新理论的发展。数字要素成为数字科技创新的核心要素，正在改变国家创新体系中的主体地位和关系，创新要素的配置逻辑和结构，以及创新制度和创新逻辑。特别是，数智化正在深刻改变国家创新体系的动力和机制，将引发创新主体的变化与变革，迫切需要夯实数字赋能国家创新体系的理论基础。此外，数字要素强化了创新要素和创新主体间的连接，弱化了国家创新体系的边界，因此未来可以从区域创新体系（Cooke et al.，1997）、技术创新体系（Carlsson and Stankiewicz，1991）、部门创新体系（Breschi and Malerba，1997）等视角进行研究，还可以结合创新链全过程发展的视角系统解析数字化对国家创新的影响机制。

二是数字赋能国家创新体系的监测评估研究。现有文献大都从研发投入、创新产出、创新效率等角度对国家创新体系进行监测（Guan and Chen，2012；Jurickova et al.，2019）。数字转型背景下，数字要素与传统创新发展要素深度融合（康瑾和陈凯华，2021），传统的监测评估方法难以适应数字转型背景下国家创新体系发展的新需求，需要建立科学有效、动态智能的数字赋能国家创新体系效能的监测方法与评估手段。一方面，面向数字要素体系自身的发展情况，针对数字科技的基础理论突破及其应用、数字基础设施的普及情况、数据要素市场的培育情况、数字平台生态完备程度等建立相应的统计手段与监测方法。另一方面，面向国家创新体系知识生产、知识应用与知识扩散的全过程，从创新投入、产出、效率、绩效等角度全面监测、评估和分析数字要素对科技、产业、社会创新发展的赋能成效。

三是数字赋能国家创新体系的制度逻辑研究。制度环境是影响各国国家创新体系效能发挥和演化方向的重要因素，而已有研究对数字转型背景下国家创新体系的制度环境分析不足，未来可以从科技、经济、政治等制度视角以及制度组合视角出发，分析制度因素如何影响和调节数字要素对国家创新体系的赋能作用。同时，考虑到制度变革可能存在路径依赖，国家创新体系的演进也往往表现出路径依赖与自我强化特征（王春法，2003），因此还可以结合不同国家的历史与现实实践，从制度逻辑的视角分析数字赋能国家创新体系的演化过程。

　　四是数字赋能国家创新体系的场景发展研究。一方面，需要面向数字要素体系自身的发展，完善政府数字创新治理的政策体系。数字要素已经成为创新发展的核心资源，但其外溢性、非竞争性等特征导致对其定价、确权和监管十分困难，如何制定合理的数字访问政策、确权机制、流通规则和价值分配方案成为数字经济时代创新政策的重要议题（OECD，2019c）。另一方面，需要面向数字要素体系赋能科技、产业、社会发展的实践场景，探索数字赋能国家创新体系知识生产、知识扩散与知识应用活动的现实路径。例如，需要思考以 ChatGPT 为前沿的人工智能技术将如何影响传统的产学研合作模式和产业创新生态的构建，以及如何利用新一代数字科技促进数字社会发展和提升政府社会治理水平。

本章参考文献

蔡跃洲. 2021. 中国共产党领导的科技创新治理及其数字化转型：数据驱动的新型举国体制构建完善视角[J]. 管理世界，37（8）：30-46.

陈凯华. 2022. 创新计量学：理论与方法[J]. 计量经济学报，2（2）：209-227.

陈凯华，冯泽，孙茜. 2020. 创新大数据、创新治理效能和数字化转型[J]. 研究与发展管理，32（6）：1-12.

陈庆江，平雷雨，董天宇. 2023. 数字技术应用创新赋能效应的实现方式与边界条件[J].管理学报，20（7）：1065-1074.

江小涓. 2020-09-21. "十四五" 时期数字经济发展趋势与治理重点[N]. 光明日报，（16）.

康瑾，陈凯华.2021. 数字创新发展经济体系：框架、演化与增值效应[J]. 科研管理，42（4）：1-10.

李艺铭，王忠. 2020. 数字经济时代融合式创新模式及技术成果转化路径[J].科技导报，38（24）：103-108.

刘洋，董久钰，魏江. 2020. 数字创新管理：理论框架与未来研究[J]. 管理世界，36（7）：198-217，219.

柳卸林，董彩婷，丁雪辰. 2020. 数字创新时代：中国的机遇与挑战[J]. 科学学与科学技术管理，41（6）：3-15.

路甬祥. 2002. 对国家创新体系的再思考[J]. 求是，（20）：6-8.

梅宏. 2020. 数据治理之论[M]. 北京：中国人民大学出版社.

田颖，常焙筌，田增瑞，等.2021. 是否知识共享？——基于开源数字创新社区视角[J]. 科学学研究，39（8）：1474-1484.

王春法. 2003. 国家创新体系理论的八个基本假定[J]. 科学学研究，（5）：533-538.

王节祥，陈威如，江诗松，等.2021. 平台生态系统中的参与者战略：互补与依赖关系的解耦[J]. 管理世界，37（2）：126-147，10.

王珍愚，王宁，单晓光. 2021. 创新 3.0 阶段我国科技创新实践问题研究[J]. 科学学与科学技术管理，42（4）：127-141.

赵剑波. 2020. 推动新一代信息技术与实体经济融合发展：基于智能制造视角[J]. 科学学与科学技术管理，41（3）：3-16.

周文辉，王鹏程，杨苗. 2018. 数字化赋能促进大规模定制技术创新[J]. 科学学研究，36（8）：1516-1523.

庄旭东，王仁曾. 2021. 数字金融能促进产业创新成果转化吗[J]. 现代经济探讨，（6）：58-67.

Adner R. 2017. Ecosystem as structure[J]. Journal of Management，43（1）：39-58.

Breschi S，Malerba F. 1997. Sectoral innovation systems：technological regimes，schumpeterian dynamics，and spatial boundaries[C]. Systems of Innovation：Technologies，Institutions and Organizations. London：Routledge.

Carlsson B，Stankiewicz R. 1991. On the nature，function and composition of technological systems[J]. Journal of Evolutionary Economics，1（2）：93-118.

Cooke P，Uranga G M，Etxebarria G. 1997. Regional innovation systems：institutional and organisational dimensions[J]. Research Policy，26（4/5）：475-491.

Forman C，van Zeebroeck N. 2019. Digital technology adoption and knowledge flows within firms: can the Internet overcome geographic and technological distance?[J]. Research Policy，48（8）：103697.

Freeman C. 1987. Technology，Policy，and Economic Performance: Lessons from Japan[M]. London: Pinter Publishers.

Gong C，Ribiere V. 2021. Developing a unified definition of digital transformation[J]. Technovation，102：102217.

Guan J C，Chen K H. 2012. Modeling the relative efficiency of national innovation systems[J]. Research Policy，41（1）：102-115.

Gupta A K，Tesluk P E，Taylor M S. 2007. Innovation at and across multiple levels of analysis[J]. Organization Science，18（6）：885-897.

Hanelt A，Bohnsack R，Marz D，et al. 2021. A systematic review of the literature on digital transformation: insights and implications for strategy and organizational change[J]. Journal of Management Studies，58（5）：1159-1197.

Helfat C E，Raubitschek R S. 2018. Dynamic and integrative capabilities for profiting from innovation in digital platform-based ecosystems[J]. Research Policy，47（8）：1391-1399.

Hey A J G，Tansley S，Tolle K M. 2009. The Fourth Paradigm: Data-Intensive Scientific Discovery[M]. Redmond: Microsoft Research.

Jurickova E，Pilik M，Kwarteng M A. 2019. Efficiency measurement of national innovation systems of the European Union countries: DEA model application[J]. Journal of International Studies，12（4）：286-299.

Keller W. 2002. Geographic localization of international technology diffusion[J]. American Economic Review，92（1）：120-142.

Legner C，Eymann T，Hess T，et al. 2017. Digitalization: opportunity and challenge for the business and information systems engineering community[J]. Business & Information Systems Engineering，59（4）：301-308.

Lundvall B-Å. 1992. User-producer relationships，national systems of innovation and internationalization[C]. National Systems of Innovation: Towards a Theory of Innovation and Interactive. London: LearningPinter.

Nambisan S，Lyytinen K，Majchrzak A，et al. 2017. Digital innovation management:

reinventing innovation management research in a digital world[J]. MIS Quarterly，41（1）：223-238.

Nambisan S，Lyytinen K，Yoo Y，et al. 2020. Handbook of Digital Innovation[M]. Cheltenham：Edward Elgar Publishing.

Nambisan S，Wright M，Feldman M. 2019. The digital transformation of innovation and entrepreneurship：progress，challenges and key themes[J]. Research Policy，48（8）：103773.

Nelson R R. 1993. National Systems of Innovation：A Comparative Study[M]. New York：Oxford University Press.

OECD. 1997. National innovation systems[R]. Paris：OECD Publishing.

OECD. 2019a . Going digital：shaping policies，improving lives[R]. Paris：OECD Publishing.

OECD. 2019b. Measuring the digital transformation：a roadmap for the future[R]. Paris：OECD Publishing.

OECD. 2019c. Digital innovation：seizing policy opportunities[R]. Paris：OECD Publishing.

OECD. 2020. The digitalisation of science , technology and innovation ： key developments and policies[R]. Paris：OECD Publishing.

Paunov C，Rollo V. 2016. Has the Internet fostered inclusive innovation in the developing world?[J]. World Development，78：587-609.

Piccinini E，Hanelt A，Gregory R W，et al. 2015. Transforming industrial business：theimpact of digital transformation on automotive organizations[C]. Association for Information Systems. Texas：International Conference on Information Systems.

Radosevic S. 2022. Techno-economic transformation in Eastern Europe and the former Soviet Union-A neo-Schumpeterian perspective[J]. Research Policy, 51（1）：104397.

Tilson D，Lyytinen K，Sørensen C. 2010. Research commentary：digital infrastructures：the missing IS research agenda[J]. Information Systems Research，21（4）：748-759.

Urbinati A，Chiaroni D，Chiesa V，et al. 2020. The role of digital technologies in open innovation processes：an exploratory multiple case study analysis[J]. R&D Management，50（1）：136-160.

Verhoef P C，Broekhuizen T，Bart Y，et al. 2021. Digital transformation：a multidisciplinary reflection and research agenda[J]. Journal of Business Research，122：889-901.

World Bank Group. 2020. Promoting innovation in China：lessons from international good practice[R]. Washington：World Bank.

Yoo Y，Boland R J，Jr，Lyytinen K，et al. 2012. Organizing for innovation in the digitized world[J]. Organization Science，23（5）：1398-1408.

第 5 章　数字创新生态系统的理论构建

随着新一轮科技革命的深化推进，数据作为一种新的生产要素正在全面地影响和参与创新活动，促进传统创新发展理论的拓展和完善（Nambisan et al.，2017；Goldfarb and Tucker，2019）。数字化重塑了创新主体之间的价值共创方式，拓展了现有创新生态系统理论，引发关于构建数字创新生态系统的思考。创新生态系统强调了创新主体间的协同共生关系，这种关系促使参与者能够围绕一个核心主体实现价值共创，持续不断地推出新产品、新技术或新的解决方案（Moore，1993；Iansiti and Levien，2004；Adner，2006；Dodgson et al.，2014；Adner，2017；de Vasconcelos Gomes et al.，2018；Jacobides et al.，2018）。数字化不但会引入数据这一新的生产要素，还会增强多主体间的协同合作、推动要素间的关联和重组，促使创新生态系统的行为逻辑发生变化（Beltagui et al.，2020）。正确理解数字创新生态系统不仅有助于指导数字化背景下的创新实践，还将推动创新生态系统相关理论的拓展乃至重构，具有重要的实践与理论意义。尽管如此，国内外却鲜有聚焦于数字创新生态系统的研究，探究数字化背景下创新生态系统所呈现的新特征和新趋势，仍然存在很大的理论探讨与实践发展空间。为此，本章提出了数字创新生态系统化与创新生态系统数字化的概念，构建了数字创新生态系统的理论分析框架，并阐述了未来可能的研究方向。

数据新要素介入及数字化赋能是数字化转型的两个基本特征。陈凯华（2020）指出，数字化引入数据这一新的生产要素，将会增加生产要素新组合，产生新的生产函数；同时，数字科技的出现还将促进创新发展经济体系内原有生产要素的优化重组，有助于创新的发生与发展。由此及彼，数字创新生态系统有两种基本表现形式：一是数字创新生态系统化，即由异质性数字主体及其复杂关系构成（Helfat and Raubitschek，2018；OECD，2019a），致力于促进数字创新的产生、应用与扩散的数字生态系统；二是将数字化进程与创新主体间的价值共创行为进行深度融合，创新生态系统开始具备数字实体特性（Sussan and Acs，2017；Teece，2018；Gupta et al.，2019；Song，2019）。厘清上述表现形式的基本特征，有助于正确理解和把握数字创新生态系统的概念与内涵，对制定国家数字化发展战略有着重要的指导意义，但仍缺乏深入研究。

本章以数字创新发展及数字化赋能作为分析的切入点，系统梳理数字创新生态系统的相关理论，进而构建数字创新生态系统的概念与理论分析框架。本章的研究主要有以下三点创新：①界定了数字创新生态系统化的概念，明确了围绕数字主体而形成的创新生态系统将会延续数字生态系统的基本特征；②界定了创新生态系统数字化的概念，从主体、结构、制度、功能和演进五个维度阐述数字化背景下创新生态系统行为逻辑的变化；③构建了数字创新生态系统的理论分析框架，并阐述了未来可能的研究方向，为后续研究提供新的研究视角。本章提出的理论分析框架不仅对创新生态系统研究以及数字创新发展研究有一定的引领作用，也有助于指导数字创新生态系统的路径构建，具有较大的理论与实际意义。

本章余下部分的结构安排如下：第一部分提出数字创新生态系统化概念，明确了围绕数字主体形成的创新生态系统所具备的数字生态系统基本特征；第二部分提出创新生态系统数字化概念，阐述了数字化背景下创新生态系统的行为逻辑变化和进一步深化；第三部分界定了数字创新生态系统的概念，构建了用于理解数字创新生态系统的理论分析框架；第四部分为主要研究结论和数字创新生态系统的未来研究方向。

5.1　数字创新生态系统化

数字生态系统是由数字要素、数字要素的提供者、数字要素的使用者等异质性数字主体及其复杂关系构成的复杂适应系统，能够通过数字主体之间的交互提升系统效能、促进信息分享、增进主体内和主体间的合作以及系统创新（Li et al.，2012；Sussan and Acs，2017；Helfat and Raubitschek，2018；OECD，2019b；Teece，2018）。数字创新生态系统化是旨在促进数字创新产生、应用与扩散的数字生态系统。它具备创新生态系统通过创新实现价值创造和共享的基本特征，可以理解为是围绕数字主体而形成的创新生态系统。因此，它延续了数字生态系统收敛性、可扩展性、自生长性和模块性的基本特征。

5.1.1　收敛性

数字化能够增加生产要素新组合或产生新生产函数，促进原有生产要素的优化重组（陈凯华，2020）。随着传统实体与数字实体的深入融合，产品边界、组织边界、产业边界等将不再明确，体现了数字创新的收敛性（Porter and Heppelmann，2014；Nambisan et al.，2017）。数字创新生态系统化也具备收敛性。这一新型生态系统能够促进数字科技的迭代升级与深化应用，同时推动创新发展的数字化转型。不仅如此，它还将与其他生态系统进行深度融合（Sussan and Acs，2017；Song，2019），从而改变其他生态系统的既有行为逻辑（图 5-1）。由此可知，数字创新生态系统化不仅自身能够不断地发展和创新，还能够作为一种"基础的生态系统"得到融合应用，进而推动创新生态系统的数字化转型，促进数字科技的产生、扩散和应用。

5.1.2　可扩展性

数字要素具备可共享和重复使用的特点，它们能够以几乎为零的成本被查找、复制、传输、追踪和验证（裴长洪等，2018；Goldfarb and Tucker，2019），因此具备可扩展性。数据能够作为新的生产要素进入

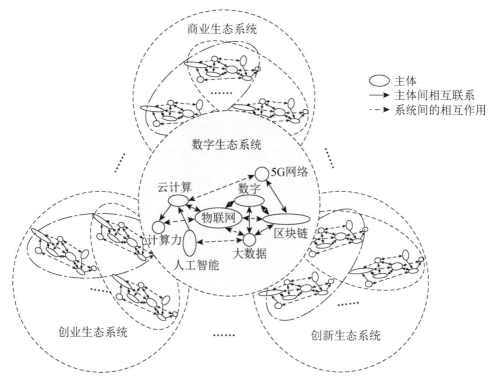

图 5-1　数字创新生态系统的收敛性

创新过程，同时，数字科技的存在促使这种低成本的投入要素带来产出水平的快速提升，使得规模递增成为可能（Ellison G and Ellison S F，2005），因此赋予了数字创新可扩展性。由于数字要素及数字创新是数字创新生态系统化的主要组成和功能，因此数字创新生态系统化在促进数字创新产生、应用与扩散时，同样能够实现规模递增，依然具备可扩展性。

5.1.3　自生长性

数字科技的模块性和交互性增进了创新主体间的交流协作，使得来自数字化用户的需求有效地反馈于数字主体（Teece，2010），以用户需求为核心进行交互创新与大规模定制成为可能。由此可知，数字科技是动态的、可自我参照的、可重新编辑的，数字创新可以持续地不断改进和变化，具备自生长性。另外，数字生态系统能够对来自外部的动态需求进行有效率的响应（Boley and Chang，2007；Song，2019）。因此，作为致力于促进数字创新产生、应用与扩散的数字生态系统，数字创新生态系统化能够通过持续性的创新来有效率地满足用户需求，以实现技术的创新迭代和生态系统的演进与升级，从而具备自生长性（Yoo，2012；刘洋等，2020）。

5.1.4　模块性

模块性使得数字生态系统具备了分层模块化的特征，系统内的元素（主体、技术、任务等）可以被分解为相互独立却又相互依赖的子系统，在保证系统整体性的同时具备着极大的灵活性（魏江和刘洋，2021）。数字创新生态系统化也具备模块性，使得数字创新能够应用于其他用途，如 3D 打印作为基础技术模块转移至医疗、航空等领域从而催生了更多新技术的产生、扩散和应用（Beltagui et al.，2020）。数字生态系统能够依靠虚拟现实（virtual reality，VR）技术扩展信息空间，因此平台组织在支撑社会经济发展过程中起到了越来越重要的作用（Helfat and Raubitschek，2018），而模块性使得数字化平台具备网络效应，生态系统的价值将会随着平台参与者的增加而增加（Song，2019）。

5.2　创新生态系统数字化

数字化丰富了创新生态系统的要素组成、改善了创新要素之间的协同共生关系，促使创新生态系统的行为逻辑发生变化，形成了创新生态系统数字化。创新生态系统的理论与实践应用得到进一步深化。

5.2.1　数字化背景下创新生态系统的行为逻辑变化

创新生态系统是由相互连接的创新主体所构成的网络，这些网络围绕着一个共享的核心主体构建，并在此基础上通过创新来实现价值创造和共享（Autio and Thomas，2014；Granstrand and Holgersson，2020）。在这一定义中，核心主体可以是一个核心企业（Adner，2006，2012）、一个孵化公司（Moore，1993；Iansiti and Levien，2004）、一组共享的核心科技（Adner and Kapoor，2010，2016；Beltagui et al.，2020）、一个共享的技术平台（Gawer and Cusumano，2002，2014；Gawer，2009）或某一区域中心（Lee，2000；PCAST，2004；Oh et al.，2016；OECD，2020），创新主体可以是供给者、互补者、消费者等。创新生态系统内的这些主体彼此相互影响、相互制约，形成了价值共享的、动态的、有目的的网络，并在其中进行共同的价值创造、实现共同演进，从而共同达到新状态（Gustafsson and Autio，2011；Autio and Thomas，2014）。在这一过程中，创新主体通过合作与竞争来形成新的产品或提供新的解决方案，从而进入下一轮创新（Moore，1993；Adner，2006，2017；Teece，2010）。

从复杂适应系统视角来看，创新生态系统包含了多种利益相关者（或"主体"），它们能够满足于自身在系统中所处的位置，形成具有默契的配位结构（Adner，2017）。这一结构特征同时引发了如何协调和管理生态系统的问题，带来了对非正式协调机制等制度问题的讨论（Ågerfalk and Fitzgerald，2008；Gawer and Phillios，2013；Thomas and Autio，2014；Adner，2017；Jacobides et al.，2018），以及对创新生态系统适应与演变能力的讨论（Autio and Thomas，2014）。基于这一视角，本节从主体、结构、制度、功能和演进五个维度来探究创新生态系统的行为逻辑（表 5-1）。

表 5-1 数字化背景下创新生态系统的行为逻辑变化

分析维度	创新生态系统的行为逻辑	数字化背景下行为逻辑的变化
主体	核心组织、参与者、供给者、利益相关者等（Adner，2006；Autio and Thomas，2014）	用户作为新的创新主体参与创新过程，强化了生态系统中用户参与者的作用（Teece，2010），生产制造从以生产者为中心向以消费者为中心的转变加速（国务院发展研究中心创新发展研究部，2019）
结构	各主体之间关系形成配位结构，所有主体都满意于其在生态系统中所处的位置，达到帕累托均衡（Adner，2006；Jacobides et al.，2018）	数字化模糊了产业边界、组织边界、部门边界甚至产品边界（Yoo et al.，2012；Nambisan et al.，2017），重新定义了组织的运行模式及企业间的关系（Gawer，2014；钟华，2017）
制度	由核心主体提出的标准、知识产权、平台管理、约束和激励等利益分配和协调机制（Iansiti and Levien，2004；Jacobides et al.，2018）	数字科技或数字平台因其具备一定的灵活性、开放性、可供性和信息共享能力等特征（Parker et al.，2017；de Reuver et al.，2018；Rai et al.，2019），强化了创新生态系统的协调机制
功能	包括交互协同、用户反馈与适应能力等功能（裴长洪等，2018），能够实现价值共享、共创与应用（Jacobides et al.，2018）	数字化不仅促进了创新主体之间的交互协同（Teece，2010；国务院发展研究中心创新发展研究部，2019），数字平台或数字基础设施所具备的模块性特征还将为生态系统内的成员提供技术架构或协调工具（Cusumano and Gawer，2002）
演进	相互关联的参与者通过竞争与合作等，共同向新状态努力（Moore，1993；Gustafsson and Autio，2011）	数字化推动创新生态系统的深化应用

在数字化背景下，创新生态系统的行为逻辑具备了新的特征。数字经济时代，需求侧的消费者将作为新的创新主体参与创新过程（Teece，2010），以用户需求为核心进行交互创新与大规模定制成为可能，创新效率得以提升（国务院发展研究中心创新发展研究部，2019）。数字创新不仅可以让不同创新主体在不同时间和地点参与创新过程（Boland et al.，2007；刘洋等，2020），还会改变组织的运行机制以及企业间的竞合关系（Gawer，2014；钟华，2017；Kumar et al.，2018）。数字化技术将通过改善信息披露与共享的方式，强化制度建设和改善非正式协调机制。在数字科技设施之上催生的数字平台，能够促使外部生产者和消

费者进行交互协同（Constantinides et al.，2018），有助于其他生态系统成员利用数字平台来设计和控制多个产品或子系统（Helfat and Raubitschek，2018），创新绩效得以提升。数字化还将推动创新生态系统的深化应用，实现创新主体间的共同演进。

5.2.2　数字化背景下创新生态系统的进一步深化

近年来，创新研究范式逐步从创新系统向创新生态系统转变（汤书昆和李昂，2018）。创新生态系统描绘了相互关联的创新主体所形成的演化网络如何围绕核心主体实现价值共创（道奇森等，2019），这一隐喻得到了学术界和实务界的广泛应用（Jacobides et al.，2018）。随着数字时代的到来，创新生态系统的诸多观点在受到挑战的同时，其实践应用也得到了进一步的深化（图 5-2）。

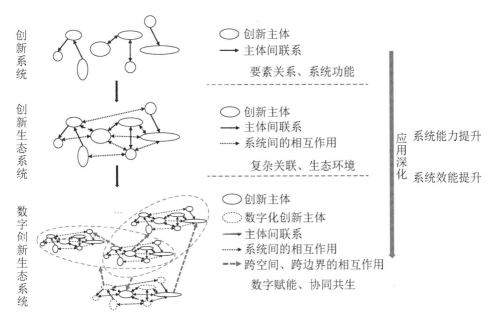

图 5-2　数字化背景下创新生态系统的深化应用

法格伯格等（2009）强调了创新过程的系统特性，指出组织的创新并非是孤立的，而是与其他组织合作并相互依赖。这些组织之间的关系与互动形成了一系列共同的习惯、规范、经验或法律，而这些制度深刻地影响着组织的创新行为。创新就是从这种创新系统中涌现的，创新过程不仅会受到系统构成要素的影响，还会受到要素之间关系的影响，反映了创新系统的"整体性特征"或"系统性功能"（曾国屏等，2013）。

相较于创新系统研究，创新生态系统研究强调了组织间的相互依赖性（Autio and Thomas，2014），将创新视为是一个复杂的、由多种不同利益相关者驱动的过程。不同于创新网络或创新系统等概念，创新生态系统包含了用户参与者、覆盖了诸多利益相关者，更加聚焦于不同创新主体以及生态系统之间的复杂关联和相互作用（道奇森等，2019）。创新生态系统内不同主体所形成、维持或面临的生态环境，成了促进创新产生、应用与扩散的重要因素。因此，相较于创新系统，创新生态系统具备更优的创新能力与效能，扩展了创新系统的理论与实践应用。

数字创新不仅能够促进主体之间的高效协同与共生，还将为生态系统的演进提供新的或更加完善的生态环境，提升了创新生态系统的创新能力与创新效能。这主要体现在三个方面：第一，数字化创新主体的形成。数字化创新主体包括由数据或数字科技形成的创新主体以及数字赋能的创新主体（Yoo et al.，2010；Porter and Heppelmann，2014；国务院发展研究中心创新发展研究部，2019），这些新的创新主体丰富了创新生态系统的组成要素。第二，促进主体之间跨空间、跨边界的相互作用。随着新一代信息技术的快速发展以及网络和平台载体大量涌现，创新主体之间实现了更加高效的交互协同（国务院发展研究中心创新发展研究部，2019）。第三，形成数字化创新生态环境。数字科技或数字生态系统丰富并促进了创新主体之间和创新生态系统之间的复杂关联，完善了创新生态系统内的环境（Boudreau，2012；Porter and Heppelmann，2014；国务院发展研究中心创新发展研究部，2019）。

5.3 数字创新生态系统：理论分析框架

数据新要素介入及数字化赋能是数字化转型的基本特征，是理解数字创新生态系统的主要切入点。基于这一理解，可以认为数字创新包含两层含义：一是与数字有关的创新，包括数字产业化的增量创新等；二是数字科技背景下的创新，包括实现产业数字化的赋能创新等（OECD，2019a；魏江和刘洋，2021）。由此及彼，数字创新生态系统具有两种基本表现形式：一是数字创新生态系统化 [图 5-3（a）]；二是创新生态系统数字化 [图 5-3（b）]。数字创新生态系统化与创新生态系统数字化彼此渗透、相互促进，改进了创新主体之间的价值共创方式，推动了创新能力与创新效能的全面提升。数字创新生态系统是数字创新生态系统化与创新生态系统数字化深度融合的复杂适应系统，兼备数字生态系统的特征以及创新生态系统实现价值共创的行为逻辑。

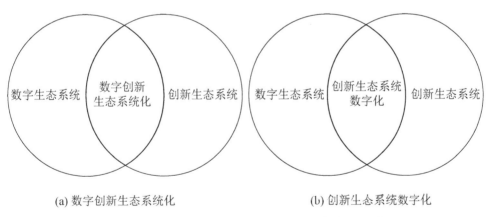

(a) 数字创新生态系统化　　　　　　　　(b) 创新生态系统数字化

图 5-3　数字创新生态系统的两种基本表现形式

本节对数字创新生态系统化与创新生态系统数字化进行理论整合，基于数字创新生态系统化的四个基本特征以及创新生态系统数字化的五个分析维度，从理论上阐释具有数字化背景下创新主体实现价值共创的行为逻辑（表 5-2）。

表 5-2 数字创新生态系统的理论分析框架

分析维度	收敛性	可扩展性	自生长性	模块性
主体	数字化主体及主体数字化	数字生产要素	数字化用户身份	数字化多边平台
结构	模糊创新生态系统边界	提升系统瓶颈表现	促进信息交流及协同	完善分层模块化
制度	数字治理	数字化基础设施治理	协调机制	平台治理
功能	数字化	规模经济性	服务化	整体性、灵活性
演进	演进深化	转型升级	商业模式创新	更加开放和合作

5.3.1 数字化与创新生态系统主体

创新生态系统包括领导者、互补者、供给者、利益相关者等主体（Granstrand and Holgersson，2020），数字化丰富了上述创新主体的组织形式。数字生态系统的收敛性不仅给创新生态系统带来了数字化主体，还给其主体的数字化转型带来了可能（Beltagui et al.，2020）。网络行为数据、服务行为数据、用户内容数据、用户交易数据等具备可扩展性的数字生产要素成了数字创新生态系统的重要组成成分。数字化赋予了创新生态系统内用户以数字化身份，且在数字创新生态系统中具有重要地位，促进了技术或产品得以持续不断地创新迭代。数字化双边或多边平台的出现，发挥了数字创新生态系统中的模块性特征，创新效能得以提升。

5.3.2 数字化与创新生态系统结构

创新生态系统具备一定结构，如边界、模块（Jacobides et al.，2018；Beltagui et al.，2020）、网络（Jacobides et al.，2018；Tsujimoto et al.，2018）和瓶颈（Baldwin，2015；Hannah and Eisenhardt，2018）等，数

字化改善、优化了上述结构。创新生态系统是有边界的，它有可能是国家的、地区的、产业的或技术的，而数字创新生态系统的收敛性正在不断地模糊这一边界问题，逐步颠覆行业壁垒和行业边界。数字创新生态系统具备可扩展性，能够以更低的成本获取更好的创新绩效，同时能够通过优化生产要素组合不断培育新产业、新业态，催生新动能（陈凯华，2020），从而能够缓解制约整个生态系统成长或绩效的瓶颈问题（Hannah and Eisenhardt，2018）。数字创新生态系统的自生长性促进了主体之间的信息流动（Teece，2010），尤其是与用户参与者之间的信息交流，强化了创新生态系统的网络结构。数字生态系统的模块性完善了创新生态系统的模块化分层结构。

5.3.3　数字化与创新生态系统制度

数字化创新生态系统化和创新生态系统数字化在彼此渗透时，不仅改变了创新生态系统的配位结构，也带来了更加复杂的主体间关系，对创新生态系统的制度带来了机遇和挑战。首先，适应性主体数量的增加和异质性程度的上升显著提升了创新生态系统中的治理难度（杨伟等，2020），而数字要素和数字科技的引入也带来了数字鸿沟、数字确权等数字治理问题。在新一轮工业革命和产业革命的背景下，新一代信息技术纷纷迈向产业化应用阶段（袁国宝，2020），数字基础设施的治理问题得以凸显（Boley and Chang，2007；Song，2019）：如何设计合理的法律制度，以促进数字基础设施投资以及促进创新主体采用更加有效的技术（Acemoglu and Johnson，2005）。数字化深化了创新生态系统内的协同合作，因此丰富了创新生态系统核心企业的协调机制。例如，通过数字化手段建立信任机制（Boudreau，2012）、累积声誉（魏江和刘洋，2021）以及促进决策和信息共享（Gupta et al.，2019）。其次，平台运作模式将成为数字创新生态系统的重要价值共创方式，平台治理问题成为其重要的制度之一。

5.3.4　数字化与创新生态系统功能

创新生态系统具备一定的功能，包括主体之间交互协同、用户反馈与适应能力等（Choi et al.，2001），数字化则丰富并深化了创新生态系统的功能。数字要素、数字科技、数字化用户身份、数字化多边平台能够发挥各自的主体功能，促使创新生态系统的数字化转型。数字创新生态系统化的可扩展性使得创新生态系统数字化具备规模经济性，有效提升了创新生态系统的创新效能。数字创新生态系统的自生长性强化了面向用户需求的反馈，使得数字化用户身份的重要性逐渐显著，促进数字创新生态系统的服务化（Sklyar et al.，2019）。模块性强化了数字创新生态系统的模块化分层特征，不仅提高了创新生态系统的整体性，还提升了创新生态系统的灵活性。

5.3.5　数字化与创新生态系统演进

创新生态系统是动态演进的：创新主体间的复杂协同形成制度，促进了生态系统的演进，而在演进过程中主体间的关系改变，制度也随之发生变化，促使生态系统进入下一轮的演进升级（Ritala and Almpanopoulou，2017）。数字化能够快速实现系统演进、升级和迭代（袁国宝，2020），赋予了创新生态系统的数字赋能特征，助推了创新生态系统内的演进升级。此外，数字化技术增进了生态系统内的信息流动，从而促进了商业模式的创新；同时，新的商业模式保证了企业创新技术商业化进程的成功（Teece，2010）。数字驱动的商业模式创新能够实现大规模定制，设计更加精准的、面向用户需求的产品，提高技术转化的成功率。之后，数字创新生态系统化与创新生态系统数字化的深度融合促进了创新主体间更加开放的交流合作，获得更多外部信息、资源以及合作机会（OECD，2019b），形成内生的演进驱动力。

5.4　本章小结与未来展望

5.4.1　本章小结

数字化加速了要素的关联和重组，扩展了现有创新生态系统理论，引发了关于构建数字创新生态系统的思考。本章对数字创新生态系统进行了系统研究和界定，提出了数字创新生态系统化和创新生态系统数字化的概念，构建了数字创新生态系统的理论分析框架。本章的理论贡献和主要发现如下。

首先，本章界定了数字创新生态系统化以及创新生态系统数字化的概念，为理解数字创新生态系统提供了重要理论依据。本章从数字创新管理、数字生态系统、创新生态系统等相关文献出发，提出：①数字创新生态系统化是由异质性数字主体及其复杂关系构成的，旨在促进数字创新产生、应用与扩散的复杂适应系统；②创新生态系统数字化是在数字化进程与创新主体间的价值共创行为深度融合的背景下，实现了数字化转型的创新生态系统。

其次，本章构建了数字创新生态系统的理论分析框架，阐释了数字化背景下创新主体实现价值共创的基本规律。本章认为，数字创新生态系统化与创新生态系统数字化之间的相互协同、合作共享，有助于改进创新主体之间的价值共创方式，推动创新能力与创新效能的全面提升。通过整合数字创新生态系统化与创新生态系统数字化的基本特征和行为逻辑特征，构建了数字创新生态系统理论分析框架，揭示了数字化背景下创新生态系统主体、结构、制度、功能和演进的收敛性、可扩展性、自生长性和模块性特征。本章所提出的数字创新生态系统理论分析框架能够用于解释数字化背景下创新生态系统的实践，同时有助于指导数字创新生态系统的路径构建。

研究发现：①数字创新生态系统化既具备创新生态系统通过创新实现

价值创造和共享的基本特征,同时延续了数字生态系统收敛性、可扩展性、自生长性和模块性的基本特征;②随着数据获取、数据传输、数据存储、数据加工处理等技术的系统性突破,数字化丰富了创新生态系统的要素组成、改善了创新要素之间的协同共生关系,加速了创新生态系统内主体、结构、制度、功能和演进的数字化转型,形成创新生态系统数字化;③数字创新生态系统理论分析框架表明,数字创新生态系统化在与创新生态系统数字化之间相互发展的过程中深刻影响了后者实现价值共创的行为逻辑,同时创新生态系统数字化的价值共创方式推动了数字创新生态系统化的数字创新发展进程。因此,在数字创新生态系统化与创新生态系统数字化在协同演进的过程中,创新能力与创新效能均得到了进一步的提升。

本章研究结论扩展了创新生态系统在数字化背景下的应用,对指导后续研究具有重要的理论意义。基于数字创新生态系统理论分析框架,本章建议未来研究可从案例分析、形成机制分析、发展战略分析、政策研究和监测研究等方面来健全和完善数字创新生态系统理论。

5.4.2　未来展望

本章尝试界定了数字创新生态系统的概念,初步构建了数字创新生态系统的理论分析框架。进一步夯实了数字创新生态系统的相关理论和实证研究,增强了现有理论对创新发展实践的指导作用,本章认为未来可从以下几个方面进行探索。

一是基于数字创新生态系统理论框架的案例分析研究。本章从理论层面构建了数字创新生态系统的分析框架,分析了数字创新生态系统化与创新生态系统数字化的运行机制。本章在构建这一理论分析框架时虽然提供了一定的实践证据,但仍缺乏严格的案例分析来对分析框架进行验证和完善。例如,基于我国具体创新实践,探究数字创新生态系统内的数字要素怎样渗入并影响创新主体间的价值共创方式;数字科技如何解决瓶颈问题并提升数字创新生态系统的效能等。

二是数字创新生态系统的形成机制研究。数字创新生态系统的形成需要更加深入的理论探究,通过对其形成机制的讨论有助于指导数字创新生态系统的构建,但是缺乏相应的讨论。例如,如何形成数字创新主体的反馈机制;如何通过数字科技完善非正式协调机制,提升其在增进创新主体间合作竞争的作用;如何制定完善的数字基础设施运作机制等。这些问题对落实国家数字化发展战略有着重要的作用,后续研究可以基于本章的分析框架进行更加深入的分析,指导创新发展数字化转型的实践。

三是数字创新生态系统的发展战略研究。在数字经济时代,数字创新生态系统的发展战略研究具有重要的实际意义,是所有创新主体在共同演进时所需要面对的重要议题。未来需要聚焦于生态系统在不同生命周期所面临的发展问题,并进行战略研究(Rong et al.,2015;Hannah and Eisenhardt,2018)。例如,数字创新生态系统形成初期企业应如何权衡并选择合适的合作或竞争战略,在实施国际战略时又应当如何在国外市场中维护和促进数字创新生态系统的发展等。后续研究可以基于本章理论分析框架探究如何在数字创新生态系统内制定数字资源的合作竞争战略、基于共享信息的协调发展战略、依托用户的扩张战略等。

四是数字创新生态系统发展的政策研究。一方面,基于数字创新生态系统的理论分析框架,识别制约我国数字创新生态系统构建的机制障碍,并提出有针对性的政策建议。例如,深入研究支撑数字基础设施或数字平台发展政策,加快推进数字创新生态系统构建;探究促进共享开放的数字信息服务政策,保证数据能够安全有效地作为无限供给的生产要素进入到创新生态系统中。另一方面,对数字创新生态系统相关政策进行有效性评估,识别现行政策的不足并提出优化建议。

五是数字创新生态系统的监测研究。随着数字科技的进步,数字信息的广泛采集成为可能。通过对文本信息、用户交易数据、企业合作信息等多种形式的数据进行搜集和处理,能够对数字创新生态系统进行有效监测。未来研究可以基于本章的理论分析框架提出数字创新生态系统的测度理论，全面理解和测度创新主体、结构、制度、功能以及演进的数字化特征。在此过程中，如何识别并测度数字化对创新生态系统的影响是该议题所面临的主要挑战。此外，未来研究还需要设计合理的数字创新生态系统的监控方法。例如，利用网络爬虫、自然语言处理等技术手段进行大数据搜集与处理，探索和监控数字创新生态系统风险。

本章参考文献

陈凯华. 2020. 加快推进创新发展数字化转型[J]. 瞭望，（52）：24-26.

道奇森，甘恩，菲利普斯. 2019. 牛津创新管理手册[M]. 李纪珍，陈劲，译. 北京：清华大学出版社.

法格伯格，莫利，纳尔逊. 2009. 牛津创新手册[M]. 柳卸林，郑刚，蔺雷，等译. 北京：知识产权出版社.

国务院发展研究中心创新发展研究部. 2019. 数字化转型：发展与政策[M]. 北京：中国发展出版社.

刘洋，董久钰，魏江. 2020. 数字创新管理：理论框架与未来研究[J]. 管理世界，36（7）：198-217，219.

裴长洪，倪江飞，李越. 2018. 数字经济的政治经济学分析[J]. 财贸经济，39（9）：5-22.

汤书昆，李昂. 2018. 国家创新生态系统的理论与实践[M]. 合肥：中国科学技术大学出版社.

魏江，刘洋. 2021. 数字创新[M]. 北京：机械工业出版社.

杨伟，周青，方刚. 2020. 产业创新生态系统数字转型的试探性治理：概念框架与案例解释[J]. 研究与发展管理，32（6）：13-25.

袁国宝. 2020. 新基建：数字经济重构经济增长新格局[M]. 北京：中国经济出版社.

曾国屏，苟尤钊，刘磊. 2013. 从"创新系统"到"创新生态系统"[J]. 科学学研究，31（1）：4-12.

钟华. 2017. 企业 IT 架构转型之道：阿里巴巴中台战略思想与架构实战[M]. 北京：

机械工业出版社.

Acemoglu D，Johnson S. 2005. Unbundling institutions[J]. Journal of Political Economy，113（5）：949-995.

Adner R. 2006. Match your innovation strategy to your innovation ecosystem[J]. Harvard Business Review，84（4）：98-107：148.

Adner R. 2012. The Wide Lens：A New Strategy for Innovation[M]. London：Penguin.

Adner R. 2017. Ecosystem as structure[J]. Journal of Management，43（1）：39-58.

Adner R，Kapoor R. 2010. Value creation in innovation ecosystems：how the structure of technological interdependence affects firm performance in new technology generations[J]. Strategic Management Journal，31（3）：306-333.

Adner R，Kapoor R. 2016. Innovation ecosystems and the pace of substitution：re-examining technology S-curves[J]. Strategic Management Journal，37（4）：625-648.

Ågerfalk P J，Fitzgerald B. 2008. Outsourcing to an unknown workforce：exploring opensourcing as a global sourcing strategy[J]. MIS Quarterly，32（2）：385.

Autio E，Thomas L. 2014. Innovation ecosystems. The Oxford Handbook of Innovation Management[M]. New York：Oxford University Press：204-288.

Baldwin C Y. 2015. Bottlenecks，modules，and dynamic architectural capabilities[R]. Boston：Harvard Business School.

Beltagui A，Rosli A，Candi M. 2020. Exaptation in a digital innovation ecosystem：the disruptive impacts of 3D printing[J]. Research Policy，49（1）：103833.

Boland R J，Jr，Lyytinen K，Yoo Y. 2007. Wakes of innovation in project networks：the case of digital 3-D representations in architecture，engineering，and construction[J]. Organization Science，18（4）：631-647.

Bolcy H，Chang E. 2007. Digital ecosystems：principles and semantics[C]. 2007 Inaugural IEEE-IES Digital EcoSystems and Technologies Conference. Cairns：IEEE.

Boudreau K J. 2012. Let a thousand flowers bloom? An early look at large numbers of software app developers and patterns of innovation[J]. Organization Science，23（5）：1409-1427.

Choi T Y，Dooley K J，Rungtusanatham M. 2001. Supply networks and complex adaptive systems：control versus emergence[J]. Journal of Operations Management，

19（3）：351-366.

Constantinides P，Henfridsson O，Parker G G. 2018. Introduction：platforms and infrastructures in the digital age[J]. Information Systems Research，29（2）：381-400.

Cusumano M A，Gawer A. 2002. The elements of platform leadership[J]. IEEE Engineering Management Review，31（1）：8.

de Reuver M，Sørensen C，Basole R C. 2018. The digital platform：a research agenda[J]. Journal of Information Technology，33（2）：124-135.

de Vasconcelos Gomes L A，Facin A L F，Salerno M S，et al. 2018. Unpacking the innovation ecosystem construct：evolution，gaps and trends[J]. Technological Forecasting and Social Change，136：30-48.

Dodgson M，Gann D M，Phillips N. 2014. The Oxford Handbook of Innovation Management[M]. New York：Oxford University Press：204-288.

Ellison G，Ellison S F. 2005. Lessons about markets from the Internet[J]. Journal of Economic Perspectives，19（2）：139-158.

Gawer A. 2009. Platforms，Markets and Innovation[M]. Cheltenham：Edward Elgar.

Gawer A. 2014. Bridging differing perspectives on technological platforms：toward an integrative framework[J]. Research Policy，43（7）：1239-1249.

Gawer A，Cusumano M A. 2002. Platform Leadership：How Intel，Microsoft，and Cisco Drive Industry Innovation[M]. Boston：Harvard Business School Press.

Gawer A，Cusumano M A. 2014. Industry platforms and ecosystem innovation[J]. Journal of Product Innovation Management，31（3）：417-433.

Gawer A，Phillips N. 2013. Institutional work as logics shift：the case of intel's transformation to platform leader[J]. Organization Studies，34（8）：1035-1071.

Goldfarb A，Tucker C. 2019. Digital economics[J]. Journal of Economic Literature，57（1）：3-43.

Granstrand O，Holgersson M. 2020. Innovation ecosystems：a conceptual review and a new definition[J]. Technovation，90/91：102098.

Gupta R，Mejia C，Kajikawa Y. 2019. Business，innovation and digital ecosystems landscape survey and knowledge cross sharing[J]. Technological Forecasting and Social Change，147：100-109.

Gustafsson R，Autio E. 2011. A failure trichotomy in knowledge exploration and exploitation[J]. Research Policy，40（6）：819-831.

Hannah D P，Eisenhardt K M. 2018. How firms navigate cooperation and competition in nascent ecosystems[J]. Strategic Management Journal，39：3163-3192.

Helfat C E，Raubitschek R S. 2018. Dynamic and integrative capabilities for profiting from innovation in digital platform-based ecosystems[J]. Research Policy，47（8）：1391-1399.

Iansiti M，Levien R. 2004. Strategy as ecology[J]. Harvard Business Review，82（3）：68-78，126.

Jacobides M G，Cennamo C，Gawer A. 2018. Towards a theory of ecosystems[J]. Strategic Management Journal，39（8）：2255-2276.

Kumar N，Qiu L，Kumar S. 2018. Exit，voice，and response on digital platforms：an empirical investigation of online management response strategies[J] Information Systems Research，29（4）：849-870.

Lee C M. 2000. The Silicon Valley Edge：A Habitat for Innovation and Entrepreneurship[M]. Stanford：Stanford University Press.

Li W B，Badr Y，Biennier F. 2012. Digital ecosystems：challenges and prospects[C]. Proceedings of the International Conference on Management of Emergent Digital EcoSystems. Addis Ababa：ACM.

Moore J F. 1993. Predators and prey：a new ecology of competition[J]. Harvard Business Review，71（3）：75-86.

Nambisan S，Lyytinen K，Majchrzak A，et al. 2017. Digital innovation management：reinventing innovation management research in a digital world[J]. MIS Quarterly，41（1）：223-238.

OECD. 2019a. Digital innovation：seizing policy opportunities[R]. Paris：OECD Publishing.

OECD. 2019b. Going digital：shaping policies，improving lives[R]. Paris：OECD Publishing.

OECD. 2020. A robust innovation ecosystem for the future of Europe[R]. Paris：OECD Publishing.

Oh D S，Phillips F，Park S，et al. 2016. Innovation ecosystems：a critical examination[J].

Technovation，54：1-6.

Parker G，College D，van Alstyne M，et al. 2017. Platform ecosystems: how developers invert the firm[J]. MIS Quarterly，41（1）：255-266.

PCAST. 2004. Sustaining the nation's innovation ecosystem: maintaining the strength of our science & engineering capabilities[R]. Columbia: President's Council of Advisors on Science and Technology.

Porter M E，Heppelmann J E. 2014. How smart，connected products are transforming competition[J]. Harvard Business Review，92（11）：64-88.

Rai A，Constantinides P，Saonee S. 2019. Next-generation digital platforms: toward human-AI hybrids[J]. MIS Quarterly，43（1）：3-9.

Ritala P，Almpanopoulou A. 2017. In defense of 'eco' in innovation ecosystem[J]. Technovation，60/61：39-42.

Rong K，Wu J X，Shi Y J，et al. 2015. Nurturing business ecosystems for growth in a foreign market: incubating，identifying and integrating stakeholders[J]. Journal of International Management，21（4）：293-308.

Sklyar A，Kowalkowski C，Tronvoll B，et al. 2019. Organizing for digital servitization: a service ecosystem perspective[J]. Journal of Business Research，104：450-460.

Song A K. 2019. The digital entrepreneurial ecosystem: a critique and reconfiguration[J]. Small Business Economics，53（3）：569-590.

Sussan F，Acs Z J. 2017. The digital entrepreneurial ecosystem[J]. Small Business Economics，49（1）：55-73.

Teece D J. 2010. Business models，business strategy and innovation[J]. Long Range Planning，43（2/3）：172-194.

Teece D J. 2018. Profiting from innovation in the digital economy: enabling technologies，standards，and licensing models in the wireless world[J]. Research Policy，47（8）：1367-1387.

Thomas L D W，Autio E. 2014. The fifth facet: the ecosystem as an organizational field[J]. Academy of Management Proceedings，（1）：10306.

Tsujimoto M，Kajikawa Y，Tomita J，et al. 2018. A review of the ecosystem concept: towards coherent ecosystem design[J]. Technological Forecasting and Social Change，136：49-58.

Yoo Y，Boland R J，Jr，Lyytinen K，et al. 2012. Organizing for innovation in the digitized world[J]. Organization Science，23（5）：1398-1408.

Yoo Y，Henfridsson O，Lyytinen K. 2010. Research commentary：the new organizing logic of digital innovation：an agenda for information systems research[J]. Information Systems Research，21（4）：724-735.

第6章 数字创新发展经济体系理论构建

以数字科技为核心的新一轮科技革命正在重塑创新发展经济体系，传统创新发展经济理论正面临数字化这一新的环境。数字化不但会促进创新发展经济体系内原有生产要素的优化重组，数据这一新的生产要素，也会增加生产要素新组合，产生新的生产函数，将有助于创新的发生与发展（陈凯华，2020）。迫切需要在数字化背景下构建新的创新发展经济体系理论框架，这不仅能够拓展创新发展经济理论的边界，还能够为政府实施创新发展经济政策、构建现代化经济体系提供指导，具有重要的理论和现实意义。

围绕数字化背景下的创新发展经济体系，现有文献主要从两个方面展开研究。一类文献从数字平台演化（Brunswicker and Schecter，2019；Nambisan et al.，2019；Jovanovic et al.，2022）、数字科技应用（吕芬等，2021）等视角出发，探究了数字本体创新发展经济体系的形成。另一类文献则分析了数字如何赋能传统创新发展经济体系。这类研究表明，数字化不仅影响知识创造、知识扩散（Forman and van Zeebroeck，2019）、技术溢出（许恒等，2020）等创新活动，还可以影响全要素生产率（Bloom et al.，2012；黄群慧等，2019；李唐等，2020）和经济增长（姜松和孙玉鑫，2020）。总结现有研究表明，数字化背景下出现了两类经济体系：一类是数字本体创新发展经济体系，另一类是数字赋能创新发展经济体系。但是，现有文献未能将上述两类经济体系结合在一起进行分析。一方面，如果没有形成有助于数字本体创新发展的经济体系，会导致数字赋能创新发展经济体系缺乏内生动力；另一方面，如果数字赋能创新发展经济体系发展进程缓慢，则难以支撑数字本体创新经济发展。在此背景下，如何构建数字创新发展经济体系的框架？进一步地，数字创新发展经济体系演化的动力机制是什么？数字创新发展经济体系的增值路径有哪些？这些问题迫切需要回答。

数字化时代的核心特征在于，数据成了创新发展的关键要素，这会拓展原有的要素体系，改变传统的创新发展经济体系（陈凯华，2020）。基于此，本章在界定数据要素、数字化、创新发展经济体系等相关概念的基础上，构建了数字创新发展经济体系的框架。本章研究认为，数字科技、数字产业、数字政策等形成了数字本体创新发展经济体系（Ⅰ型），这一体系将改变传统创新发展经济体系的主体和要素关系，推动数字赋能创新发展经济体系（Ⅱ型），两个体系深度融合、共生演化，共同构成了数字创新发展经济体系。数字创新发展经济体系的演化动力在于：在制度和条件不断完善的情况下，数字科技不断升级突破，推动了知识生产方式的不断优化，增强了创新要素之间的关系，使得创新主体的边界不断扩大。进一步地，本章将数字化背景下创新的发生和发展引入熊彼特的创新发展经济理论框架，指出数字化能够通过资源创新、产品创新、工艺创新、市场创新、组织创新等五种创新渠道推动创新发展，从而揭示了数字创新发展经济体系的增值效应。本章的理论贡献主要体现在以下两个方面：第一，本章将数字本体创新发展经济体系（Ⅰ型）与数字赋能创新发展经济体系（Ⅱ型）两个相互融合的体系结合在一起，提出了数字创新发展经济体系的概念及框架，刻画了该体系的演化动力机制，丰富了数字化和创新发展经济理论的相关研究。第二，本章将数字化背景下的产品形态、要素体系、生产方式、市场需求、企业边界等变化引入到熊彼特创新发展经济理论中，揭示出数字创新发展经济体系创造价值的路径，拓展了熊彼特的创新发展经济理论。

6.1　基本概念和分析框架

6.1.1　基本概念的界定

1. 数据要素和数字化的内涵

数据是一种新型的生产要素，是数字化、网络化、智能化的基础，已快速融入生产、分配、流通、消费和社会服务管理等各环节，深刻改变着生产方式、生活方式和社会治理方式。在传统创新发展经济体系中，资本、劳动、土地、技术等构成了要素体系。在数字化时代，数据成了一项全新的驱动发展的重要资源，促使其成了创新发展经济体系中的新的生产要素[①]。数据与资本、劳动、土地、技术等传统生产要素相比具有其独特性，包括虚拟性、低成本复制性、主体多元性、非竞争性、部分排他性、可无限增长和供给等特点，为持续性的创新发展经济体系提供了要素基础和支撑。

数字化是指通过互联网、大数据、人工智能、区块链等新一代信息技术，来对企业、政府等各类主体的战略、架构、生产、营销、管理等各类活动进行系统性的变革，强调数字科技对整个组织的重塑，对创新模式和业务突破的赋能作用。全球经济社会发展经历了机械化、电气化、信息化等不同阶段，数字化逐渐成为当前全球国家战略的重要组成部分，正成为推动经济高质量发展的核心动力，对经济社会各个方面产生广泛影响，成为构建现代化经济体系的重要引擎。世界主要国家均高度重视数字化转型和发展数字经济，采取各种举措打造竞争新优势，重塑数字时代的国际新格局。

---

① 2019 年 10 月，《中共中央关于坚持和完善中国特色社会主义制度　推进国家治理体系和治理能力现代化若干重大问题的决定》提出"健全劳动、资本、土地、知识、技术、管理、数据等生产要素由市场评价贡献、按贡献决定报酬的机制"，将数据列为生产要素。

2. 创新发展经济体系的内涵

党的十九届五中全会提出坚持创新在我国现代化建设全局中的核心地位。这意味着，创新已经成为推动我国经济和社会体系变革的核心动力。本章提出的创新发展经济体系是指以创新作为主要发展动力的经济体系，是在反思传统发展经济学和创新经济学理论基础上提出的概念，可以理解为创新发展驱动的经济体系或以创新发展为主体的经济体系。

发展经济学理论强调的是如何调用各种因素更好地驱动经济发展。张培刚所著的《农业与工业化》认为，落后国家若要实现经济腾飞，必须实现全面的"工业化"，并将驱动工业化的因素概括为人力、资源、社会制度、生产技术、企业家才能等不同因素。Solow（1957）将经济增长中不能被资本、劳动等要素投入解释的部分归结于技术进步的影响。Romer（1990）将知识生产引入到产品生产过程之中，建立了内生增长的经济增长模型。林毅夫（2011）认为，经济发展的本质是经济结构不断优化的过程，希望建立内生于要素禀赋结构的经济结构分析框架。各国发展实践越来越表明，尽管资本、劳动等生产要素始终是经济发展的重要资源，但创新能力建设才是决定欠发达国家能否实现经济快速增长的核心要素（樊纲，2020）。

围绕创新发展如何驱动经济发展，逐渐形成了创新经济学研究领域。这一领域的研究可追溯到熊彼特的创新理论，其在《经济发展理论》中指出，创新就是"建立一种新的生产函数"，即把一种从米没有过的关于生产要素和生产条件的"新组合"引入生产体系，经济发展过程就是不断实现这种"新组合"的过程[①]。20 世纪 80 年代末至 90 年代初期，Freeman（1987）、Lundvall（1992）、Nelson（1993）等学者

---

① 熊彼特在该书 1934 年译本的前言中指出，"我在尝试及时构建经济变革过程中的理论模型，或者更为清晰的说法是，回答这样一个问题：经济系统如何产生促使其自身不断变革转型的力量……"。

提出了国家创新体系理论，主张完善企业、高校、科研院所等创新主体的建设，加强不同创新主体之间的联系，但难以回答"创新自身是如何形成和演化的"这一关键问题。为此，近年来很多文献利用创新投入、产出等数据对创新过程进行了监测（Ramadani et al.，2019；Bellstam et al.，2020；Taques et al.，2021），并评估了创新对经济发展的影响（Maradana et al.，2017；刘思明等，2019），也有学者从科学发展、技术发展、产业发展、社会发展等多个维度对创新发展绩效进行了测度和分析（穆荣平等，2014，2020）。

整体来看，现有创新发展研究关注了两类问题，一是创新自身如何形成和演化；二是创新如何驱动经济发展[①]。在现有研究的基础上，本章提出创新发展经济体系的概念，旨在将创新自身的发展以及创新对经济发展的驱动结合起来构建分析框架[②]。本章提出的创新发展经济体系的构成包括创新发展要素、创新发展主体，以及连接不同要素和主体的组织机制和制度安排。

6.1.2　数字创新发展经济体系的分析框架

1. 数字创新发展经济体系的构成

本章从数字本体创新发展经济体系（Ⅰ型）和数字赋能创新发展经

---

① 中国科学院创新发展研究中心发布的《2009 中国创新发展报告》提出，创新发展是指创新驱动的发展，既体现了创新促进经济、社会发展的结果，也体现了科技创新能力自身的演进。

② 与创新发展经济体系类似的一个提法是创新型经济体系，二者之间的差别在于：创新型经济体系强调了创新对经济体系变革的驱动作用，而创新发展经济体系不仅强调了创新对经济体系的驱动作用，还强调了创新自身的形成和演化。本章关注的核心问题是数字化背景下创新与经济发展之间的关系，数字化不仅直接推动了科学、技术等创新的发生，还为创新驱动经济发展提供了支撑。鉴于以上考虑，本章认为与创新型经济体系相比，创新发展经济体系能够更好地体现本章研究内容。

济体系（Ⅱ型）两个体系深度融合的角度构建了数字创新发展经济体系
的框架，如图 6-1 所示。

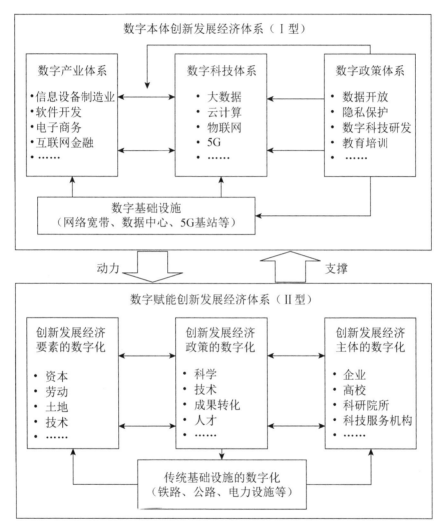

图 6-1　数字创新发展经济体系的框架

　　数字本体创新发展经济体系（Ⅰ型）由数字产业体系、数字科
技体系和数字政策体系等构成。数字政策体系是指政府为促进数字
科技发展和应用的各种政策，如数据开放、隐私保护、数字科技研

发等。数字科技体系的完备程度直接影响了数据的搜集和处理成本，是推动数据成为生产要素的核心力量。只有数据成为关键生产要素，才会产生数据搜集、处理、传输、应用在内的一系列需求，形成信息设备制造业、软件开发、电子商务等在内的数字产业生态。数字产业体系和数字科技体系的发展与数字基础设施有关，包括网络宽带、数据中心等。

数字赋能创新发展经济体系（Ⅱ型）由创新发展经济要素的数字化、创新发展经济政策的数字化、创新发展经济主体的数字化组成。创新发展经济要素的数字化既包括资本、劳动、技术等要素在数字化过程中的优化重组，还包括数据作为新的生产要素嵌入到传统的要素体系。创新发展经济政策的数字化是指政府在科学、技术、人才等创新发展经济政策的制定和实施中引入数字化手段，以此来优化政策效果。创新发展经济要素与创新发展经济主体的数字化需要传统基础设施的数字化作为支撑，如铁路、公路、电力设施等物理基础设施的数字化改造。创新发展经济主体的数字化是指生产和使用各种创新要素的主体的数字化转型，如企业、高校、科研院所等主体运用数字科技加强合作。

数字本体创新发展经济体系（Ⅰ型）与数字赋能创新发展经济体系（Ⅱ型）之间具有相辅相成、共同演化的关系。一方面，只有形成有助于数字本体创新发展的经济体系，才能促进数据要素的流通和应用，增强不同创新发展要素和主体之间的联系，从而推动数字赋能创新发展经济体系。另一方面，创新发展经济体系越发达，其对降低生产成本、提高组织效率的需求越多，越有助于推动数字体系自身的创新发展。

2. 数字创新发展经济体系的演化动力和增值效应

数字科技、数据要素的快速迭代性和融合性决定了数字创新发展经济体系可以优化升级。数字科技的不断突破促使数据要素在创新发展经济体系中的价值不断凸显，为发现科学规律提供了新的手段，推动了知识生产方式的不断优化。科学和技术发展使得创新体系内的主体构成以及不同主体之间的联系机制变化。制度和条件的不断完善为科技动力、主体和连接动力的形成提供了支撑。基于此，本章从科学动力、技术动力、连接动力、主体动力、制度和条件动力五个方面刻画数字创新发展体系演化的动力机制。

数字创新发展经济体系的迭代升级过程也是价值创造的过程。熊彼特认为，创新发展经济体系中的价值创造是对现有生产要素不断进行重新组合的过程①，包括以下五种情况：①采用一种新的产品；②采用一种新的生产方法；③开辟新的市场；④掠取或控制原材料的新的供应来源；⑤实现一种新的组织。后人在借鉴熊彼特创新思想的基础上，将创新归纳为资源创新、产品创新、工艺创新、市场创新、组织创新五种类型。在数字创新发展经济体系中，数据作为新的要素丰富了原有的生产要素体系，产生了更多生产要素的组合，是一种新的价值创造方式。基于此，本章拓展了熊彼特传统创新发展经济理论，从资源创新数字化、产品创新数字化、工艺创新数字化、市场创新数字化、组织创新数字化五个方面分析了数字创新发展经济体系的增值路径。

图 6-2 报告了数字创新发展经济体系的演化动力及价值创造路径的逻辑关系。本章将分别在 6.2 节、6.3 节中具体阐述数字创新发展体系的五种演化动力来源，以及五类数字创新发展经济体系的增值效应。

---

① 熊彼特在《经济发展理论》中指出，"新组合的实现是指对经济体系中现有生产手段的供应作不同使用""发展主要在于用不同的方式去使用现有的资源，利用这些资源去做新的事情，而不问这些资源的增加与否"。

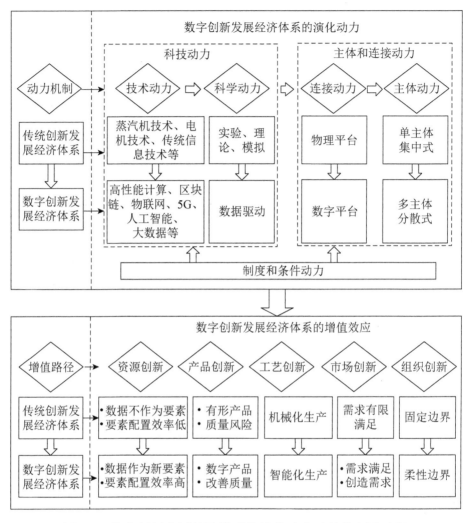

图 6-2　数字创新发展经济体系的演化动力及价值创造路径

6.2　数字创新发展经济体系的演化动力

6.2.1　数字科技的不断升级突破

创新发展经济体系的转型升级需要关键技术的突破作为动力。例如，蒸汽机技术、电机技术、信息技术等技术的不断突破促使创新发展经济体系不断变革，经历了机械化、电气化、信息化等不同阶段。当前，高性能计算、大数据、云计算、人工智能、5G、区块链、物联网等数字科技不断发展，构成了数字科技系统（OECD，2019a），推动了数字创新发展经济体系的形成和演化。与传统技术相比，数字科技具有可编程性（对二进制信息进行再次处理）、可供性（具有不同的应用场景）、同质性（将所有信息转换为二进制语言）等特征（Kallinikos et al.，2013；刘洋等，2020；柳卸林等，2020），使得其能够向经济社会各个领域快速渗透。

6.2.2　知识生产方式的不断优化

在传统创新发展经济体系中，人类、物理世界构成了二元系统，人类基于对物理世界的观察生产知识，知识生产的密度和广度十分有限。在数字创新发展经济体系中，数字科技的突破降低了处理大数据的成本，产生了人类、数据空间、物理世界相互融合的三元系统（潘云鹤，2018），人类可以运用数字科技广泛捕捉微观、宏观、自然、社会层面的信息，进行智能分析并发现科学规律，促使传统以人为主的知识生产方式向数据驱动、人与数据共同驱动的方式拓展[①]。随着数字科技的迭代更新，人类能够不断突破传统知识生产中的学科壁垒、沟通壁垒、信息壁垒等限制，促使知识生产的速度和频率大大提高。

6.2.3　创新要素的关系不断增强

传统创新发展经济体系中，不同创新发展经济要素的连接主要依靠铁路等物理基础设施，连接成本较高、连接范围有限。在数字创新发展经济体系中，网络宽带、通信基站等构成了数字基础设施，使得数字要

[①] 图灵奖得主吉姆·格雷在 2007 年指出，人类科研范式正在经历从实验科学、理论科学、计算机模拟之后的第四种科研方式——大数据科研范式。但是，虽然当时已经意识到了大数据时代科研方式的变化，但也强调了存在冗余信息多、信息提取困难、数据存储与分析的难度大等技术难题，导致数据对科研范式的影响并没有理论揭示出的那样深远。

素能够实现低成本、快速流动；与此同时，传统物理基础设施在数字化改造之后，也会提高传统要素的连接效率，形成泛在互联的要素网络。例如，传感器、工业软件等技术的发展不仅能够加强人与人的连接，还能促进人-机、人-物之间的交互（江小涓，2020）。

6.2.4　创新主体的边界不断扩大

数据要素的加入增强了知识生产部门与产品生产部门之间的联系。在传统创新方式下，企业创新遵循"知识生产—产品设计—产品商业化"这一线性路径。在数字创新时代，创新不再是按照需求、设计、开发、验证等固定环节展开的瀑布式创新，而是突破了时间跟空间的非线性创新过程（柳卸林等，2020）。这不仅使得研究和开发部门之间的界限模糊（Nambisan et al.，2017），还会促使外部市场主体参与到数字创新过程中（Brock et al.，2020）。传统单个创新主体、集中式的创新模式正在向多个创新主体、分散式创新模式转变，上下游商业伙伴、顾客甚至是竞争对手都可能会参与到企业创新活动中。

6.2.5　制度与条件的不断完善

North 和 Thomas（1973）、Nelson（2002）等学者将制度环境作为创新发展经济体系变革的内在动力，认为有效的制度安排是决定资本、技术等要素发挥作用的前提。数字创新发展经济体系的变革需要持续性的制度创新，它是形成其他动力机制的关键。例如，知识产权保护、科技评价、研发补贴等制度决定了科学和技术的发展；技术标准等制度会影响创新要素的连接以及创新主体的边界。同时，数字创新发展经济体系的升级还需要基础设施条件的不断完善作为支撑，包括构建数字基础设施体系以及推动传统基础设施的数字化升级。

6.3　数字创新发展经济体系的增值效应

6.3.1　资源创新数字化

在熊彼特传统创新发展经济体系中，受制于技术的不完善，从数据中提取的信息是有限的。因此，资本、劳动等要素是创造价值的主要资源，数据不具备成为生产要素的条件（国务院发展研究中心创新发展研究部，2019）。然而，在数字创新发展经济体系中，数字科技的突破使得数据成为新的创新发展要素。数据的价值不仅取决于数据的规模和多样性，还取决于数据的准确性（veracity）、质量和应用场景，只有能够从数据中提取出与生产有用的信息时，数据才有价值。受益于大数据、人工智能等数字科技，企业对信息的获取与处理能力大大加强，使得数据变得更有价值（谢康等，2020）。此外，在数字创新发展经济体系中，作为创新发展要素之一的数据要素能够降低要素供给和需求方之间的信息不对称，促使要素供求双方的精确匹配，从而提高数字创新发展经济体系中的要素配置效率[①]。同时需要注意的是，数据要素对现有要素体系造成了一定冲击。例如，大企业的数据获取优势可能会产生数据垄断，数据要素还可能对传统生产要素产生偏向的替代性，甚至加大要素收入分配差距（Acemoglu，2002；王林辉和袁礼，2018）。因此，在推动数字化过程中，也要强化对要素市场的治理。

6.3.2　产品创新数字化

在熊彼特传统创新发展经济体系中，产品是有形、不可二次编辑的，

---

① 例如，通过大数据分析，商业银行可以在任何时间任何地点对企业进行风险甄别和贷款定价，从而摆脱了时间和空间上的限制，使得企业获得贷款的可能性和价格能够与其风险相匹配。

而且信息壁垒可能造成产品质量风险。在数字创新发展经济体系中，产品创新的数字化不仅激发新的产品形态——数字产品的出现，还可以促使传统产品提高质量，上述转变使得数字创新发展经济体系相比传统创新发展经济体系具备独特的创新发展优势。从产品种类层面看，以比特形式存在的数字产品成为商品市场重要的组成部分，数字产品具有可编辑性，即使在产品形成之后，也可以根据消费者的反馈不断调整产品设计（Lyytinen et al.，2016）。数字化还推动了数字组件与物理产品融合，改变了物理产品的形态和构成（刘洋等，2020），形成了诸如智能家居、智能汽车、智能穿戴产品等融合型产品。从产品质量层面看，很多数字平台会对企业进行网上评级，消费者可以通过观察企业的网络评级知晓其产品信息，高评级企业也会更受欢迎，低评级企业则会因为网络的扩散效应难以生存（Houser and Wooders，2006；Lucking-Reiley et al.，2007），这会激励企业改进产品质量。此外，网络平台的信息搜集和处理优势降低了消费者的监督和投诉成本，有助于缓解传统企业可能发生的道德风险问题，从而提升企业产品和服务质量（Hui et al.，2016；Gans et al.，2017；Liu et al.，2021）。

6.3.3　工艺创新数字化

数字化促进了传统创新发展经济体系从机械化生产到数字创新发展经济体系智能化生产的转变，使得数字创新发展经济体系中生产效率得到显著提高。数字化不仅催生了工艺原理的创新，其全面应用还将通过引入全新或重大改进的生产方法、工艺设备，以及改进数字化控制、流程信息实时监控等辅助性活动，进一步提高企业制造工艺的效率，整体上提升产品加工的工艺水平。在熊彼特传统创新发展经济体系中，生产产品或提供服务的流程主要以人的设计为主。随着数字科技的渗透，数字创新发展经济体系呈现出智能化生产的发展趋势，表现为智能设备、智能操作软件的应用将全面优化生产方式；人、数据、智能传感器、机器设备深度融合，产生了人机协同、机机协同等不同生产方式，显著提高了工艺创新的效率、精度和工艺化水平，有助于优化原有的生产流程，促进智能化生产。例如，数字孪生技术的出现显著缩短了产品的设计和调试周期，该技术通过对数字设备运转进行模拟和加工验证，改变了早期的串联流程安排，加快了设备研发周期（中国电子技术标准化研究院和树根互联技术有限公司，2020）。再如，数字平台通过在短时间内提供设计和测试多种产品和服务所需的知识库，显著提高了工艺创新的效率（Nwankpa et al.，2021）。

6.3.4　市场创新数字化

在熊彼特传统创新发展经济体系中，产品市场中存在信息不对称，企业难以知晓大量消费者的消费偏好，只能满足部分市场需求。相比之下，数字创新发展经济体系中的市场创新表现出如下两个方面的优势：一是满足不同消费者的消费需求；二是创造新的市场需求。在满足市场需求层面，数字创新经济体系中的企业能够依托数字科技和数字平台，更全面地掌握广大消费者的偏好信息，从而有效满足消费者的个性化需求。同时，低搜寻成本使得消费者能够更容易地找到符合自己偏好的稀缺产品，增加产品供给的多样性（Yang，2013；Zhang，2018）。在创造市场需求层面，数字科技的应用使得数字创新发展经济体系中的企业可以实施精准定价，挖掘出更多潜在需求（Fudenberg and Villas-Boas，2005；Dubé and Misra，2017）。数字化时代的营销方式也发生了变化，企业可以基于数字科技建立分析预测模型，有针对性地进行营销，扩大市场份额。

6.3.5　组织创新数字化

数字化打破了传统创新发展经济体系中组织创新的固定边界，使得数字创新发展经济体系中的组织创新呈现出柔性边界的特征。数字化引发了传统创新发展经济体系中组织的参与主体、结构、实践、流程、治理及文化的系统性变革，尤其是组织各部门之间以及组织与外部市场之间的连接方式的转变。数字科技的应用促使双边以及多边的数字平台的出现（Tirole，2014），数字平台可以低成本地将组织与外部主体连接起来，显著降低了组织的信息搜寻成本、复制成本、运输成本、追踪成本与认证成本（Goldfarb and Tucker，2019；施炳展和李建桐，2020），使得熊彼特传统创新发展经济体系中基于分工产生的清晰的组织边界，呈现出柔性特点（OECD，2019b；丁雪辰和柳卸林，2018）。数字科技的广泛应用也使得数字创新发展经济体系中的组织创新不仅涉及营利性企业，也涉及其中的非营利性组织。数字化也显著改变了传统非营利性组织的组织创新模式，数字科技的应用使这类组织能够突破时间、空间限制，加强非营利性组织与政府、私营企业的跨区域交流合作，充分发挥其自治性和非营利性优势，从而在数字化转型中起到示范作用。

6.4　本章小结与未来展望

6.4.1　本章小结

本章构建了数字创新发展经济体系的框架，分析了其演化的动力机制和增值路径。本章认为，数字本体创新发展经济体系（Ⅰ型）和数字赋能创新发展经济体系（Ⅱ型）之间的相互融合、共生演化，共同构成了数字创新发展经济体系。数字科技不断升级突破、知识生产方式不断优化、创新要素的关系不断增强、创新主体边界不断扩大、制度与条件不断改善等因素构成了数字创新发展经济体系演化的动力机制，这会通过资源创新数字化、产品创新数字化、工艺创新数字化、市场创新数字化、组织创新数字化等五类渠道实现价值创造和增值。本章认为，政府应该在数字创新发展经济体系培育中发挥积极作用，建议制定国家层面的数字创新发展经济体系规划，加强大数据、云计算、人工智能等数字科技的研发，打造万物互联的数字基础设施网络。同时，应积极引导数字产业良性发展，推动数字产业与传统产业深度融合，设立数字创新发展示范基地和示范企业，形成以数字产业发展为驱动力、以传统产业发展为支撑的现代化产业体系。

6.4.2　未来展望

本章虽然从数字化转型发展和经济体系创新发展融合发展的角度理解和提出数字创新发展经济体系，但仅仅是尝试，为了进一步夯实数字创新发展经济体系的相关理论和实证研究，未来可以从以下几个方面展开进一步研究。

一是国家数字创新发展经济体系的理论构建研究。一方面，分析企业、高校、科研院所等创新主体在数字化背景下的定位及其相互关系，构建国家数字创新体系的理论框架；另一方面，可以将数据要素及数字科技的融合性、自生长性等特征与创新生态系统的自组织性、复杂适应性等特征相结合，从系统内部各行为主体、要素及其相互连接角度构建数字创新生态系统的理论框架。

二是转型特征的数字创新发展经济体系研究。数字创新发展经济体系研究应该呼应转型发展的诉求。例如，数字化在为创新发展提供动能的同时，造成了能源大量消耗、数字鸿沟等问题。因此，如何协调不同维度的创新发展目标，同步适应数字化转型和绿色化转型，构建可持续、包容性的数字创新发展经济体系是迫切需要研究的问题。

三是数字创新发展经济政策理论与方法研究。传统创新发展经济政策包括主体、要素、平台等不同方面，在数字创新发展经济体系中，创新要素、创新主体及其连接方式都发生了变化，可能会导致传统创新发展经济政策失效。因此，需要在识别数字化背景下创新发展经济政策传导路径的基础上，明确数字化政策和创新发展经济政策的目标、制定主体、制定流程、作用对象和实施方式，加强数字政策与创新发展经济政策之间的协同，防范政策风险。

四是数字创新发展经济体系的监测研究。未来需要从数字本体创新发展经济体系（Ⅰ型）和数字赋能创新发展经济体系转型（Ⅱ型）两个方面加强对数字创新发展经济体系的监测研究。其中，对数字本体创新发展经济体系（Ⅰ型）的监测需要关注数字产业、数字科技、数字基础设施、数据要素产权等数字要素体系是否完备，以及数字要素的流通、扩散效率等；对数字赋能创新发展经济体系（Ⅱ型）的监测需要关注传统创新发展经济体系的数字化转型，如数字要素在创新发展经济体系中的应用、数字要素对创新发展经济体系绩效的改善等。

本章参考文献

陈凯华. 2020. 加快推进创新发展数字化转型[J]. 瞭望，（52）：24-26.

丁雪辰，柳卸林. 2018. 大数据时代企业创新管理变革的分析框架[J]. 科研管理，39（12）：1-9.

樊纲. 2020. "发展悖论"与发展经济学的"特征性问题"[J]. 管理世界，36（4）：34-39.

国务院发展研究中心创新发展研究部. 2019. 数字化转型：发展与政策[M]. 北京：中国发展出版社.

黄群慧，余泳泽，张松林. 2019. 互联网发展与制造业生产率提升：内在机制与中国经验[J]. 中国工业经济，（8）：5-23.

江小涓. 2020-09-21. "十四五"时期数字经济发展趋势与治理重点[N]. 光明日报，（16）.

姜松，孙玉鑫. 2020. 数字经济对实体经济影响效应的实证研究[J]. 科研管理，41（5）：32-39.

李唐，李青，陈楚霞. 2020. 数据管理能力对企业生产率的影响效应：来自中国企业—劳动力匹配调查的新发现[J]. 中国工业经济，（6）：174-192.

林毅夫. 2011. 新结构经济学：重构发展经济学的框架[J]. 经济学（季刊），10（1）：1-32.

刘思明, 张世瑾, 朱惠东. 2019. 国家创新驱动力测度及其经济高质量发展效应研究[J]. 数量经济技术经济研究, 36 (4): 3-23.

刘洋, 董久钰, 魏江. 2020. 数字创新管理: 理论框架与未来研究[J]. 管理世界, 36 (7): 198-217, 219.

柳卸林, 董彩婷, 丁雪辰. 2020. 数字创新时代: 中国的机遇与挑战[J]. 科学学与科学技术管理, 41 (6): 3-15.

吕芬, 朱煜明, 罗伯特, 等. 2021. 外部环境对中小型企业采用数字技术影响研究[J]. 科学学研究, 39 (12): 2232-2240.

穆荣平, 杨利锋, 蔺洁. 2014. 创新系统功能分析模型构建及应用[J]. 科研管理, 35 (3): 1-7.

穆荣平, 张婧婧, 陈凯华. 2020. 国家创新发展绩效格局分析方法与实证研究[J]. 科研管理, 41 (1): 12-21.

潘云鹤. 2018. 世界的三元化和新一代人工智能[J]. 现代城市, 13 (1): 1-3.

裴长洪, 倪江飞, 李越. 2018. 数字经济的政治经济学分析[J]. 财贸经济, 39 (9): 5-22.

施炳展, 李建桐. 2020. 互联网是否促进了分工: 来自中国制造业企业的证据[J]. 管理世界, 36 (4): 130-149.

唐松, 伍旭川, 祝佳. 2020. 数字金融与企业技术创新: 结构特征、机制识别与金融监管下的效应差异[J]. 管理世界, 36 (5): 52-66, 9.

王林辉, 袁礼. 2018. 有偏型技术进步、产业结构变迁和中国要素收入分配格局[J]. 经济研究, 53 (11): 115-131.

谢康, 夏正豪, 肖静华. 2020. 大数据成为现实生产要素的企业实现机制: 产品创新视角[J]. 中国工业经济, (5): 42-60.

徐翔, 赵墨非. 2020. 数据资本与经济增长路径[J]. 经济研究, 55 (10): 38-54.

许恒, 张一林, 曹雨佳. 2020. 数字经济、技术溢出与动态竞合政策[J]. 管理世界, 36 (11): 63-84.

中国电子技术标准化研究院, 树根互联技术有限公司. 2020. 数字孪生应用白皮书[M]. 北京: 中国电子技术标准化研究院.

周文辉, 王鹏程, 杨苗. 2018. 数字化赋能促进大规模定制技术创新[J]. 科学学研究, 36 (8): 1516-1523.

Acemoglu D. 2002. Technical change, inequality, and the labor market[J]. Journal of

Economic Literature，40（1）：7-72.

Bellstam G，Bhagat S，Cookson J A. 2020. A text-based analysis of corporate innovation[J]. Management Science，67：3985-4642.

Bloom N，Sadun R，Van Reenen J. 2012. Americans do IT better：us multinationals and the productivity miracle[J]. American Economic Review，102（1）：167-201.

Brock K，den Ouden E，Langerak F，et al. 2020. Front end transfers of digital innovations in a hybrid agile-stage-gate setting[J]. Journal of Product Innovation Management，37（6）：506-527.

Brunswicker S，Schecter A. 2019. Coherence or flexibility? The paradox of change for developers' digital innovation trajectory on open platforms[J]. Research Policy，48（8）：103771.

Dubé J-P，Misra S. 2017. Scalable price targeting [R]. Cambridge：National Bureau of Economic Research.

El-Kassar A N，Singh S K. 2019. Green innovation and organizational performance：the influence of big data and the moderating role of management commitment and HR practices[J]. Technological Forecasting and Social Change，144：483-498.

Forman C，van Zeebroeck N. 2019. Digital technology adoption and knowledge flows within firms：can the Internet overcome geographic and technological distance?[J]. Research Policy，48（8）：103697.

Freeman C. 1987. Technology Policy and Economic Performance：Lessons from Japan[M]. London：Pinter Publishers.

Fudenberg D，Villas-Boas J M. 2005. Behavior-based price discrimination and customer recognition[EB/OL]. https://scholar.harvard.edu/files/fudenberg/files/behavior_ based_price.pdf[2023-10-20].

Gans J S，Goldfarb A，Lederman M. 2017. Exit，tweets and loyalty[J]. Microeconomics，American Economic Association，13（2）：68-112.

Goldfarb A，Tucker C. 2019. Digital economics[J]. Journal of Economic Literature，57（1）：3-43.

Houser D，Wooders J. 2006. Reputation in auctions：theory，and evidence from eBay[J]. Journal of Economics and Management Strategy，15（2）：353-369.

Hui X，Saeedi M，Shen Z Q，et al. 2016. Reputation and regulations：evidence from eBay[J]. Management Science，62（12）：3604-3616.

Jovanovic M，Sjödin D，Parida V. 2022. Co-evolution of platform architecture，platform services，and platform governance：expanding the platform value of industrial digital platforms[J]. Technovation，118：102218.

Kallinikos J，Aaltonen A，Marton A. 2013. The ambivalent ontology of digital artifacts[J]. MIS Quarterly，37（2）：357-370.

Li W，Nirei M，Yamana K. 2018. Value of data：there's no such thing as a free lunch in the digital economy[EB/OL]. https://www.oecd.org/site/stipatents/programme/ipsdm-2018-5-2-li-nirei-yamana.pdf[2023-10-20].

Liu M，Brynjolfsson E，Dowlatabadi J. 2021. Do digital platforms reduce moral hazard? The case of Uber and taxis[J]. Management Science，67：4665-4685.

Lucking-Reiley D，Bryan D，Prasad N，et al. 2007. Pennies from ebay：the determinants of price in online auctions[J]. Journal of Industrial Economics，55（2）：223-233.

Lundvall B. 1992. National Systems of Innovation：Towards a Theory of Innovation and Interactive Learning [M]. London：Anthem Press.

Lyytinen K，Yoo Y，Boland R J，Jr. 2016. Digital product innovation within four classes of innovation networks[J]. Information Systems Journal，26（1）：47-75.

Manyika J，Chui M，Brown B，et al. 2011. Big Data the Next Frontier for Innovation，Competition，and Productivity[M]. Washington：McKinsey Global Institute.

Maradana R P，Pradhan R P，Dash S，et al. 2017. Does innovation promote economic growth? Evidence from European countries[J]. Journal of Innovation and Entrepreneurship，6（1）：1-23.

McAfee A，Brynjolfsson E. 2017. Machine，Platform，Crowd：Harnessing Our Digital Future[M]. New York：WW Norton & Company.

Mishra D，Luo Ζ W，Jiang S，et al. 2017. A bibliographic study on big data：concepts，trends and challenges[J]. Business Process Management Journal，23（3）：555-573.

Nambisan S，Lyytinen K，Majchrzak A，et al. 2017. Digital innovation management：reinventing innovation management research in a digital world[J]. MIS Quarterly，41（1）：223-238.

Nambisan S，Wright M，Feldman M. 2019. The digital transformation of innovation and entrepreneurship：progress，challenges and key themes[J]. Research Policy，

48（8）：103773.

Nelson R R. 1993. National Systems of Innovation：A Comparative Study[M]. New York：Oxford University Press.

Nelson R R. 2002. Bringing institutions into evolutionary growth theory[J]. Journal of Evolutionary Economics，12：17-28.

North D C，Thomas R P. 1973. The Rise of the Western World：A New Economic History[M]. Cambridge：University Press.

Nwankpa J K，Roumani Y，Datta P. 2021. Process innovation in the digital age of business：the role of digital business intensity and knowledge management[J]. Journal of Knowledge Management，26（5）：1319-1341.

OECD. 2019a. Going digital：shaping policies，improving lives[R]. Paris：OECD Publishing.

OECD. 2019b. Vectors of digital transformation[R]. Paris：OECD Publishing.

Ramadani V，Hisrich R D，Abazi-Alili H，et al. 2019. Product innovation and firm performance in transition economies：a multi-stage estimation approach[J]. Technological Forecasting and Social Change，140：271-280.

Romer P M. 1990. Endogenous technological change[J]. Journal of Political Economy，98（5）：S71-S102.

Solow R M. 1957. Technical change and the aggregate production function[J]. The Review of Economics and Statistics，39（3）：312.

Taques F H，López M G，Basso L F，et al. 2021. Indicators used to measure service innovation and manufacturing innovation[J]. Journal of Innovation & Knowledge，6（1）：11-26.

Tirole J. 2014. Interview with 2014 laureate in economic sciences Jean Tirole[R]. Stockholm：Nobel Prize Committee.

Yang H X. 2013. Targeted search and the long tail effect[J]. The RAND Journal of Economics，44（4）：733-756.

Zhang L. 2018. Intellectual property strategy and the long tail：evidence from the recorded music industry[J]. Management Science，64（1）：24-42.

第7章　数字驱动科研范式变革

　　科学研究范式变革自 1962 年库恩提出至今，因其与自然科学重大理论突破的紧密联系（Kuhn，1996）而始终受到高度关注并被广泛讨论。传统科学研究由实验归纳或理论假设驱动（Bell et al.，2009；Weinan，2021），即第一范式和第二范式。伴随着科学研究的自身发展和外部技术环境的推动，用计算机构建数据模型进行模拟仿真的方法和通过大量科学数据寻找归纳理论与知识的方式逐渐被科学共同体认可并广泛运用，发展成为科研第三范式和第四范式（Hey et al.，2012）。随着科研环境与条件的变化，科研范式不断调整和变化，进而推动科研体系的发展与变革。数字化为科学研究带来变革性的数据资源、数字科技、数字平台和数字基础设施，重塑科学研究的驱动力量、研究过程、组织模式和科研模式，助力科学研究传播网络的异质化、扁平化、高效化发展，正在带来科研范式的巨大变革（OECD，2019，2023；Wang et al.，2023）。

　　数字要素在科学研究各场景中广泛应用，正在成为全球科研版图变化的重要推动力，引起了包括我国在内的多个国家和国际组织的重视。2023 年 3 月科技部同国家自然科学基金委员会启动"人工智能驱动的科学研究"专项部署工作，旨在促进人工智能与科学研究深度融合、推动资源开放汇聚、提升创新能力。2023 年 6 月经济合作与发展组织（Organization for Economic Co-operation and Development，OECD）出版《科学中的人工智能：挑战、机遇和未来研究》报告，着重探讨了数字化背景下人工智能帮助拓展科学发现，并促进科学研究生产力的提升（OECD，2023）。当前，气候变化、自然灾害、重大疾病、经济社会治理体系变革等全球性重大挑战要求科学研究从聚焦局部、以物理还原论视角进行的简单系统研究向放眼整体的复杂系统研究转变（Li and

Huang，2019）。与此同时，数据资源的爆炸式扩大和数字科技能力的快速迭代升级极大支撑了科学研究应对复杂系统问题的能力，科学研究的理念、行为和规范产生进一步变革。在科研实践已经呈现重大新面貌、科研管理正在面临重大新挑战、社会需求对科学研究提出更高要求的背景下，探索数字驱动的科研范式变革具有极强的理论意义和现实意义。

近年来，研究者已经注意到数字化正在改变科学研究的既有范式，创新科学研究的思路、要素、方法和工具，并形成与科学研究发展相适应的组织模式、传播方式等。一是人工智能赋能科学研究，扩宽甚至颠覆在假设形成、实验设计、数据收集和分析等阶段的思路、方法和工具，加速科学发现（杨善林等，2023；Cockburn et al.，2019；Wang et al.，2023），大幅提升科学研究效率（Chubb et al.，2022）。人工智能在量子力学、蛋白质、材料科学和偏微分方程等基础科学研究（Leeming，2021；Zhang et al.，2023；Zheng et al.，2021）和气象预测、芯片结构设计、医药研发、空间测绘导航等应用科学研究（Huang et al.，2022）中得到广泛应用。这一过程之中逐渐形成的"人工智能驱动的科学研究（AI for Science，AI4S）"科研新模式迅速被各学科领域接受认可，将继续推动科学研究发展（OECD，2023；Silva et al.，2022；Zhang et al.，2023）。二是数字化背景下科学研究的组织模式和传播方式适应科学研究的新特征，呈现便利科学研究开展和传播的新形态。早期的科研组织和科研传播受限于科学数据共享的困难、科研成果传播的不便、科研人员地理位置和认知背景的差异等诸多因素，在规模和效率上呈现一定限制。数字化背景下，数据要素的极大丰富和开放共享加速数据成为新的生产要素（Gewin，2016），数字资源和数字科技的共享性极大增强了科学研究的可复制性和迭代性，进而提升了科学研究的透明性和产出效率（Milham et al.，2018；Munafò et al.，2017）。与此同时，数字工具和平台降低了科研人员合作门槛（Head et al.，2019；van der Wouden and Youn，2023），云计算等数字科技减少科学研究对实验设备的依赖（Yang et al.，2014），科学研究的合作形态和方式日益多样（Wagner et al.，

2017)，出现开源众包、超大团队科研合作等科学研究实施新形态（Lin and Maruping，2022）。数字媒介大大促进了科研成果传播（Kupper et al.，2021），科研传播网络的主体、载体、内容都伴随数字化的发展出现深刻变化。

已有科研范式界定的理念、行为和规范已无法完全覆盖数字化背景下科学研究的实际发展，从侧面反映出数字化深刻影响科研范式变革。近年来，已有研究者聚焦数据资源、数字科技、数字平台和数字基础设施等数字要素对科研支撑、科研过程和科研传播某些方面的影响，但缺乏对于数字驱动的科学研究范式变革整体路径的探讨。我们认为，从宏观层面上理解数字化对科学研究范式带来的变革有助于更好把握新背景下的科研发展规律，及时提出适应数字化背景的科研管理体制机制以支持和促进我国科学研究进一步高质量发展。因此，围绕这一主题最为核心的问题——数字化给科学研究范式带来了哪些变化？如何理解和揭示这些变化？如何适应科研范式变革以更好促进科学研究发展？——展开讨论。

在数字驱动科研范式产生深刻变革的背景下，本章通过对科学研究范式进行深度重塑，从科研实践和科研管理的现实需求出发，创造性探索数字驱动的科研范式变革分析框架。本章从现状与特征、问题与挑战、展望与对策等角度，分析数字驱动的科研新范式，以期更好把握新时期下的科技发展规律，制定鼓励政策和支持举措以适应数字化背景下科学研究的发展。

7.1　数字驱动的科研范式变革：一个分析框架

在科研活动分工日益精细化、流程日趋复杂化的背景下，以数据资源、数字科技、数字平台和数字基础设施为核心的数字要素体系能够为科学研究提供数据、技术、工具、平台等基础支撑，进而改变科研活动实施过程和传播规律，引起科研范式发生变革。通过系统梳理目前数字要素影响科研范式的主要研究，发现数字要素对科研范式的影响主要体现在科研支撑、科研过程和科研传播三个方面。据此，本章提炼出数字化背景下科研范式变革分析框架（图7-1），基于"科研支撑—科研过程—科研传播"的学理链深入探讨数字驱动的三个环节变革以及不同环节之间的相互影响关系，以期为数字化背景下科研范式变革的基本特征与内在规律提供理论见解。

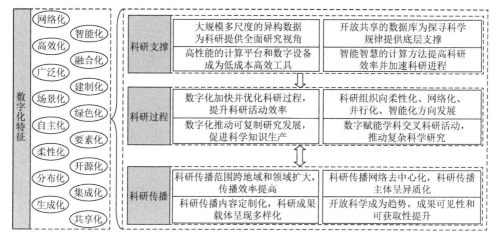

图 7-1　数字化背景下科研范式变革分析框架

在科研支撑方面，数字化带来了大规模多尺度的异构数据、开放共享的数据库、高性能的计算平台和数字设备以及智能智慧的计算方法，有助于科研人员全方位、多角度、跨时空地对研究对象进行科学观察，并利用先进的方法工具和强大的算法算力支撑科学研究过程。首先，数字化不仅极大地丰富了数据的观测手段、记录方式、存储空间和利用方法，而且扩大了科学研究数据的来源：自然现象和社会生活的观测数据、设计实验的实验数据、模拟产生的生成数据和参考数据都成为科学研究的重要支撑（OECD，2020）。其次，开放共享的数据库助力科研人员以更低成本和更高效率来开展多区域、广时域、跨领域的科学研究，同时促使科学研究成果接受来自同行和社会公众的监督和评价，提高科学研究的透明性和公开性。此外，在数据利用方面，高性能计算平台和数字设备通过提供强大的计算能力、灵活的实验手段和广阔的合作空间成为科研活动的重要工具，并辅以智能智慧的计算方法推动科学研究发展。

在科研过程方面，科研支撑的变革深刻影响着科学研究的过程，数字化优化科学研究的组织模式，使之与科研过程相匹配，共同促进科学研究产出。数字化推动可复制研究的发展，加快知识生产的更新迭代，促进交叉创新研究及复杂系统科学研究的发展，使得科研活动能更有效应对社会需求。首先，数据发现成为科学研究的重要驱动力，数字化加快并优化科研过程的各个环节。具体而言，数字科技为科研人员提供了更加快速、广泛和准确的知识获取方式（OECD，2019），并能够为在研究方案提出、实验探索和论文撰写等研究环节中为科研人员提供智慧辅助，提升科研执行效率（Pividori and Greene，2023）。其次，数字化变革使得科研过程无须拘泥于固定的组织边界，科研组织向柔性开放发展；科研合作网络发展壮大，并呈现多元开放趋势；科研过程的细化分工又使得科学研究的运行模式从串行集中向并行分散转变；人机在物理层面和虚拟层面的协同促进科研组织的智能化升级。再次，数字化促进可复制研究的落地实施，从提升科研透明度、降低科研重复率、加速科研成果迭代等方面提升科研活动的效率和质量。最后，数字化推动了学科交叉及新兴学科发展，有力促进了系统复杂科学研究的开展。以人工智能技术为代表的数字科技具有促进和支持跨学科统一性的潜力（Chubb et al.，2022），数字化背景下庞大的数据和算力同时为解决大型复杂系统科学问题提供了有力支撑，这使得传统学科界限进一步模糊，推动交叉融合学科发展和系统复杂成果涌现。

在科研传播方面，科研传播网络的发展与科研过程的加速优化互相促进。一方面，科学研究过程及其相关成果借助数字科技能够实现跨地域、跨领域、跨时域的传播，形成集成异质化传播主体、多元化传播载体、定制化传播内容的科研传播网络。由此，以出版商、科研工作者、社交媒体等为代表的科研传播主体被充分赋能，促进科研传播网络的路径扁平化和传播高速化，改变科研传播主要局限于学术圈的传统模式，通过开放数据、开放出版、开放基础设施等开放科学活动，将科研过程及成果展现在公众视野中，推动科学研究深度参与社会治理。另一方面，科研传播网络的定制化传播内容将加速科研人员的知识获取过程，从而促进科学研究的开展；科研传播网络的跨领域传播可以鼓励学科交叉融合研究的开展；科研传播网络的多元化传播载体可以降低科研门槛，鼓励更多对科研感兴趣的人群参与科学研究。

综上所述，本章构建数字驱动科研范式变革的理论分析框架，预期通过梳理数字化背景下的科研支撑、科研过程、科研传播在科研实践中的变化，挖掘科研范式变革的特征和内涵，分析科研范式变革面临的问题和挑战，预测未来的趋势并提供对策建议，从而推动与数字化背景下科研范式变革相匹配和相适应的科研管理体系建设与发展。

7.2　数字化成为科学研究的支撑

传统的科学研究通过实验归纳、理论假设、仿真模拟驱动（Bell et al.，2009；Weiman，2021）实现，这一过程中数据、工具和模型为科学研究提供支撑。数字化带来数据资源、数字科技、数字平台和数字基础设施，这些数字要素是否会丰富，以及如何丰富科学研究的支撑？第一，伴随着数字科技的深度发展，数据呈现不同以往的规模性（volume）、高速性（velocity）、多样性和准确性，这些数据将如何影响科学研究？第二，伴随数据资源的广泛化和要素化，如何提升数据资源利用效率以更好地服务于科学研究？第三，伴随着数字科技和数字平台的发展，数字化计算平台和数字设备大大发展，这些设施如何参与科学研究？第四，数字驱动计算方法向智能智慧方向发展，这些计算方法如何影响科学研究？本章节将从数据、数据库、计算平台和数字设备、计算方法四个方面探究数字化如何成为科学研究的支撑（图7-2）。

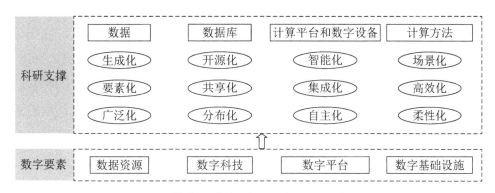

图 7-2　数字要素为科学研究提供有力支撑

7.2.1　大规模多尺度异构数据为科研提供全面研究视角

数字化带来前所未有的多种规模、来源、维度和类型的数据，数据不再只是验证理论或模型的工具，而是直接产生知识或启发创新的源泉（Mazzocchi，2015）。在科学研究中要素化的数据在数据挖掘、人工智能、云计算等先进数字科技加持下为科学研究提供全面的研究视角（Hey et al.，2012）。

数字科技使得传统难以刻画记录的自然及社会领域活动中大量、多源、多维、多态的数据得以被观测和记录保存下来。这些数据包括记录自然现象的观测数据，如天文学、地球科学和人口统计学等领域数据；记录人工实验结果的实验数据，如物理、化学、生物学的实验室数据；通过大规模模拟产生的计算数据；参考数据，如人类基因组（OECD，2020）。"它使得观察或者测量以前无法进行观察或者测量的现象成为可能"（Rosenberg，1992）。值得注意的是，大规模模拟产生的数据不仅可以模拟自然及社会领域活动中已有的情况，还可以模拟科研人员设想的情况。例如，医药人工研究结构生成药物/蛋白质案例。爆炸式增长的数据为科学研究提供了无尽原料（OECD，2015），为科学研究提供具有广度和深度的视角和思路。

科研人员可以利用这些数据，从不同层次、不同角度、不同维度分析和解释复杂的现象和问题，生成新的知识和理论，揭示自然界和人类社会的本质规律。例如，在生物医学领域，基因组、蛋白质组、代谢组等多层次的数据可以揭示生命系统的复杂性和规律性（Zhu and Zheng，2018），科研人员可以利用多层次数据相互验证和补充来进行科学研究，从而产生新发现。在天文学领域，大规模天文巡天项目产生了海量的天体图像和光谱数据，人工智能技术可以帮助识别和分类天体，揭示宇宙演化的奥秘（Sanchez et al.，2019）。在社会科学领域，互联网、物联网、移动通信等技术产生了大量关于人类行为和社会现象的数据，机器学习、自然语言处理等技术可以帮助分析和理解这些复杂多样的数据，提供更深入更全面的社会洞察（Bharadwaj et al.，2013）。在技术管理领域，科研人员尝试使用文本挖掘、复杂网络等数字科技在宏观、中观、微观的不同维度进行新兴技术识别（Carley et al.，2018；Small et al.，2014；Kajikawa et al.，2008）。

7.2.2　开放共享的数据库为探寻科学规律提供底层支撑

数字化背景下，数据是科学研究的关键要素，提升数据资源利用效率对科学研究的效率提升具有重要意义。数字化促进数据库的建立、融合和开放共享，并通过数据的交流共享为科学规律提供底层支撑和比较标准，进而促进新知识的发现。

第一，数据开放共享可以促进科学数据的保护和利用，避免数据丢失损坏的同时能够节省数据的存储和处理成本。数据可以被更多的人和机构所使用和再利用（Groves，2009；Milham et al.，2018），提高资源的使用效率。

第二，由于数据的开放共享，科研人员可以向同行、社会公众展示其研究过程和结果，接受监督和评价，从而提高科学研究的透明性、可重复性、信任度（Gewin，2016）。从科研管理的角度来看，数据开放共享可以提高科研资源配置的透明度，数据和研究的透明会提高公众对科学研究的信任，提升科学研究的社会影响力和公信力，最大化数据的社会效益和经济效益（OECD，2015）。

第三，通过开放共享的数据库，科研人员可以对不同领域、不同来源、不同类型的数据进行整合、对比和验证，从而发现新的知识和规律。这一过程同样有助于跨学科研究、系统复杂研究的发展。

7.2.3　高性能的计算平台和数字设备赋能强化科研活动

高性能计算平台和数字设备已经成为科研活动中低成本、高效的工具，为科研活动提供了强大的计算能力、灵活的实验手段和广阔的合作空间，推动了科学研究更加高效、灵活和便捷。

第一，高性能计算平台和数字设备能够处理海量的数据，为科研人员开展科研活动提供强大的计算能力。天文学、生物学、物理学等领域的科研活动需要收集和分析大量的数据，而这些数据往往超出了人类的认知能力和计算能力。高性能计算平台和数字设备能够快速地对这些数据进行存储、传输、处理和可视化，从而帮助科研人员发现数据中隐藏的规律和现象，提出新的假设和理论。例如，中国科学院高能物理研究所开发了高能物理人工智能平台，平台提供人工智能开发和使用的全栈工具链、计算资源、算法模拟和数据模型。平台已经具备实现人机协同的模型构建能力、平台的控制管理能力、人工智能资产对外赋能能力以及安全、可信、可靠、可扩展的人工智能能力（齐法制等，2023）。

第二，高性能计算平台和数字设备能够模拟复杂的系统，为科研提供灵活的实验手段。例如，气候学、化学、工程学等领域的科研活动需要对复杂的系统进行模拟和预测，这些系统往往难以在实际环境中观察和控制。高性能计算平台和数字设备能够利用数学模型和算法，对这些系统进行精确和高效的模拟，从而帮助科研人员验证和优化他们的设计和方案。

第三，传统的科研工具要求科研人员花费一定的时间才能掌握其使用，而以数字科技为支撑的新一代智能智慧化科研工具可以降低科研人员的学习成本。科学平台、在线课程和资源库等数字工具能更便捷地实现科学教育和培训的普及、科学知识的传播交流，从而促进科学文化的建设和发展。

第四，高性能计算平台和数字设备能够连接不同的领域，为科研人员提供广阔的合作空间。在许多领域，如医学、社会学、艺术等，科研需要借鉴和整合不同领域的知识和方法。高性能计算平台和数字设备能够通过网络和云服务，帮助科研人员摆脱地理距离限制进行远程沟通、协作和评审，实现不同领域之间的数据共享和交流，从而帮助科研人员建立跨学科的合作关系，创造新的思想。

7.2.4　智能智慧计算方法提高科研效率并加速科研进程

智能智慧的计算方法不仅可以提高计算效率和性能，还可以实现对数据的理解和分析，对知识和关联的推理和发现，对实验的设计和生成，从而助力科学研究活动的高效开展。

借助数字化技术带来的强大计算能力和智能算法，科研人员得以解决数据分析面临的数据多源异构、不完备、不精确、不一致等诸多问题，从而实现对数据的有效管理和分析，在不断增加的结构化和非结构化数据中找到科学发现（Bianchini et al.，2022）。以深度学习为例，其计算模型能通过自学习和进化机制实现对数据的高层次抽象和表达（LeCun et al.，2015），不依赖对底层的机制进行准确描述和了解，也能够发现隐藏在高维数据中的不寻常且有趣的模式，解决传统方式难以解决的科研问题。即使数据之间存在互联或者是数据存在缺失，也可以通过这些模型开展科学研究并提供准确的结果（Zhu and Zheng，2018）。例如，在生命科学领域，部分采用深度学习技术的 AlphaFold2 算法对该算法发布前 60 年来困扰生物学界的"蛋白质折叠"难题带来颠覆性的突破，运用生命科学积累的大量数据，通过基因序列预测蛋白质结构，对泛生命科学领域产生了深远的影响（Jumper et al.，2021）。

人工智能作为一种代表性的数字科技，可以通过模拟和扩展人类智能，使计算机理解、学习和执行复杂的任务。这种方法可以创造新的计算范式和架构。例如，在数学领域，AlphaTensor 利用人工智能技术发现比现有算法更高效的矩阵相乘方法，由于矩阵乘法在计算机图形学、密码学等诸多科学和工程领域有着广泛应用，故将对相关应用的性能和可拓展性产生重大影响（Fawzi et al.，2022）。另外，人工智能也可以借鉴自然界中的智能现象和机制，如生物神经网络、模糊系统、进化计算等，构建更灵活、更鲁棒、更适应性的计算模型，以解决传统计算方法难以处理的问题。

智能智慧计算方法的快速发展，大幅跨越了科学与应用之间的技术鸿沟，诸如图像分类、语音识别、知识问答、人机对弈、无人驾驶等人工智能应用在各个领域取得了令人瞩目的成果。这些成果又反哺科学研究，从而大大推动科学研究的过程。

7.3　数字化重塑科学研究的过程

数字化背景下，科学研究过程呈现高效化、广泛化、网络化特征，数字化重塑科学研究的研究方向、科研过程、科研组织等。伴随着数据的开放共享，数字平台的使用和普及，科研过程可以高效迭代，开展科学研究的门槛降低，科研工作者甚至普通人实现创新的可能性增大。科研组织也从边界明确向柔性组织转变，开放组织、众包平台等成为科学研究新的模式（Beck et al.，2022；Lenart-Gansiniec et al.，2023）。场景化、模拟化的科学研究不断发展，人机协同程度不断提高。

7.3.1　数字化加快并优化科研过程，提升科研活动效率

传统的科学研究主要由"知识获取—假设提出—实验探索—论文撰

写"四个环节构成，数字化对科研过程的四个环节都产生了颠覆性影响，加速并优化科学研究的过程（图7-3）。

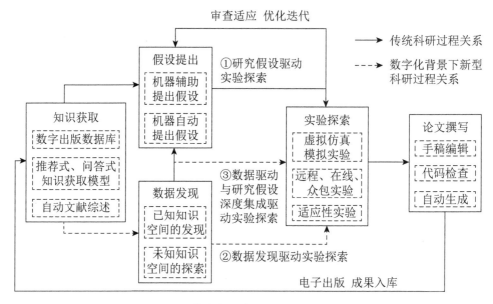

图 7-3　数字化加快并优化科研过程

　　首先，数字化拓展了知识获取的途径和方式，提升了科研人员知识获取效率（OECD，2019）。知识获取作为开展科学研究的基础，是指获取和掌握相关领域基础知识、最新进展和研究展望，进而建立对某一具体学术领域认知的过程。数字化背景下，数据不再是实验流程静止的结果，而变成科学研究的生产要素，不断参与到科学研究探索之中。数字出版、在线科研社区等形式拓宽了科研人员知识获取的渠道，问答模式、推荐模式和生成模式成为新的知识获取方式。其中，以 ChatGPT 为代表的问答模式可以帮助科研人员高效获取相关知识；推荐系统应用能在了解科研人员搜索历史和兴趣标签的基础之上为其提供个性化推荐内容（OECD，2019）；以自动文献综述为代表的生成模式可以打破科研人员固有的认知边界。例如，"可执行的化学文献系统"可以自动抽取科技文献中包含软硬件的实验过程信息，然后转化为可执行文件，科研工作者可以通过可执行文件令该系统自动进行实验（Mehr et al.，2020）。这些新型的知识获取途径和方式提高了科研人员知识获取的速度和广度。已有研究表明，数据驱动的科学研究已经加快了生物化学、天文学、高能物理学、基因组学、环境和健康科学等学科的知识发现速度（Bell，2009；Hey et al.，2012；Towns et al.，2014）。

其次，数字化正在颠覆传统依靠理论模型提出研究假设的研究设计方式，使得数据驱动的假设提出、理论模型与数据驱动深度集成的假设提出成为研究设计的新模式。传统的实验遵循研究假设驱动的"假设—实验—数据分析"流程，而数字化带来的数据驱动或者模型驱动的"注释数据—人工智能模型—决策"模式（Zhu and Zheng，2018）使得实验流程不再以理论或者假设作为研究的首要驱动力，科研人员无须接触所研究的对象，也无须预先设置假设，可以直接从大量科研数据中查找挖掘所需信息、知识和智慧（李国杰和程学旗，2012）。一方面，借助大规模多尺度的数据，科研人员能够通过数据的运算直接发现现象或者规律，并在此基础上进行实验方案设计和进行验证。科研人员不仅能通过对广泛数据的实时、动态的监测与分析来解决难以解决和不可触及的科学问题，还能把数据作为科学研究的对象和工具，基于数据来思考、设计和实施科学研究（Hey et al.，2012）。另一方面，数据发现和研究假设深度集成有助于通过多次的反馈和迭代来更新实验方案设计。以地球物理科学为例，传统的地球物理研究大多依赖于理论模型，通过提出假设和实验观察等方法验证研究问题。伴随着数字化程度的提高，机器学习和理论建模可以进行深度集成：机器学习模型可以取代理论模型以弥补半经验性质理论模型的不足以及参数估计的限制，理论模型可以模拟观测值来避免观测数据可能带来的偏差，二者结合替代建模或仿真以提高计算效率和处理能力（Reichstein et al.，2019）。

再次，数字化使科研人员能够进行更加复杂、精确、多样、高效的实验探索，从而突破传统实验的局限和难度，拓展实验的可能性和领域。

实验探索是针对某项研究议题而进行的客观可控的研究操作，包含样本选择、数据收集处理、条件控制、结果分析等多个部分（Bell，2009）。其中，数字化技术通过内置的算法和校准功能消除误差因素，有助于提升实验实施精度，增强实验的严谨性；通过网络平台支撑远程实验、在线实验、众包实验等传统背景下难以开展的实验模式（Beck et al.，2022；Lenart-Gansiniec et al.，2023），有助于克服传统实验的空间限制和时间限制，提高了科研人员的参与度和实验的多样性。同时，数字化技术促进适应性实验的开展，能够通过监测当前实验进展动态调整不同干预措施的分配概率以及样本量等参数，从而识别出表现最佳的干预措施的速度和效率（Offer-Westort et al.，2021），实现自组织、自适应的学习和反馈迭代循环过程（Pallmann et al.，2018），以达到自动优化实验步骤、缩短实验的"设计—制造—测试—分析"周期、增强实验弹性的效果（Chin，2011；Schneider et al.，2020）。目前，适应性实验在各类学科领域研究中被广泛应用，如飞机数字化柔性装配研究（徐健等，2013）、舱段数字化柔性自动对接平台控制系统设计（陈冠宇等，2019）等，其所具有的自动化、柔性化、可实现模块重构等特点提高了科研人员的实验效率。这种数据驱动的实验流程变革不仅改变了科研人员的思维方式和研究方法，也为解决复杂的科学问题和社会问题提供了新的途径和工具。

最后，数字科技还可以辅助科研人员在论文撰写阶段执行手稿编辑、润色、代码检查等工作（Pividori and Greene，2023），提高论文的逻辑性、一致性、规范性和创新性。其中，科研人员通过使用数字化软件工具，自动完成手稿的格式化、校对、排版等工作，节省论文作者的时间和精力；通过人工智能算法，为智能分析手稿的内容、结构、语言等方面，提供修改建议、错误提示、写作指导等功能，帮助论文作者提高手稿的质量和水平；通过使用云计算平台，实现手稿的在线共享、协作、评论等功能，帮助论文作者与导师、同行、审稿人等进行有效的沟通和交流，提升论文的学术水平和影响力。

7.3.2 数字化促使科研组织柔性化、网络化、并行化、智能化

科学研究早期以个体科研模式为主,职业化程度低,组织结构松散。伴随着各国对科学研究的重视程度提高,科研人员的职业化程度提高,科研组织结构开始向紧凑型、刚性结构发展。科研组织化、建制化是科技与经济发展到一定阶段的历史产物(陈套,2020)。伴随数字化对科学研究过程的重塑,科学研究的组织模式从组织形态上来看由固定边界向柔性开放转变,从合作关系上来看由个体为主向多元网络转变,从运行方式来看从串行集中向并行分散转变,从劳动模式来看从以人为主向人机协同转变(图 7-4)。

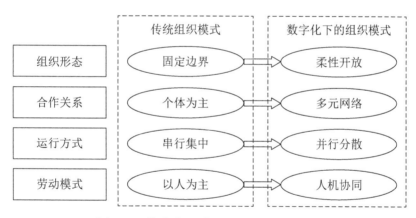

图 7-4 数字化改变科学研究组织模式

科研组织形态呈现柔性化倾向。传统以课题组为单位、以机构为边界、以纵向管理为主的科研组织模式已经难以适应当今复杂多变的科技环境和需求,科研组织需要根据不同类型、不同阶段、不同规模的科研项目和任务,灵活调整其形态,以适应复杂多变的科学问题和挑战。数字化使得科学合作组织可以从传统的层级式、树状式或线性式向网状式、环状式或平台式转变,打造更高效、更协同、更创新的工作方式(Luo et al.,2018)。例如,很多科研合作建立在共享大型的科研基

础设施的基础上，但是科研仪器设备共享同时存在限制，包括使用门槛偏高（刘洋和何建佳，2017）、用户范围有限（宋立荣等，2014）等。

数字化推动科研组织合作关系向网络化和开放化转变。一方面，知识共享和工作执行平台（如 GitHub）、众包平台（如 Topcoder）、云计算管理平台（如 OpenStack）等多种数字平台（Nambisan et al.，2017）使得组织及组织内部个人可以通过合作进行科学研究（Boudreau，2010）。这些基于数字科技建立的信息交流和数据资源共享平台增强了大型科研团队的组织能力。另一方面，数字化有利于弱连接关系的形成和维持，扩大组织间开放合作形成的网络规模（Zhang and Chen，2022）。弱连接关系可以提供更多的信息、观点、经验和机会，有助于拓展科学研究者的视野和思路，激发科学研究者的创造力和创新力（Granovetter，1973；Rajkumar et al.，2022）。数字科技通过降低交流成本而促进弱连接关系的产生和维系，这打破了固有人员组织的限制，使得组织可以在更广泛的范围内吸纳不同背景、不同目标的科研人员（Bogers and West，2012），且允许组织内成员在任意时刻选择加入和退出，形成了高度动态的、更为开放包容的创新合作网络（Lusch and Nambisan，2015）。这不仅有助于科研人员克服地域、机构和学科的界限，也使得包括政府、企业在内的更多的利益相关者成为价值共创者（Yeow et al.，2018），从而形成更加协同开放的创新网络，激发创新活力，促进知识的共享和传播，提升科学技术研究的整体效益。

伴随组织形态和合作关系的转变，数字化背景下科研组织运行方式由串行集中逐渐向并行分散转变。数字科技为可预见性的复杂科研活动和科研资源分解提供支撑，增强了分散化的组织管理和保障水平，从而使得大型科研活动能拆解成多项子任务分散在不同地域同时运行，大幅提升科研速度，缩短科研周期。数据分析和智能辅助技术能为科研人员提供更高效的协作方式和更便捷的沟通方式，避免重复投入和低效输出。同时，借助数字化管理软件，研发活动全流程管理变得越发规范科学，有效提升了研发活动的状态可知、可管、可控水平（安筱鹏，2019），促进提高科研组织的决策能力和协调能力。例如，在对地观测领域，大数据技术支持构建分布式多中心计算环境，可以有效利用闲置计算资源实现数据处理任务的动态分配，并进一步实现任务的实时监控和动态评估，从而促进传统串行研发任务的重组优化，缩短科研周期，提升研发效率。

　　数字化使得人机智能化协同成为新型科研劳动模式。数字科技对科研人员的帮助不再停留在较低复杂度层面的替代重复性任务上（McNeese et al.，2018），而是与科研活动深度融合协同。这不仅反映在机器替代部分物理劳动，提升科研人员执行能力，还反映在机器与科研人员抽象劳动形成优势互补，提升科研人员认知水平。一方面，实体机器人成为科研组织中物理层面的一员，与人类科研人员进行有效的协作和交互，深度参与科研实验，提升科研的效率和质量。实体机器人可以具有自主或半自主的感知、控制、运动和交互等功能，不仅可以完成高强度、高重复性的实验工作，减少人类重复劳动工作负担并大大促进实验精度和效率（Burger et al.，2020），还可以代替人类在深海、极地等高冲击性、恶劣的特种环境下完成采样监测等高风险任务（Li et al.，2021）。另一方面，以 ChatGPT 为代表的人工智能技术成为科研组织虚拟层面的一员，为科研活动提供认知层面的支持，甚至可以主导科学研究。人工智能已经发展出可以适应任务、情况和背景的能力（Cox，2013），不仅可以辅助参与科研活动，帮助科研人员提升活动效率，如人工智能的强大计算能力可以辅助人类专家进行芯片设计，大幅降低设计成本（Kanarik et al.，2023；Wang and Huang，2023），还可以帮助科研人员处理海量的科研数据，进行文献检索、知识总结、创意构思等工作，并辅助定义研究问题、制订实验计划、评估实验方案，提供智能的建议、预测和解释（Korinek，2023）。其中，生成式人工智能技术表现尤为令人惊艳，它能够从人机互动中持续学习，深度参与到科研活动的整个流程中，拓展科研的思路和视野，增强科研人员的创新能力（Seeber et al.，2020）。例如，ChatGPT 可以针对研究背景和意义、研究前沿进展、研究关键问题、核心方案及实验结果论证生成文本推荐内容，辅助学术论文的撰写（张智雄等，2023）；基于预训练生成式转换器（generative pre-trained transformer，GPT）架构开发的 MolGPT 程序可以根据自然语言描述生成具有所需分子特性和特定结构的分子化学结构（Bagal et al.，2022），帮助科研人员突破传统科研思维局限，从融合底层规则的数据中建立有效的复杂模型，指导化学实践（Zhu et al.，2022）[①]。

7.3.3 数字化推动可复制研究发展，促进科学知识生产

数字科技赋能科研过程开放共享将推动可复制研究的大力发展，可以提高科研效率，促进迭代创新，便利科研资源配置。与此同时，伴随重复研发效率的改变以及数字工具和技术等生产资源的投入，数字化进一步促进科学知识生产（孔维娜等，2023）。

可复制研究是指出版物应该附着所有相关材料以确保其他科研人员能够复现原始研究过程和结果（Hofner et al.，2016）。它是科学研究的基础，也是科学知识有效传播和验证的重要途径（Popper，2002；Stodden et al.，2013），对于最大化研究效用具有重要意义（Munafò et al.，2017）。数字化极大推动了可复制研究的发展，促使迭代创新成为新的增长点。数字化可以帮助研究者收集整理、存储记录并管理分析大量的数据，提高数据的可访问性、可重用性和可信度。使用云计算、人工智能等数字科技，可以实现数据的自动化记录、处理和分析，减少人为错误和偏差，提高数据的准确性和完整性。不仅如此，数字化还可以帮助研究者记录、共享和传播研究的过程和方法，提高研究的可重现性、可比较性和可评估性。例如，使用开放源代码、开放协议等工具，实验研

---

① 中国科学技术大学研发的"机器化学家"已经可以阅读文献，回答相关的化学问题，学习并保存实验模板，推荐参数，自主设计实验并帮助科研人员优化实验方案。"机器化学家"的出现大大提高了科研效率：依赖传统研究范式获得高熵化合物催化剂的最优配方测试需要约1400 年，而"机器化学家"仅需 5 周时间就可以从 55 万种可能的金属配比中找出最优的高熵化合物催化剂。

究过程之中的所有细节，包括数据来源、分析方法、参数设置、结果解释等都可以完整保留下来，从而实现研究的标准化和规范化，增加研究的透明度和公开度，便于其他研究者复制和验证研究结果。通过记录整理的完整实验数据信息，科研人员可以在可复制研究的基础之上更高效便捷地持续进行改进优化，形成迭代创新。例如，在开源材料数据库 Materials Project 中，研究人员利用支持向量机算法学习了 4000 次不同反应条件下制备晶体的失败和成功实验数据，通过学习到的规律预测任意一次化学实验成功的可能性，由此大大提高了化合物的合成率。

以 Romer（1990）提出的知识生产模型为例来考察数字化对科学知识生产活动的影响［式（2-1）］。

从知识存量的角度看，数字化通过对科学研究过程的加快和优化实现了存量知识的快速增长：学术出版物的数量在 1900 年到 2015 年间以指数增长，每 12 年学术出版物的数量就会翻一倍（Dong et al.，2017）。从研发人员的数量来看，科研人员的数量也是以指数增长，论文的作者数量每 10 年会增加 0.8 人（Papatheodorou et al.，2008）。式（2.1）中的 $0 < \gamma < 1$ 表示重复研发效应，即市场中不同主体的研发活动存在重复而使整体的研发效率变动的参数。可复制研究的推广可以降低重复研发效应，从而优化知识生产率。值得注意的是，由于数字化对科学研究过程和科学研究组织的重塑，产业界可以通过外包等形式进行科学研究，从而促进知识生产。φ 为常数，表示知识扩散效率，当 $\varphi < 1$ 时，表示随着知识存量增多，从现有知识中生产新知识将会更加容易，反之则表示知识存量的增加限制了新知识的生产。数字化的平台和工具在科学研究中的应用以及科学研究过程在数字化背景下的优化将进一步促进知识的生产。

7.3.4　数字赋能学科交叉创新研究，推动复杂科学研究

数字科技将不同学科领域内的知识元素相结合，进而促进形成新

知识网络和新颖学科的利基空间（Tsatsou，2016），为学科交叉融合提供强大的支撑和推动力。这一方面体现在数字科技赋能学科发展，开辟出一系列数字赋能新学科。另一方面，数字科技作为媒介，通过促进不同学科之间的数据共享和知识传递，打破传统的学科壁垒，激发新的研究问题和创新思路，形成新的交叉领域和研究方向。例如，生物信息学就是基于数字化技术将生物学与计算机科学、数学等结合起来，对生命现象进行定量分析和模拟的交叉学科。通过运用数字化技术，生物信息学可以揭示基因组、蛋白质组、代谢组等多层次的生物信息，并探索其与复杂性疾病、药物设计等相关的机制和规律（Kearse et al.，2012）。这些成果不仅丰富了生命科学的理论体系，也为医药行业带来了巨大的商业价值。数字化对人文社会科学的研究亦带来了颠覆性的影响（Bai et al.，2023；Fernandez-Villaverde et al.，2023）。语言、艺术、历史等学科在传统的科研范式中难以开展量化研究。数字化可以将这些学科的研究对象转化为可量化和可分析的数据，从而使得科学研究可以跨越自然界和人文界的界限，形成新的交叉学科和综合学科。例如，社会计算科学通过运用数字化技术收集并分析互联网上用户产生的各种社会行为数据（如搜索记录、社交媒体内容、电子商务交易等），来揭示人类社会认知特性、群体行为规律以及社会系统演化机制，并为公共政策制定、商业决策优化等提供智能支持（Lowry et al.，2011；Lopez et al.，2015）。

　　数字科技大大推动了系统复杂研究发展，既体现为数字化对复杂系统研究问题的开拓性探索，又反映在运用系统复杂的数据、工具和方法对科学问题的系统性挖掘。从科研问题的角度来看，以大科学为代表的一系列系统复杂问题依赖数字科技才能有效解决。美国科学学家普赖斯在1962年发表了《小科学、大科学》为题的演讲，他认为大科学时代的研究特点主要表现为：投资强度大、多学科交叉、需要昂贵且复杂的实验设备、研究目标宏大等。从研究内容来说，这类研究往往是跨学科合作的大规模、大尺度的前沿性科学研究项目，具有多学科、多目标、多主体、多要素等特点，需要统筹协调多个研究内容，这些离不开数字科技的帮助。从组织管理来说，这类研究对于经济成本、实施难度、协同创新的多元性等都有较高要求，需要由众多科研人员有组织、有分工、有协作、相对分散地开展研究，这也需要数字科技为其提供支持。例如，引力波探测是一个典型的复杂系统科学问题，它涉及物理学、数学、计算机科学、信息技术、天文学等多个学科的交叉融合，需要多方科研人员参与合作（Abbott et al.，2016）。一方面，数字化技术提供的先进算法和强大算力能帮助提升引力波探测的数据分析效率并打通相关信息化资源壁垒。机器学习算法能够帮助识别引力波信号中的噪声、评估测量设备的运行状态等；专用计算、机动计算、分配式计算和自愿者计算这四类计算资源架构体系能够满足引力波探测过程中不同层次的计算需求。另一方面，数字化技术能提供便捷、高效的工作流管理系统，有效降低科研人员使用底层计算资源的门槛，提高计算资源的利用率，为跨领域、跨组织的大规模协同开发和交流合作提供便利。

从科研工具的角度来看，数字赋能研究数据、方法和工具的系统复杂化。数字化为复杂系统科学问题的研究提供了强大的工具和平台，它们可以有效地收集、存储、分析和模拟复杂系统的数据，揭示复杂系统的内在机制和规律，促进对复杂系统的理解和控制。数字科技具备的强大算力和高效算法能够使理论模型与实际应用充分结合，为人类从复杂系统视角认知世界提供有力抓手，突破传统研究屏障。一方面，数字科技可以实现对物理复杂系统的实时映射、高效模拟和优化，以及对大量数据的快速处理和挖掘，从而辅助实验和理论，并进一步创造新的现象和模型，产生新的知识和发现。例如，在能源领域，"数字反应堆"项目利用高性能计算机对核反应堆进行全面建模仿真，并实时监测反应堆运行状态和进行优化调节（胡梦岩等，2021）；在智慧城市领域，数字科技可以通过城市信息模型，融合城市异构数据，协同各业务线信息，实现对城市规划、建设、管理、服务等方面的全面优化（周瑜和刘春成，

2018；李欣等，2019）；在制造业领域，数字科技不仅可以通过采集大量的数据，对物理设备进行健康检查、故障预测、故障定位和系统优化，还可以通过与人工智能技术结合，实现对产品设计、制造、测试、维护等过程的自动化和智能化（庄存波等，2017）。另一方面，数字科技能把海量观测数据和物理机理深度融合在一起，充分发挥观测数据计算数据真实、适用范围广以及机理计算时效性长的优势。例如，传统天气预报过程需要预报员在会商中综合各方数据并结合自身经验对模型输出数据偏差进行修正，而人工智能模式输出机器学习（model output machine learning，MOML）算法能大幅减少预报员工作量且将预报准确性提升10%以上，通过直接对传统天气预报模型的结果进行修正，实现"百米级尺度、分钟级更新"（Li et al.，2019）。再如，基于机器学习的非牛顿流体模型相比传统方法能更为精确地帮助从微观层面刻画分子动力学规律，这对于药物疗效评估等涉及不同尺度系统（如基因、细胞、器官、免疫系统以及整个人体）之间复杂相互作用的问题非常有帮助。（Lei et al.，2020）。

7.4 数字化助力科学研究的传播

数字化背景下，科学和社会之间的联系变得越发复杂，同时科学生产者和消费者之间的互动和交流模式发生了重大改变（Kupper et al.，2021）。第一，从范围特征来看，数字化如何影响科学研究的传播？第二，从网络特征来看，科研传播网络在数字科技的驱动下，其主体和受众、网络结构呈现哪些特征？第三，从内容特征来看，数字化如何助力科研传播？第四，从文化特征来看，数字将带来怎样的科研传播文化？本节将从科学研究传播的范围特征、网络特征、内容特征、文化特征四个方面探讨数字化如何助力科学研究的传播（图7-5）。

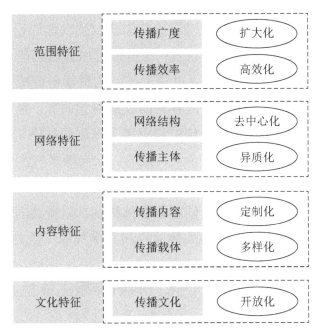

图 7-5　数字化助力科学研究的传播

7.4.1　科研传播范围跨地域跨领域扩大，传播效率提高

从地域上来看，科研传播呈现出全球化发展趋势。过去的一个世纪以来，论文的国际影响显著增加，国际引用量增加了 7 倍（Dong et al.，2017）。一个重要原因在于，社交媒体和在线平台使得科学研究成果能够迅速地传播到全球，使研究人员可以借助这些平台在短时间内与全世界的人分享他们的科学发现和研究成果。数字科技使科研传播的内容即时性提高，可以更为及时地反映新的科研进展和发展趋势，同时也使得科研成果能够跨越地域传播。从全球专利转让来看，越来越多的发明者和受让人参与了全球知识流动网络，跨境知识流动快速增长（Liu et al.，2022）。

在科研传播地理范围不断扩大的同时，跨学科领域的科研传播效率也在不断提升。不同学科领域的科研人员之间可以交流和合作，提高科学研究的协同性和开放性。伴随科研传播范围的扩大，科研成果的潜在益处也有所扩大。科研人员可以通过新闻获取感兴趣的论文信息，并进一步阅读原始论文，用于后续研究；工程师可以通过科研成果进行技术研发和产品设计；政策制定者可以参考最新的科学研究成果进行政策制定；公众可以了解科学研究的内容从而理解科学研究，也可以更好地参与公共事务。利用数字化手段构建和完善全球创新网络、创新市场、创新试验场等，使得科研人员、企业、政府、社会等多方主体之间进行协同创新和开放创新更为便捷，促进创新要素的优化配置。同时，数字化可以改善产学研用合作机制、创新联合体机制、创新共同体机制等，促进科研成果在不同主体之间的共建共享和共赢共享（晏文隽等，2022）。

7.4.2　科研传播网络去中心化，科研传播主体呈异质化

伴随着互联网的去中心化，科研传播网络也呈现去中心化特征，知识的主要来源国由少数国家独占鳌头向百花齐放的格局发展。在 20 世纪初，美国、英国和德国是世界知识的主要来源国，全球 97%的文献引用来源于这三个国家，而这一数据在 21 世纪初急剧下降到 58%（Dong et al.，2017）。这一变化背后的一个重要原因是数字化加速全球人才流动进而引起科研成果全球影响格局变化。第一，数字化重塑科研过程，许多原本复杂的实验流程可以通过远程协作、外包等形式实现，降低科研人员流动性的限制。第二，数字化促进科研合作网络的壮大，促进科研组织的柔性发展，为科研人员流动创造更多的机会。第三，数字化降低科研人员的信息获取、交流和分享成本，降低传统地理区位对科研人员流动的影响。van Noorden（2012）观察到人才流动的现象并指出，知识的生产和研究是无国界的，资金和设备在哪里，科研人员就去哪里。已经有研究表明，科研人员的流动性带来了创造力的提高。在对人工智能领域的科研人员进行分析后发现，人工智能领域的科研人员在跳槽之后平均出版数量提高了 2.55 本（Yuan et al.，2020）。尽管对这一现象的底层原因还缺乏探讨，但是随着数字化的发展，科研人员的流动更为频繁，这

会进一步推动科技的发展。

　　数字化时代下科研传播的参与者更为广泛，主体呈现异质化特征。科技期刊作为传统科学研究传播的主要信息中介，发挥着将科学知识传播到学界、社会、政府等层面的作用。在数字化背景下，科学研究传播的生产者和消费者之间的角色更加模糊（Bruns，2008）：大学、科研机构等作为知识生产者可以直接进行科学传播，每一位数字媒体用户（包括科研工作者、媒体人、普通公众）都可以成为科学传播的中介之一。传统科学媒体和记者在不同的传播平台上的可见度仍然较高，科研人员可见度显著低于传统科学媒体和记者（Weitkamp et al.，2021），但是科研人员的参与给科研传播带来了积极作用。值得注意的是，科研传播主体的多样化也会带来科研传播质量的不可控性，这是科研传播中值得探讨的一个议题。

7.4.3　科研传播内容定制化，科研成果载体呈现多样化

　　传统的科学传播媒介主要提供统一的传播内容，而数字化使得定制化的科研传播内容成为可能。伴随推荐技术的不断发展和客户画像的日益精准，科研传播已经可以通过数据分析和人工智能算法，实现目标受众的精准定位，从而为目标读者群体提供符合兴趣和需求的内容。

　　传统的科研成果以学术期刊的形式发布，而数字化背景下科研成果的载体大大丰富，信息图、视频等成为新兴的科研成果载体。这些多样化的科研成果载体能够通过更为直观的形式降低理解成本和传播门槛，提高曝光度并扩大受众群体（Hafner，2018），增强学术影响力和互动性，进而促进科研传播。例如，*Journal of Visualized Experiments* 是世界上第一种致力于以视频方式展现物理学、生物学、医学、化学等学科领域研究过程和成果的期刊。期刊的研究成果可以通过视频的形式提供实验操作说明，使读者在完成传统纸质文献难以完成的任务的同时，又展示了科学研究的可信度和透明度。同时，这也可以降低语言障碍在科研传播中的阻碍作用，并通过提供丰富、生动的教学资源的方式促进科学教育。

7.4.4 开放科学成为趋势，成果可见性和可获取性提升

数字化可以推动开放科学的发展，进而促进知识的传播和利用，优化科技资源配置效率。联合国教科文组织于 2021 年 11 月发布《开放科学建议书》，旨在增强信息共享，深化科研合作，实现所有人对全球科学知识的开放获取、使用和复用，促进科学与社会发展。这一过程与数字化密不可分，开放科学包括的开放数据、开放出版、开放基础设施等都需要数字资源、数字科技、数字平台和数字基础设施的支撑。以开放获取期刊为例，这些期刊扩大了研究成果的受众范围，使得更多的人能够了解和使用这些成果。arXiv 作为目前囊括学科最全面的、代表性的、免费的在线科学预印本存储库，接收科研人员的论文并通过审核发布在网站上面，供所有人免费查阅和下载。这一存储库收录了物理学、计算机科学、数学等多个学科领域的论文。由于无需同行评议，arXiv 上的科研成果可以更快速和更广泛地传播，促进了科学研究的发展和合作。

数字化可以提高科研成果的可见性和可获取性，促进科技成果转化，推动社会变革。利用数字化手段可以将科研成果以多种形式和渠道展示给社会各界，提高科研成果的知晓度和认可度，吸引更多的潜在需求方和合作方，促进科研成果的商业化和社会化。同时，利用数字化手段可以建立科技资源共享平台、技术交易平台、科技金融平台等，实现科研成果的快速流通和交易，降低科研成果转化的时间成本和交易成本（庄旭东和王仁曾，2021）。

7.5 本章小结与应对策略

7.5.1 本章小结

数据资源、数字科技、数字平台和数字基础设施的快速发展和应用正在引发整个科研活动形态和科研体系的颠覆性变革，科研范式也发生

了深刻变革。已有的经验科学第一范式、理论科学第二范式和计算科学第三范式都是人类提升对自然和社会的认知水平，探寻普适化科学规律的方式方法。与之相比，数字革命带来的大规模多尺度异构数据为科研活动提供了更为广泛化、场景化的素材，同时成为驱动科学发现的直接力量，产生了数据驱动的第四科研范式。智能高效的数字科技、工具和平台的应用重塑了科研活动的思维方式。这些变化不仅提供了一条新的科研知识产出路径，极大加快了科研成果的产出速度，不断催生交叉前沿颠覆性成果，还从根本上改变了科研活动的组织行为方式，彻底更新了科研活动的目的和思维方式，科研活动从"认知自然"向"改造自然""设计自然"转变。机器正在习得猜想推理能力，形成以智能为主的第五科研范式。

本章聚焦数字化背景下科研范式的变革，构建数字化背景下科研范式演变分析框架，从科研支撑、科研过程及科研传播三个方面系统梳理数字化对科学研究范式的影响，为宏观、中观和微观上把握和适应科研范式变革提供支撑。研究发现，数字化丰富了科研活动的数据、技术、平台和基础设施，推动了科研活动过程的变革。数字化使得科研创新产出快速迭代，交叉成果和系统复杂研究深度发展，推动科学研究的透明性和可重复性。此外，数字化改变科技传播的模式，开始呈现网络化特征，传播范围跨地域和跨领域扩大，异质的传播主体为科研传播带来活力。定制化科研传播内容和多样化科研传播载体增加互动性，降低科研传播门槛，优化科研传播效果。最重要的是，新一代以智能化为主的数字化浪潮将必然推动整个科研体系治理思路和治理模式的变化，改变科研人员的行为模式，推动科研范式的变革。

随着数字化的进一步发展，数据资源、数字科技、数字平台和数字基础设施将继续支撑科学研究的发展，改变和优化科学研究的过程，从而提高研究效率，扩宽研究视野。集成数据、算法、算力的科研平台将促进科学研究的提质增效，尤其是促进自监督、自学习带来反馈的实验设计发展。在这一过程中需要关注数据安全、算法可靠等方面的潜在问题，在充分利用数字资源的同时保证科学研究的科学性、安全性、伦理性。尤其是充分开发和利用生成式人工智能技术，通过人机协同的智能化劳动模式开展科学研究是重要的未来趋势，需要培养科研人员与人工智能协作的意识、素养和能力。伴随科学知识的发展和科研分工的细化，科研组织的柔性化、网络化和并行化将进一步发展，一方面为跨领域、复杂系统的研究创造便利条件，另一方面为科研产出效率的提升提供有力支撑。科研传播网络会继续向高效化、异质化和定制化方向发展，扩大科学研究影响力的同时促进科研产出效率提升。

7.5.2　应对策略

数据、数字科技、工具和平台的广泛应用使得科研范式发生巨大变革，科研体系面临一系列挑战和机遇。为主动应对数字化带来的风险挑战，充分抓住数字化带来的发展机遇，需要重点围绕以下几个方面作出应对。

第一，构建开放共享的科研数据平台和数字科技平台，探索设立数字实验室，适应数字化背景下的科学研究变革。为进一步释放科研数据要素价值，政府需要引导和推动科研数据的开放共享，不但要加快推进自主可控的科研数据平台建设，同时还要建立完备的科研数据采集、汇交和保存制度。特别是针对一些依赖国外高质量数据的科学前沿领域，我国需要加快相应的科研数据库和平台建设与资源整合，利用数字化手段加快新一代信息基础设施建设，构筑人工智能驱动的研究范式（AI for Science）的科学设施体系，实现科研数据资源的高效汇聚和系统化提升，提高科研数据供给的质量和安全性，以更好地满足数字化背景下科研活动的新需求（李鑫和于汉超，2024；杨小康等，2024）。数字实验室是未来科技创新的新基座，可以汇聚数据、技术、资源、人才，支撑跨学科、跨领域、跨地域的科学研究组织，会突破现有科研组织模式。数字实验室可能实现自动的研究问题设计、文献综述、实验方案设计、结果分析等过程，应该深度前瞻性地关注数字实验室的发展，抓住数字化转型背景下科研范式变革带来的机遇。

第二，注重科学伦理和学术诚信，推动科研过程的开放透明和可重复性，充分利用数字化手段进行监督审查。数字化背景下，科技伦理需要面对人机关系、人工智能责任、数据权利等新挑战，需要确保数字科技向善，防范缓解数字科技应用带来的风险危害，同时借鉴伦理审查、伦理教育、伦理对话等手段促进科研人员伦理意识和伦理规范的自觉形成和主动遵守。在学术诚信方面，数据的获取、处理、共享、引用，以及网络平台的传播、评价、监督等也将面临更大的风险挑战，政府需要引导关注如何促进科学研究的开放透明，加强数字化背景下科研数据的管理使用，完善数字化学术诚信监督评价机制等。

第三，加强数字科技变化对科研范式影响的跟踪性前瞻研究。一方面，应基于科学实践前沿建立相应的科研范式变革研究机制，深入了解数字科技对科研范式的影响机制及路径。加强对数字科技影响不同学科领域科研活动开展方式、模式和机制的深入研究。通过设立专项资金支持相关研究，组织专家学者开展横向和纵向的调查研究，深入分析数字科技对不同学科领域科研范式的影响，为制定更加有效的科研政策和提升科研产出效能提供科学依据。另一方面，需要建立动态预测机制对数字科技的未来发展趋势进行预测和跟踪。通过建立专家智库，利用大数据和人工智能技术，监测和分析数字科技的发展动态，及时研判可能对科研范式带来的变化。同时，政府还应鼓励科研机构和企业加强国际合作，与国际前沿科研机构进行交流合作，共同研究数字科技发展趋势，提升我国在数字科技领域的国际竞争力，为我国将数字科技广泛和深入应用至科研活动中提供技术、工具和方法支撑。

本章参考文献

Hey T，Tansley S，Tolle K. 2012. 第四范式：数据密集型科学发现[M]. 潘教峰，张晓林，译. 北京：科学出版社.

安筱鹏. 2019. 重构：数字化转型的逻辑[M]. 北京：电子工业出版社.

陈冠宇，成群林，何军，等. 2019. 基于 TwinCAT 的舱段数字化柔性自动对接平台控制系统设计[J]. 制造技术与机床，（4）：35-40.

陈套. 2020. 科学研究范式转型与组织模式嬗变[J]. 科学管理研究，38（6）：53-57.

胡梦岩，孔繁丽，余大利，等. 2021. 数字孪生在先进核能领域中的关键技术与应用前瞻[J]. 电网技术，45（7）：2514-2522.

孔维娜，张其仔，伍业君. 2023. 数字经济对全球知识生产的影响[J]. 中国流通经济，37（8）：3-13.

李国杰，程学旗. 2012. 大数据研究：未来科技及经济社会发展的重大战略领域：大数据的研究现状与科学思考[J]. 中国科学院院刊，27（6）：647-657.

李欣，刘秀，万欣欣. 2019. 数字孪生应用及安全发展综述[J]. 系统仿真学报，31（3）：385-392.

李鑫，于汉超. 2024. 人工智能驱动的生命科学研究新范式[J]. 中国科学院院刊，39（1）：50-58.

刘洋，何建佳. 2017. 大型科学仪器设备共享的合作收益分配模型：基于努力因素的分析[J]. 科技管理研究，37（3）：179-184.

齐法制，李刚，李纯，等. 2023. 基于人工智能的高能物理大数据技术与应用[J]. 数据与计算发展前沿，5（2）：50-59.

施一，李姜元鸿，王更生，等. 2021. 构建基础研究资助导航系统平台，推动技术创新支撑现代产业体系发展[J]. 中国科学院院刊，36（5）：573-579.

宋立荣，刘春晓，张薇. 2014. 我国大型科学仪器资源开放共享建设中问题及对策思考[J]. 情报杂志，33（11）：1-6, 13.

徐健，李西宁，李卫平，等. 2013. 飞机数字化柔性装配工装评价模型构建及应用研究[J]. 机械科学与技术，32（11）：1595-1599.

晏文隽，陈辰，冷奥琳. 2022. 数字赋能创新链提升企业科技成果转化效能的机制研究[J]. 西安交通大学学报（社会科学版），42（4）：51-60.

杨善林，李霄剑，张强，等. 2023. 人工智能与管理变革[J]. 中国管理科学，31（6）：1-11.

杨小康，许岩岩，陈露，等. 2024. AI for Science：智能化科学设施变革基础研究[J]. 中国科学院院刊，39（1）：59-69.

张智雄，钱力，谢靖，等. 2023. ChatGPT 对科学研究和文献情报工作的影响[R]. 北京：国家科技图书文献中心.

周瑜，刘春成. 2018. 雄安新区建设数字孪生城市的逻辑与创新[J]. 城市发展研究，25（10）：60-67.

庄存波，刘检华，熊辉，等. 2017. 产品数字孪生体的内涵、体系结构及其发展趋势[J]. 计算机集成制造系统，23（4）：753-768.

庄旭东，王仁曾. 2021. 数字金融能促进产业创新成果转化吗[J]. 现代经济探讨，（6）：58-67.

Abbott B P，Abbott R，Abbott T D，et al. 2016. Observation of gravitational waves from a binary black hole merger[J]. Physical Review Letters，116（6）：061102.

Bagal V，Aggarwal R，Vinod P K，et al. 2022. MolGPT：molecular generation using a transformer-decoder model[J]. Journal of Chemical Information and Modeling，62（9）：2064-2076.

Bai Y，Jia R X，Yang J J. 2023. Web of power：how elite networks shaped war and politics in China[J]. The Quarterly Journal of Economics，138（2）：1067-1108.

Beck S，Brasseur T M，Poetz M，et al. 2022. Crowdsourcing research questions in science[J]. Research Policy，51（4）：104491.

Bell G，Hey T，Szalay A. 2009. Beyond the data deluge[J]. Science，323（5919）：1297-1298.

Bell S. 2009. Experimental design[C]. International Encyclopedia of Human Geography. Amsterdam：Elsevier.

Bharadwaj A，University E，El Sawy O A，et al. 2013. Digital business strategy：toward a next generation of insights[J]. MIS Quarterly，37（2）：471-482.

Bianchini S，Müller M，Pelletier P. 2022. Artificial intelligence in science：an emerging general method of invention[J]. Research Policy，51（10）：104604.

Bogers M，West J. 2012. Managing distributed innovation：strategic utilization of open and user innovation[J]. Creativity and Innovation Management，21（1）：61-75.

Boudreau K. 2010. Open platform strategies and innovation：granting access vs. devolving control[J]. Management Science，56（10）：1849-1872.

Bruns A. 2008. Blogs，Wikipedia，Second Life，and Beyond：From Production to Produsage[M]. New York：Peter Lang.

Burger B，Maffettone P M，Gusev V V，et al. 2020. A mobile robotic chemist[J].

Nature，583（7815）：237-241.

Carley S F，Newman N C，Porter A L，et al. 2018. An indicator of technical emergence[J]. Scientometrics，115：35-49.

Chin R. 2011. Adaptive and Flexible Clinical Trials[M]. Boca Raton：CRC Press.

Chubb J，Cowling P，Reed D. 2022. Speeding up to keep up：exploring the use of AI in the research process[J]. AI & SOCIETY，37（4）：1439-1457.

Cockburn I M，Henderson R，Stern S. 2019. The impact of artificial intelligence on innovation：an exploratory analysis[C]. The Economics of Artificial Intelligence：an Agenda. Chicago：University of Chicago Press.

Cox M T. 2013. Goal-driven autonomy and question-based problem recognition[C]// Abbass H，Scholz J，Reid D. Foundations of Trusted Autonomy. West Berlin：Springer Publishing Company：29-45.

Dong Y，Ma H，Shen Z，et al. 2017. A century of science：globalization of scientific collaborations，citations，and innovations[C]. Kdd'17：Proceedings of the 23rd ACM SIGKDD International Conference on Knowledge Discovery and Data Mining. New York：Assoc Computing Machinery.

Fawzi A，Balog M，Huang A，et al. 2022. Discovering faster matrix multiplication algorithms with reinforcement learning[J]. Nature，610（7930）：47-53.

Fernandez-Villaverde J，Koyama M，Lin Y，et al. 2023. The fractured-land hypothesis[J]. The Quarterly Journal of Economics，138（2）：1173-1231.

Garcia-Silva A，Gomez-Perez J M，Palma R，et al. 2019. Enabling FAIR research in Earth Science through research objects[J]. Future Generation Computer Systems，98：550-564.

Gewin V. 2016. Data sharing：an open mind on open data[J]. Nature，529（7584）：117-119.

Granovetter M S. 1973. The strength of weak ties[J]. American Journal of Sociology，78（6）：1360-1380.

Groves T. 2009. Managing UK research data for future use[J]. BMJ，338：b1252.

Hafner C A. 2018. Genre innovation and multimodal expression in scholarly communication：video methods articles in experimental biology[J]. Ibérica，36：15-42.

Head K，Li Y A，Minondo A. 2019. Geography，ties，and knowledge flows: evidence from citations in mathematics[J]. The Review of Economics and Statistics，101（4）: 713-727.

Hofner B，Schmid M，Edler L. 2016. Reproducible research in statistics: a review and guidelines for the Biometrical Journal[J]. Biometrical Journal，58（2）: 416-427.

Huang K X，Fu T F，Gao W H，et al. 2022. Artificial intelligence foundation for therapeutic science[J]. Nature Chemical Biology，18（10）: 1033-1036.

Jumper J，Evans R，Pritzel A，et al. 2021. Highly accurate protein structure prediction with AlphaFold[J]. Nature，596（7873）: 583-589.

Kajikawa Y，Yoshikawa J，Takeda Y，et al. 2008. Tracking emerging technologies in energy research: toward a roadmap for sustainable energy[J]. Technological Forecasting and Social Change，75（6）: 771-782.

Kanarik K J，Osowiecki W T，Lu Y，et al. 2023. Human-machine collaboration for improving semiconductor process development[J]. Nature，616（7958）: 707-711.

Kearse M，Moir R，Wilson A，et al. 2012. Geneious basic: an integrated and extendable desktop software platform for the organization and analysis of sequence data[J]. Bioinformatics，28（12）: 1647-1649.

Korinek A. 2023. Language models and cognitive automation for economic research[R]. Cambridge: National Bureau of Economic Research.

Kuhn T S. 1996. The Structure of Scientific Revolutions[M]. 3rd ed. Chicago: University of Chicago Press.

Kupper F，Moreno-Castro C，Fornetti A. 2021. Rethinking science communication in a changing landscape[J]. Journal of Science Communication，20（3）: E.

LeCun Y，Bengio Y，Hinton G. 2015. Deep learning[J]. Nature，521（7553）: 436-444.

Leeming J. 2021. How AI is helping the natural sciences[J]. Nature，598（7880）: S5-S7.

Lei H A，Wu L，Weinan E. 2020. Machine-learning-based non-Newtonian fluid model with molecular fidelity[J]. Physical Review E，102（4）: 043309.

Lenart-Gansiniec R，Czakon W，Sułkowski Ł，et al. 2023. Understanding crowdsourcing in science[J]. Review of Managerial Science，17: 2797-2830.

Li G R，Chen X P，Zhou F H，et al. 2021. Self-powered soft robot in the Mariana

Trench[J]. Nature，591（7848）：66-71.

Li H C，Yu C，Xia J J，et al. 2019. A model output machine learning method for grid temperature forecasts in the Beijing area[J]. Advances in Atmospheric Sciences，36：1156-1170.

Li J H，Huang W L. 2019. Paradigm shift in science with tackling global challenges[J]. National Science Review，6（6）：1091-1093.

Lin Y K，Maruping L M. 2022. Open source collaboration in digital entrepreneurship[J]. Organization Science，33（1）：212-230.

Liu W W，Tao Y，Bi K X. 2022. Capturing information on global knowledge flows from patent transfers：an empirical study using USPTO patents[J]. Research Policy，51（5）：104509.

Lopez G P，Montresor A，Epema D，et al. 2015. Edge-centric computing：vision and challenges[J]. ACM SIGCOMM Computer Communication Review，45（5）：37-42.

Lowry P B，Cao J W，Everard A. 2011. Privacy concerns versus desire for interpersonal awareness in driving the use of self-disclosure technologies：the case of instant messaging in two cultures[J]. Journal of Management Information Systems，27（4）：163-200.

Luo J，van de Ven A H，Jing R T，et al. 2018. Transitioning from a hierarchical product organization to an open platform organization：a Chinese case study[J]. Journal of Organization Design，7（1）：1.

Lusch R F，Nambisan S. 2015. Service innovation：a service-dominant logic perspective[J]. MIS Quarterly，39（1）：155-176.

Mazzocchi F. 2015. Could Big Data be the end of theory in science? A few remarks on the epistemology of data-driven science[J]. EMBO Reports，16（10）：1250-1255.

McNeese N J，Demir M，Cooke N J，et al. 2018. Teaming with a synthetic teammate：insights into human-autonomy teaming[J]. Human Factors，60（2）：262-273.

Mehr S H M，Craven M，Leonov A I，et al. 2020. A universal system for digitization and automatic execution of the chemical synthesis literature[J]. Science，370（6512）：101-108.

Milham M P，Craddock R C，Son J J，et al. 2018. Assessment of the impact of shared

brain imaging data on the scientific literature[J]. Nature Communications, 9 (1):
2818.

Munafò M R, Nosek B A, Bishop D V M, et al. 2017. A manifesto for reproducible
science[J]. Nature Human Behaviour, 1: 0021.

Nambisan S, Lyytinen K, Majchrzak A, et al. 2017. Digital innovation management:
reinventing innovation management research in a digital world[J]. MIS Quarterly,
41 (1): 223-238.

OECD. 2015. Data-driven innovation: big data for growth and well-being[R]. Paris:
OECD Publishing.

OECD. 2019. Digital innovation: seizing policy opportunities[R]. Paris: OECD Publishing.

OECD. 2020. The digitalisation of science, technology and innovation: key developments
and policies[R]. Paris: OECD Publishing.

OECD. 2023. Artificial intelligence in science: challenges, opportunities and the future
of research[R]. Paris: OECD Publishing.

Offer-Westort M, Coppock A, Green D P. 2021. Adaptive experimental design:
prospects and applications in political science[J]. American Journal of Political
Science, 65 (4): 826-844.

Pallmann P, Bedding A W, Choodari-Oskooei B, et al. 2018. Adaptive designs in
clinical trials: why use them, and how to run and report them[J]. BMC Medicine,
16 (1): 29.

Papatheodorou S I, Trikalinos T A, Ioannidis J P A. 2008. Inflated numbers of authors
over time have not been just due to increasing research complexity[J]. Journal of
Clinical Epidemiology, 61 (6): 546-551.

Pividori M, Greene C S. 2023. A publishing infrastructure for AI-assisted academic
authoring[J]. BioRxiv, PMID: 36747665.

Popper K. 2002. The Logic of Scientific Discovery[M]. 2nd ed. London: Routledge.

Rajkumar K, Saint-Jacques G, Bojinov I, et al. 2022. A causal test of the strength of
weak ties[J]. Science, 377 (6612): 1304-1310.

Reichstein M, Camps-Valls G, Stevens B, et al. 2019. Deep learning and process
understanding for data-driven Earth system science[J]. Nature, 566 (7743):
195-204.

Romer P M. 1990. Endogenous technological change[J]. Journal of Political Economy，98（5）：S71-S102.

Rosenberg N. 1992. Scientific instrumentation and university research[J]. Research Policy，21（4）：381-390.

Sanchez H D，Huertas-Company M，Bernardi M，et al. 2019. Transfer learning for galaxy morphology from one survey to another[J]. Monthly Notices of the Royal Astronomical Society，484（1）：93-100.

Schneider P，Walters W P，Plowright A T，et al. 2020. Rethinking drug design in the artificial intelligence era[J]. Nature Reviews Drug Discovery，19（5）：353-364.

Seeber I，Bittner E，Briggs R O，et al. 2020. Machines as teammates：a research agenda on AI in team collaboration[J]. Information & Management，57（2）：103174.

Silva V J，Bonacelli M B M，Pacheco C A. 2022. Framing the effects of machine learning on science[J]. AI & SOCIETY：1-17.

Small H，Boyack K W，Klavans R. 2014. Identifying emerging topics in science and technology[J]. Research Policy，43（8）：1450-1467.

Stodden V，Bailey D，Borwein J，et al. 2013. Setting the Default to reproducible reproducibility in computational and experimental mathematics[EB/OL]. https://www.davidhbailey.com/dhbpapers/icerm-report.pdf[2023-10-21].

Towns J，Cockerill T，Dahan M，et al. 2014. XSEDE：accelerating scientific discovery[J]. Computing in Science & Engineering，16（5）：62-74.

Tsatsou P. 2016. Digital technologies in the research process：lessons from the digital research community in the UK[J]. Computers in Human Behavior，61：597-608.

van der Wouden F，Youn H. 2023. The impact of geographical distance on learning through collaboration[J]. Research Policy，52（2）：104698.

van Noorden R. 2012. Global mobility：science on the move[J]. Nature，490（7420）：326-329.

Wagner C S，Whetsell T A，Leydesdorff L. 2017. Growth of international collaboration in science：revisiting six specialties[J]. Scientometrics，110（3）：1633-1652.

Wang H C，Fu T F，Du Y Q，et al. 2023. Scientific discovery in the age of artificial intelligence[J]. Nature，620（7972）：47-60.

Wang Y L，Huang M C. 2023. Human-AI team halves cost of designing step in microchip fabrication[J]. Nature，616（7958）：667-668.

Weinan E. 2021. The dawning of a new era in applied mathematics[J]. Notices of the American Mathematical Society，68（4）：565-571.

Weitkamp E，Milani E，Ridgway A，et al. 2021. Exploring the digital media ecology：insights from a study of healthy diets and climate change communication on digital and social media[J]. Journal of Science Communication，20（3）：A02.

Yang X Y，Wallom D，Waddington S，et al. 2014. Cloud computing in e-science：research challenges and opportunities[J]. The Journal of Supercomputing，70（1）：408-464.

Yeow A，Soh C，Hansen R N. 2018. Aligning with new digital strategy：a dynamic capabilities approach[J]. The Journal of Strategic Information Systems，27（1）：43-58.

Yuan S，Shao Z，Wei X X，et al. 2020. Science behind AI：the evolution of trend，mobility，and collaboration[J]. Scientometrics，124（2）：993-1013.

Zhang X，Wang L，Helwig J，et al. 2023. Artificial intelligence for science in quantum，atomistic，and continuum systems[EB/OL]. https://www.researchgate.net/publication/372415953_Artificial_Intelligence_for_Science_in_Quantum_Atomistic_and_Continuum_Systems[2023-10-23].

Zhang Y，Chen K H. 2022. Network growth dynamics：the simultaneous interaction between network positions and research performance of collaborative organisations[J]. Technovation，115：102538.

Zheng P K，Zubatyuk R，Wu W，et al. 2021. Artificial intelligence-enhanced quantum chemical method with broad applicability [J]. Nature Communications，12：7022.

Zhu L S，Zheng W J. 2018. Informatics，data science，and artificial intelligence[J]. JAMA，320（11）：1103-1104.

Zhu Q，Zhang F，Huang Y，et al. 2022. An all-round AI-Chemist with a scientific mind[J]. National Science Review，9（10）：nwac190.

第8章 数字化转型塑造新型创新治理模式

愈加庞杂的国家创新体系的有效治理迫切需要借助现代科学的方法和手段来支撑，国家创新治理的数字化转型是实现国家创新治理能力现代化、推动创新型国家建设的有效选择。数字化转型已经使得知识产生、扩散和应用发生了根本性改变（陈凯华等，2020；Yang et al.，2016）。熊彼特的创新理论强调要素的新组合，而数字化转型势必改善优化创新要素组合方式、加快要素组合速度以及提高要素组合质量和效率，有助于创新发展生态系统的形成，有助于拓展创新发展的新方向，有助于实现高质量和高效率的创新发展。党的二十大报告指出，到2035年，"基本实现国家治理体系和治理能力现代化"[①]。习近平总书记在中央政治局就实施国家大数据战略进行第二次集体学习时的重要讲话中也强调"要运用大数据提升国家治理现代化水平"[②]。创新治理体系是国家治理体系的有机组成部分，要实现国家治理体系现代化，必然要求创新治理体系的现代化。

创新治理的数字化转型是推进创新型国家建设的重要辅助，是支撑创新发展政策与管理体系的重要举措。加快推进国家创新治理的数字化转型，尽快实现国家创新治理能力现代化，迫切需要系统认识大数据在创新管理与治理能力提升中的作用，以及研究如何促进创新治理的数字化转型。目前，基于大数据的决策、政策和战略研究与实践越来越为欧美国家所倡导（Bruns and Kalthaus，2020；Sanderson，2002），而我国

---

① 《习近平：高举中国特色社会主义伟大旗帜 为全面建设社会主义现代化国家而团结奋斗——在中国共产党第二十次全国代表大会上的报告》，https://www.gov.cn/xinwen/2022-10/25/content_5721685.htm[2023-12-08]。

② 《习近平主持中共中央政治局第二次集体学习并讲话》，https://www.gov.cn/xinwen/2017-12/09/content_5245520.htm[2024-01-05]。

政府部门、相关智库以及学术共同体对创新治理数字化转型的重要性和紧迫性的认识仍需要提升。在人工智能和网络技术支撑下，创新治理的数字化转型步伐必然加速，迫切需要研究如何利用创新大数据的发展趋势，适应和推动创新治理的数字化转型，从而提高国家创新治理能力。

8.1　创新大数据与创新治理效能

8.1.1　创新大数据助力数字化转型

创新大数据是指创新活动全过程中产生的信息以及创新体系各要素间的相关关系构成的多元异构大规模数据。随着创新活动如科学研究、产品研发、成果转化等不断增强，创新大数据的规模也在不断攀升，并呈现动态增量特性，如科技投入数据、科技成果数据、科技过程数据、科技规划与管理数据等呈激增趋势（OECD，2018a）。以科技成果数据为例，截至 2024 年 4 月 11 日，Web of Science Core Collection 收录的带有全文链接的开放访问文献记录已近 2 亿条，文献引用信息更是达到 19 亿条，德温特世界专利索引收录的专利族信息也已达到 6200 万条。此外，科技大数据可能更多地呈现于科学研究过程中，如 2017 年 10 月欧洲航天局发射的"哨兵-5P"卫星每天获取的空气污染物及气体的观测数据就达到近 2000 万条。作为大数据的一个分支，创新大数据正在成为创新的新型驱动力，引起世界各国的高度重视。美国的"从大数据到知识"（Big Data to Knowledge，BD2K）计划、欧洲"地平线 2020"计划的"数据驱动型创新"课题等，均聚焦于利用海量且复杂的创新大数据，推动知识生产与创新（郭华东，2018）。ChatGPT 等生成式大模型带来的人工智能革命更是全面展现了海量规模大数据的强大应用潜力。对创新大数据的充分利用与价值挖掘将是抢占未来科技创新竞争制高点的关键。然而，尽管不同类型的创新大数据都呈现出了猛烈的增势，但其增长速度在不同领域则表现出不均匀的现象，据 OECD 2018 年的一项研究指出，科技成果大数据的披露和公开程度远远要高于科技过程数据的公开程度，92%的欧洲高校拥有针对发表成果的公开政策，而只有28%的高校具有针对科研过程数据公开获取的指导方针（OECD，2018a）。

在科技进步与社会发展不断推进的当下，创新大数据已在创新治理中扮演越来越重要的角色，其衔接了创新活动的各个阶段，将科技的发展信息化、透明化、可视化，为我国创新治理的数字化转型奠定了坚实的基础。然而，随着数据的规模越来越大，结构也越来越复杂，对数据深入分析与挖掘的要求也越来越高，使得国家创新治理的规模进一步扩大、成本进一步增加，成为创新型国家建设面临的重要挑战之一。

8.1.2　创新治理效能迫切需要提升

创新治理效能是衡量创新治理结果的尺度，是集合效率、效果、效益的综合指标。如今，世界格局正处于深度调整过程中，如面对中国企业的崛起，美国对华实施高技术遏制，并在经济、科技、投资等多领域采取了一系列限制措施。创新全球化程度日益加深，科技创新活动日趋复杂，涉及利益影响范围也逐渐扩大，而在数字化转型背景下，科技创新更是越来越依赖大量、系统、高可信度的科学数据。面对该背景下国家发展的迫切性，我国创新治理难度与日俱增，而我国目前现有的创新治理效能受到多种因素的制约（柳玉梅等，2023），难以达到建设创新型国家的要求。

一方面，管理制度限制了我国现有创新体系主体间有效的资源流通与共享（陈凯华和蔺洁，2021）。有限的创新资源分布在不同的区域、机构、部门间，然而其管理制度着重满足本身的利益和发展需要，使得科技资源得不到有效统筹，资源配置效率不高（Li et al.，2017），甚至在不同单位、不同地区、不同系统都出现了科技资源的重复配置和资源短缺并存的现象，导致创新治理效能较低。随着科技大数据的爆炸式增长与信息技术的飞速发展，数据的开放和流动、使用和共享日益便捷，通过创新治理的数字化转型，可以改善管理制度以达到部门间的协调统一（Meiyanti et al.，2018）。另一方面，治理手段的不足也是制约我国创新治理效能提升的重要因素之一，其影响创新治理全过程的方方面面。我国区域创新发展水平不均衡、城市创新能力存在长期发展差异，复杂的创新环境为创新治理带来了巨大压力，在此背景下，单一的治理工具难以满足我国创新治理的多样化需求，创新治理的数字化转型借助蓬勃发展的大数据技术，可以推动我国创新治理手段多样化，满足我国复杂的创新治理需求。因此，为进一步提升国家创新治理效能，创新治理数字化转型时不我待。

8.2　数字化转型背景下创新治理体系框架

8.2.1　数字化转型背景下创新治理体系的发展机遇

数字化转型背景下，创新治理体系面临着主体多元化和协同化的发展趋势，强调政府、市场、社会等多元主体的归位、复位与在位，多元主体以其自身具有的优势、资源参与创新发展与管理，形成多方力量在动态协作中的相互信赖、稳定的协同关系。然而，这一发展趋势对创新治理体系提出了更高的要求。

一是提升创新治理体系及时性和前瞻性。大数据等信息技术使得预防与预警系统渐趋科学与完备，为超时空预测和研判事态发展提供了可能（许欢等，2021）。因此，创新治理体系在应对问题的及时性与前瞻性时强调，要求创新治理体系在面对突发或潜在治理问题时能及时做好准备并应对自如，甚至能将其化解于"未发"。及时性与前瞻性必然成为数字时代反映创新治理体系有效性的重要显性指标。

二是提升创新治理体系作用实施的精准性。数字化转型为政策主体通过大数据对海量个体信息进行汇聚、甄别和深度分析提供了可能（Chen et al.，2012；Wamba et al.，2015；Wang et al.，2018）。这同时要求了创新治理体系对于数字科技的高度理解与充分应用（Haefner et al.，2021；OECD，2018b），使其有能力实现对具体政策问题与管理问题的精准把控，做到资源的精准测量和匹配，并在政策实施过程中进行全程跟踪。

三是提升创新治理体系的复杂性与秩序性。数字转型背景下，所有与创新有关的政策领域，数字化都已成为重要的新主题，数据本身也成为一个政策领域（OECD，2020），这使得创新治理体系内容更加复杂，加之数字时代更为复杂的跨组织、跨部门的数据融合和业务互联，创新治理体系面临突出的复杂性挑战。相应地，复杂性进一步使得既定治理体系难以有效实现全方位管控，而事无巨细地制定规则又可能限制发展空间。正如习近平强调："既要提倡自由，也要保持秩序"[①]（上官莉娜，2022）。对此，创新治理体系需要在数字化背景下平衡其复杂性与秩序性，在合法合规的范围内最大限度开展治理创新。

8.2.2　数字化转型背景下创新治理体系的主要变革

数字化转型对于创新治理体系的及时性与前瞻性、精准性、复杂性与秩序性均提出了更高的要求，更需要其能根据创新发展与管理全过程的不同需求制定针对性的政策。可见，数字化转型带来了全方位的改变，这些改变会在不同程度上影响整个创新治理体系，并推动其变革。

一是创新治理体系将更加完善。一方面，数字化转型为更细粒度和更及时的数据分析提供了新机会（雷晓康和张田，2021），为创新治理体系提供了坚实的技术支撑。另一方面，创新治理体系将可以利用互联网技术，连接不同主体、组织、部门、机构，为创新管理与创新政策提供更大的背景，支撑形成创新系统层面更综合的跨机构/部门政策设计。

---

①《习近平在第二届世界互联网大会开幕式上的讲话（全文）》，https://www.gov.cn/xinwen/2015-12/16/content_5024712.htm[2023-10-30]。

二是创新治理体系将更具系统性。创新体系的系统性在数字时代更为突出，有效的创新治理体系需要综合各种政策组合、管理手段，以应对数字化转型所带来的各种变化。在这一新体系下，政策目标将不应只针对单一的政策问题，而是需要考虑数字化背景下创新活动更加突出的系统性问题（OECD，2020），不仅需要将不同的政策目标纳入政策设计过程，还需要衡量不同政策组合与管理手段之间的协同，制定平衡和良好协调的政策组合，并协调创新政策与其他政策领域（如研究、教育、竞争、税收）之间的一致性，形成系统性的框架（OECD，2019）。

三是创新治理体系将更具包容性。建立多利益相关者参与机制是克服数字化转型阻力的关键因素之一（OECD，2019）。创新治理体系将可以向公众开放，提供有关创新管理与创新政策的具体问题的详细信息，如通过交互式数据可视化，有助于与利益攸关方就政策选项进行辩论。这种基于数字科技的开放，可以提高创新治理体系的透明度，增强创新治理体系多元主体的参与权能，创建共同和全面的发展愿景。

8.2.3　数字化转型背景下创新治理体系的核心构成

在数字化转型背景下，面临全新的挑战与变革，需要重构国家创新治理体系。这一体系将充分嵌入来源于不同数据库的输入数据源，形成标准的、统一化、可再利用的数据循环，并借助数字科技与数据基础设施的支撑，通过多元主体参与治理，实现共同设计、共同创造、共同治理，实现多类创新治理与管理功能。基于此，本章构建了数字化转型背景下创新治理体系的概念框架（图 8-1），其主要核心构成主要分为数据资源、多元主体、数字基础设施三部分，通过三者之间的良性互动循环，支撑最终整体功能实现。

数据资源嵌入。在数字化背景下创新治理体系中循环流动的基础数据资源主要来源于与创新相关的所有组织，不仅包括专有的文献计量和专利数据库，还包括一些附加的涉及创新全流程的外部数据库，通过集

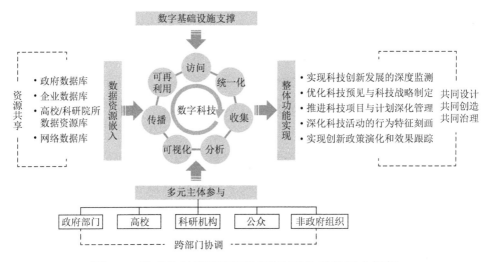

图 8-1　数字化转型背景下创新治理体系的概念框架

成共享，形成和提供创新活动全面数据分析的基础资源。另外，数字化转型的复杂性需要增强政策制定者对数字资源与数字科技的理解与应用，帮助及时识别机会、威胁或漏洞。

多元主体参与。创新活动具有高度的普遍性，并涉及大量利益攸关方（OECD，2020）。大数据时代，创新治理体系开放性、协同性不断提高，新一代信息技术大规模应用使得创新治理多元主体之间呈现出高连通和多连接状态（蔡跃洲，2021）。传统上被边缘化的社会群体也可以通过多种渠道参与政策制定过程，从而作出更合法的决策和有效的实施（Manoharan et al.，2023）。同时，这一多元主体参与特征可以进一步增强科技创新治理体系的协调联动机制（贾永飞，2019），提高治理效率（Tiwari，2022），支撑实现创新治理体系整体功能。

数字基础设施支撑。数字基础设施是数字化转型背景下创新治理体系的基础，从形式上是指"共享的、无界的、异质的、开放的以及演进的社会技术系统，包含多样性数字技术能力和用户的安装基础、运行和设计社区"（刘洋等，2020；Tilson et al.，2010）。数字基础设施的建设可以增加数据资源的范围、粒度、可验证性、可沟通性、灵活性，并通过提高整体体系的统一性与互操作性（Hansson et al.，2015），实现创新大数据的互通互联、资源共享，更使多元主体之间的跨部门协调成为可能。

整体功能实现。数字化转型背景下形成的集成的、可互操作的创新治理体系可以应对数字化转型背景下带来的多重挑战，不仅可以降低创新管理与创新治理的整体成本，其集成性、互操作性等还支撑了更快、更便捷和更准确的数据匹配，在多元主体的跨部门协调过程中，形成共同设计、共同创造、共同治理的模式，产生更及时和更精准的策略，提升对整个体系的系统性把握，改善创新政策之间的协调性（Allen et al.，2020），推动整体功能实现。

可见，创新治理深入到了创新活动的每一个细节，是全过程、多维度、跨层次的治理，强调在创新过程中各创新主体与创新要素的参与、互动与协同，需要形成系统性的创新治理体系以推动创新治理效能提升。由此，后文结合对数字化背景下创新治理体系的思考，对大数据如何应用于国家创新治理以及如何推动国家创新治理数字化转型进行详尽的分析与阐述（图 8-2）。

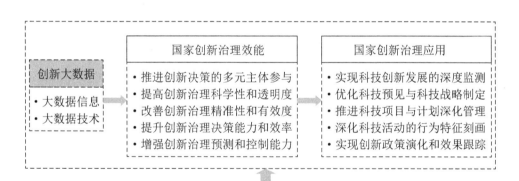

图 8-2　大数据应用于国家创新治理的逻辑框架图

8.3 数字化转型推动国家创新治理提质增效

8.3.1 推进创新决策的多元主体参与

国家创新治理依赖多元化主体的参与式和协商式管理,而不是单一主体的主导管理。当前我国常用的科技创新管理思维、手段和模式很难做到多元主体的广泛参与,大数据技术和平台的发展使之成为可能。大数据改变了公共行政的决策思维、范式和方法(McNeely and Hahm,2014),为民主决策奠定了更有效的基础(OECD,2018b;Dawes,2008),实现了从行政主导到以人为本的服务型政府,有效地适应了我国大众创业、万众创新的现实需要。数字转型背景下,利益相关者之间有意识的直接协同与无意识的间接协同均得到增强(Bresciani et al.,2021)。在新兴媒体的带动下,如微信、微博等开放交流平台的发展,各类社会机构包括企业、社团、公民等均能及时了解和反馈科技创新发展动态(Androutsopoulou et al.,2019),为促进、监督和支撑科技创新决策制定者了解问题和解决问题提供了广泛的、多层次的、多元化的信息(赵云辉等,2019),使得动态均衡的多元主体参与的决策评估机制成为可能。

8.3.2 提高创新治理的科学性和透明度

大数据对政府创新治理的影响其核心在于运用大数据理念和思维创新决策机制,实现数据驱动创新治理。利用大数据技术可以获取公开的多层次、多主体、多渠道的各类科技创新数据,从中提取有用信息,进而借助先进的智能决策方法形成创新治理方案的可靠支撑。大数据的应用有效地保证了政府决策是基于证据的事实,而不是基于意识形态,也不是利益集团施加的影响。政府创新治理过程中应用大数据等数字科技的直接价值在于提高治理方法的精细化和治理的科学性(Charalabidis and Lachana,2020)。现代公共治理强调的是公开与协调,通过大数据的支持，使得更多的公众对国家治理理念、过程和趋向有了充分的认识，更加容易达成共识（Manoharan et al.，2023；Moon，2002）。大数据的应用可以提高科技创新政策及其制定过程的透明度，如区块链技术可以使数据访问过程民主化、透明化（Ølnes et al.，2017），从而提高社会的知情权，降低政策信息的不对称性（赵云辉等，2019），符合现代公共治理的趋势。

8.3.3　改善创新治理精准性和有效度

国家创新治理质量在于治理的有效性，可通过大数据技术的支撑获得，为政府决策提供更可靠的依据（Flyverbom et al.，2019），实现科技创新问题的"精准治理"。把大数据技术与思维运用到政府创新治理与管理中，不但能够为政府科学决策提供依据，同时可以跟踪和评价决策的实施效果，使决策更加精准（唐斯斯和刘叶婷，2014）。用大数据来说话，避免人为因素和片面数据造成的决策失误，实现从拍脑袋决策到基于大数据的科学决策的重要转变。大数据驱动的决策过程能够极大改善决策质量（李锋，2018），基于大数据的国家创新治理能够更好地破解现实创新治理面临的各种问题与困惑，更全面、更快捷地反映现实世界对国家创新治理体系的新需求，更准确地把握未来国家创新治理的新挑战和发展趋势，从而使国家创新治理更具针对性和现实意义。在政府决策前可以利用大数据实现对特定治理问题的建模与分析，多维度预测政策效果，预测结果可作为政府决策支撑，从而提高政府决策的准确性。

8.3.4　提升创新治理决策能力和效率

基于大数据的技术与平台可以推动科技创新数据在不同部门、行业、主体间的流通与共享，实现信息的即时分析利用，有助于政府创新治理决策的迅速反应，从而提升其效率。对数据的全面、即时的掌控能力成为领导干部快速决策的法宝。大数据技术同时提供了大规模科技创新数据快速收集、分析和利用数据的能力（Valle-Cruz et al.，2020），借助计算机和互联网技术使政务扁平化、智能化（姜晓萍和焦艳，2015），将大大提高政府的科技创新决策能力和效率。借助基于大数据的社会行为分析，辅以多样化的渠道和平台，科技创新决策主体能够及时启动政策的决策议程，迅速对政策问题作出响应。基于此，政府可以在第一时间明确亟须解决的科技创新问题，对有限的资源进行合理有效的配置（Paunov et al.，2019），以扭转原有政策决策滞后的难题，充分提升政府决策前瞻性，进一步提高决策效率。

8.3.5　增强创新治理预测和控制能力

大数据的应用使创新治理模式更具有前瞻性和主动性（许欢等，2021），是国家科技安全日益重要背景下的有效选择。传统的事后诸葛亮决策模式已经难以适应复杂的、不确定的科技创新决策环境，大数据为"事先预测"的决策模式提供了坚实的技术基础和多方面的证据支撑，大大提高了科技创新治理的应对能力和风险控制能力（陈潭，2015），同时可结合人工智能技术提升大数据对科技创新治理的支撑能力和效率，增强决策和预测（Meijer，2018；van der Voort et al.，2019）。借助大数据广泛的信息来源，强大的归纳演绎能力，精准的模拟预测技术，实现对科技创新治理存在的问题提前捕捉并提前研究与制定应对措施，为前瞻布局、抢占科技创新发展战略的制高点提供有利的支撑，准确捕捉政策"机会之窗"的时机，提高国家科技安全。

8.4　数字化转型推动国家创新治理多方应用

8.4.1　实现科技创新发展的深度监测

通过构建科技创新发展监测平台，一方面，可利用大数据技术实时监测重点领域的科技进展并进行智能分析，实现对科技发展布局与动态的全景式跟踪，另一方面，可以对国外重要科技发展态势进行实时预警，为及时全面了解国际科技进展提供途径。此外，还可以通过大数据技术实时监测我国科技创新治理环境与科技创新的发展环境，包括科研人员的工作环境、企业科技发展的环境等，从而扩展传统科技评价内涵。另外，还可以整合人工智能技术，应用于对科技创新发展态势与环境变化的智能分析，有助于决策者及时有效地掌握其特征与规律，并及时制定应对措施，将低价值数据优势转化为高价值的决策优势，继而转化为对科技创新发展的应急处置和导控优势（蔡立辉和杨欣翯，2015）。

8.4.2　优化科技预见与科技战略制定

依赖专家预判科技发展以支撑科技战略制定成为决策者惯用的方法，但是无法全面地、客观地把握科技发展情况。在数字化转型背景下，通过对愈加丰富的创新大数据进行分析，可弥补传统以专家主观判断为主的科技预见方法的不足，减少对知识经验不一定全面的专家判断的依赖。然而，大数据在便利科技信息分析的同时，也带来了许多信息"噪声"，为提取有用信息，可以借助大数据技术结合人工智能分析，用以辅助专家判断，充分实现专家与客观信息的互动（陈银娣和王三梅，2020），优化专家预判的准确性。更重要的是，通过数据挖掘与分析探索科技发展规律，可以为科技预见提供更科学的数据基础。将大数据技术融入科技预见，还能够对颠覆性技术和关键技术实现精准预判与识别。《中国先进能源 2035 技术预见》中明确提出可以充分发挥大数据和人工智能的支撑作用，改善技术预见在方法上迫切需要解决的质量和效率问题（中国科学院创新发展研究中心和中国先进能源技术预见研究组，2020）。此外，为提高操作性，还可以构建基于科技数据挖掘的数据分析平台，通过知识图谱和科技发展融合集成的数据挖掘方法，更好地利用大数据分析和信息可视化科技对科技战略进行研究。

8.4.3　推进科技项目与计划深化管理

大数据可以推进科技项目与计划的深化管理，支持从制约科技发展的封闭式管理到促进科技发展的开放式治理的转变。科技项目和计划管理是科技管理部门的一项重要任务，从项目的立项、执行、评估再到应用，其全过程早已与大数据相融合。传统的封闭式管理模式下主要依赖项目自身的信息，显然无法满足系统考虑项目相关的信息进行有效决策的需要。建立各部门、国内外科技项目数据共享和整合平台，通过大数据分析，借助科学计量的方法，开放的模式下支撑科技项目管理将会显著提高项目的有效管理（顾立平，2018），有效辅助项目管理者。此外，科技项目与计划的数字化开放管理模式可以有效地对科技成果质量进行监测与评估。通过数据的开放共享，不但可以优化科技项目和计划的管理水平，还可以深化对项目与计划实施过程中科研诚信问题的监控和处置。

8.4.4　深化科技活动的行为特征刻画

微观层面的科技创新活动分析是传统科技创新治理的难题。常采用主观性较强的调查或访谈方法来了解科技创新活动的行为特征，缺乏效率与科学性。大数据为微观层面科技创新活动行为特征刻画提供基础，机器学习等数字科技则为其刻画提供了途径，扩展了传统科技情报的功能。随着科技信息库或平台的使用，越来越多的科技记录和信息可以获得，为科技情报服务的理念、模式、方法和技术带来了崭新的机遇和挑战（刘如等，2015）。在不触犯法律的条件下，可以利用科研人员在网络平台（如微信和微博）、会议交流、文献下载和购买图书等记录，通过分析刻画科研人员的活动规律以及掌握科研人员关注的研究热点。同时，也可以利用规范的科技信息记录（如文献记录和专利记录）刻画科技创新主体科技活动特征以及科研人员之间和单位之间的合作模式，为人员和单位科技活动管理提供支撑。此外，在企业层面上，利用大数据技术可以根据科技信息记录刻画企业在每个细分科技领域的布局，从而支撑政府在产业政策和科研项目上的布局。

8.4.5　实现创新政策演化和效果跟踪

对创新政策的发展与效用进行评估是政府创新治理的基础，在创新体系愈加复杂的背景下，对创新政策的实施进行全面及时的跟踪十分关键，大数据作为一种重要的战略资源和治理手段，充分利用其对政策跟踪的动态监测并进行深入挖掘分析，辅以对世界主要科技强国的科技创新政策与战略的监测与分析，对科学制定新的科技创新政策与战略具有重要的支撑作用和参考价值。文本挖掘、网络分析、人工智能等技术有助于公共政策的设计和评估（Valle-Cruz，2019），在其基础上，可以通过对政策文本大数据的精细化分析，搭建科技创新政策资源平台与智能分析平台，改善政府在科技创新政策发展趋势分析（章刚勇，2018）、政策效果评估（王慧中等，2019）、未来态势预测等方面的效能。此外，还可以建立完善的、全过程的政策数据库，便于定期跟踪不同时期、地域甚至国别的科技创新政策差异，及时了解国外科技创新政策动向，为作出应对战略提供依据与支撑。

8.5　实现创新治理数字化转型的政策思考

8.5.1　转变政府创新治理理念和治理模式

大数据理念与思想为科学化的政府创新治理提供了新的思路，为建构现代化的国家创新治理体系带来了崭新活力（季乃礼和兰金奕，2020）。创新治理的数字化转型可能需要改变政府的工作模式，同时也面临着一系列的困难，其中包括如何冲破传统科技制度的限制，因此需要从根本上转变治理理念。传统的治理理念更多的是基于抽象分析方法进行局部"现实"分析，依据特定的样本数据，借助少部分信息进行分析，并推广至对大部分未知信息的预判（吴建树，2014），因此，要实现国家创新治理的数字化转型，推进大数据在创新治理中的应用，首先需要政府在决策、组织和工作的全流程中融入大数据理念和思维。政府决策者要意识到，大数据是一种思维方式，引导创新治理要以数字说话，而不是拍脑袋（杨冬梅，2015）。政府部门的创新治理要从被动的"业务驱动"转变为主动的"数据驱动"。在大数据时代，政府要接受并主动适应和利用大数据，摒弃可能片面的经验和直觉，抛弃拍脑袋式的对政策的主观思考，更多地依据科学的数据分析和证据作出决策。这是打破政府的信息垄断，实现信息公开和信息透明的基础。

8.5.2　打通部门间的多层级创新信息孤岛

部门之间信息缺乏共享严重制约了我国创新治理能力（翁列恩和李幼芸，2016）。我国国家创新体系复杂，在此背景下，打通部门间的科技创新信息孤岛，实现信息共享和联合治理成为大数据创新治理的基础。自2016年以来，我国先后出台《政务信息资源共享管理暂行办法》《政务信息系统整合共享实施方案》《国务院办公厅关于建立健全政务数据共享协调机制加快推进数据有序共享的意见》等政策文件，规定了各政务部门负责本部门与数据共享交换平台的联通，实施政务数据的开放与共享。现有研究发现，外部环境、跨部门关系、组织准备度、用户期望是显著影响跨部门信息共享程度的主要因素（Fan et al.，2014）。较之我国，国外政府已在数据开放共享的政策、法规建设等方面积累了不少经验，我国政府开放数据的程度落后于世界领先国家（黄雨婷和黄如花，2017），政府部门间的体制壁垒阻碍了数据开放和共享，使得各部门成为"信息孤岛"，数据资源难以跨部门流动，导致目前政府掌握的创新大数据大部分都处于割裂和休眠状态，大数据、人工智能等技术可以有效改善跨部门流通与合作的障碍（Mikhaylov et al.，2018）。为此，建议尽快出台科技创新信息公开共享办法和法律法规，实现对全国地方各级人民政府部门现有的数据信息资源的优化整合，在法律许可和确保信息安全的条件下，逐步建立政府与社会互动的大数据采集机制，研究建立国家科技创新信息资源开放平台。此外，为进一步促进政府部门间的信息共享，可以考虑将其纳入政府绩效考核。

8.5.3　建立多层次创新监测数据整合平台

整合创新大数据信息形成数据信息完备的平台，是实现创新治理数字化转型的基石，为充分利用大数据优势提供基础（徐晓林等，2018）。在已有的国家科技管理信息系统公共服务平台基础上，可以开启"大数据、物联网、云计算"三元互动的新模式，在国家层面成立全区域、多层次、多部门、多方面的科技创新信息（成果、项目、政策、文献等）平台与多元开放的科技管理创新平台，构建国家科技创新大数据仓库，制定科技数据搜集和使用管理办法，保证科学有效地收集与整合数据信息。此外，为支撑粤港澳、北京、上海等重点科技创新区域的发展，也迫切需要结合自身定位，建立开放的科技创新大数据平台，支撑区域科技创新发展。

8.5.4　推行和实施科技创新信息的公开化

大数据的价值在于共享和开放，科技资源的高效利用水平取决于科技资源信息的公开程度。2020 年 10 月发布的《中共中央关于制定国民经济和社会发展第十四个五年规划和二〇三五年远景目标的建议》明确指出要"构建国家科研论文和科技信息高端交流平台"，从而推动科技创新资源的开放共享与高效利用。科技创新数据的跟踪和信息的挖掘是个复杂的工作，通过科技创新信息的公开，可以充分调动与发挥社会的研究力量（如智库和研究机构）对数据进行科学分析、深入挖掘和综合利用，支撑政府的决策。因此，需要在国家层面鼓励科技创新信息开放，此外，在政府有序推进政府科技创新数据开放和社会化利用的同时，要明确制定科技数据使用办法，根据信息的涉密程度对不同的使用对象赋予不同的权限，防止重要科技信息外露。

8.5.5　建立完善的创新数据管理法规体系

完善和健全我国科技创新数据管理办法是打通科技创新数据的最后一堵墙。2018 年 1 月 23 日举行的中央全面深化改革领导小组第二次会议审议通过的《科学数据管理办法》已在科学数据的管理上迈出重要一步，但在政府数据开放工作落实方面，其强制约束力比较缺乏，未能够促使政府数据开放工作实现可持续快速发展（杨波丽，2019），仍需要从国家创新治理涉及的各个方面研究与制定更系统的、更完善的创新大数据管理法规（Wirtz and Müller，2019）。为此，建议尽快完善创新大数据管理法规体系的顶层设计，在促进共享并强调风险防范的前提下，应尽快从国家层面制定对创新大数据搜集、开放、使用的相关管理办法（鲍静等，2017），依法确定数据安全等级和开放条件，建立数据的开放共享与对外交流的安全审查机制，在保障数据安全的前提下为政府决策、公共安全、国防建设等方面提供有力支撑。此外，还应从法律层面完善对政府信息公开的相关规定，对信息公开的细节作进一步的明确规定。

本章参考文献

鲍静，张勇进，董占广. 2017. 我国政府数据开放管理若干基本问题研究[J]. 行政论坛，24（1）：25-32.

蔡立辉，杨欣翯. 2015. 大数据在社会舆情监测与决策制定中的应用研究[J]. 行政论坛，22（2）：1-10.

蔡跃洲.2021.中国共产党领导的科技创新治理及其数字化转型：数据驱动的新型举国体制构建完善视角[J].管理世界，37（8）：30-46.

陈凯华，冯泽，孙茜.2020.创新大数据、创新治理效能和数字化转型[J].研究与发展管理，32（6）：1-12.

陈凯华，蔺洁.2021.构建高效能科技治理体系的目标导向和重点任务[J].国家治理，（S5）：54-57.

陈潭.2015.作为提升国家治理效能的"大数据×"[J].华中科技大学学报（社会科学版），29（4）：7-8.

陈银娣，王三梅.2020.大数据时代装备科技信息研究系统探索：基于高端需求和信息挖掘技术的装备科技信息研究方法[J].情报理论与实践，43（4）：14-17.

顾立平.2018.科研模式变革中的数据管理服务：实现开放获取、开放数据、开放科学的途径[J].中国图书馆学报，44（6）：43-58.

郭华东.2018.科学大数据：国家大数据战略的基石[J].中国科学院院刊，33（8）：768-773.

黄雨婷，黄如花.2017.丹麦政府数据开放的政策法规保障及对我国的启示[J].图书与情报，（1）：27-36.

季乃礼，兰金奕.2020.大数据思维下政府治理理念转变的机遇、风险及应对[J].山东科技大学学报（社会科学版），22（2）：84-92.

贾永飞.2019-12-20.多主体共同参与，构建科技创新治理体系[N].科技日报.

姜晓萍，焦艳.2015.从"网格化管理"到"网格化治理"的内涵式提升[J].理论探讨，（6）：139-143.

雷晓康，张田.2021.数字化治理：公众参与社会治理精细化的政策路径研究[J].理论学刊，（3）：31-39.

李锋.2018.运用大数据提升国家治理现代化水平：以新时代人民对于美好生活需要的大数据分析为案例[J].电子政务，（5）：64-73.

刘如，吴晨生，李梦辉.2015.大数据时代科技情报工作的机遇与变革[J].情报理论与实践，38（6）：35-39.

刘洋，董久钰，魏江.2020.数字创新管理：理论框架与未来研究[J].管理世界，36（7）：198-217，219.

柳玉梅，陈灵芝，孙玉涛.2023.国家创新治理体系：发展水平、关键要素及适应性：

一项中国与 OECD 国家的比较[J/OL]. 科学学研究. DOI：10.16192/j.cnki.1003-2053.20230403.001.

上官莉娜. 2022. 数字时代政府治理能力现代化的实践进路[J]. 国家治理，（1）：25-29.

唐斯斯，刘叶婷. 2014. 以"数据治理"推动政府治理创新[J]. 中国发展观察，（5）：32-34.

王慧中，王红兵，樊永刚. 2019. 基于大数据分析的全面创新改革试验政策影响评估[J]. 科研管理，40（6）：43-54.

翁列恩，李幼芸. 2016. 政务大数据的开放与共享：条件、障碍与基本准则研究[J]. 经济社会体制比较，（2）：113-122.

吴建树. 2014-09-17. 大数据时代政府治理能力的提升[N]. 光明日报，（15）.

徐晓林，明承瀚，陈涛. 2018. 数字政府环境下政务服务数据共享研究[J]. 行政论坛，25（1）：50-59.

许欢，彭康珺，魏娜. 2021. 预测赋能决策：从传统模型到大数据的方案：新冠疫情趋势研判的启示[J]. 公共管理学报，18（4）：116-125，173.

杨波丽. 2019. 大数据环境下我国政府数据开放及应用研究[J]. 中国管理信息化，22（1）：156-157.

杨冬梅. 2015. 大数据时代政府智慧治理面临的挑战及对策研究[J]. 理论探讨，（2）：163-166.

章刚勇. 2018. 基于大数据的中国科技政策体系研究：理论与实践[J]. 中国软科学，（6）：172-180.

赵云辉，张哲，冯泰文，等. 2019. 大数据发展、制度环境与政府治理效率[J]. 管理世界，35（11）：119-132.

中国科学院创新发展研究中心，中国先进能源技术预见研究组. 2020. 中国先进能源 2035 技术预见[M]. 北京：科学出版社.

Allen D W，Berg C，Markey-Towler B，et al. 2020. Blockchain and the evolution of institutional technologies：implications for innovation policy[J]. Research Policy，49（1）：103865.

Androutsopoulou A，Karacapilidis N，Loukis E，et al. 2019. Transforming the communication between citizens and government through AI-guided chatbots[J]. Government Information Quarterly，36（2）：358-367.

Bresciani S, Ciampi F, Meli F, et al. 2021. Using big data for co-innovation processes: mapping the field of data-driven innovation, proposing theoretical developments and providing a research agenda[J]. International Journal of Information Management, 60: 102347.

Bruns S B, Kalthaus M. 2020. Flexibility in the selection of patent counts: implications for p-hacking and evidence-based policymaking[J]. Research Policy, 49 (1): 103877.

Charalabidis Y, Lachana Z. 2020. Towards a science base for digital governance[C]. The 21st Annual International Conference on Digital Government Research. New York: Association for Computing Machinery.

Chen H, Chiang R H L, Storey V C. 2012. Business intelligence and analytics: from big data to big impact[J]. MIS Quarterly, 36 (4): 1165-1188.

Dawes S S. 2008. The evolution and continuing challenges of E-governance[J]. Public Administration Review, 68 (s1): S86-S102.

Fan J, Zhang P Z, Yen D C. 2014. G2G information sharing among government agencies[J]. Information & Management, 51 (1): 120-128.

Flyverbom M, Deibert R, Matten D. 2019. The governance of digital technology, big data, and the internet: new roles and responsibilities for business[J]. Business & Society, 58 (1): 3-19.

Haefner N, Wincent J, Parida V, et al. 2021. Artificial intelligence and innovation management: a review, framework, and research agenda[J]. Technological Forecasting and Social Change, 162: 120392.

Hansson K, Belkacem K, Ekenberg L. 2015. Open government and democracy: a research review[J]. Social Science Computer Review, 33 (5): 540-555.

Li H C, Lee W C, Ko B T. 2017. What determines misallocation in innovation? A study of regional innovation in China[J]. Journal of Macroeconomics, 52: 221-237.

Manoharan A P, Melitski J, Holzer M. 2023. Digital governance: an assessment of performance and best practices[J]. Public Organization Review, 23 (1): 265-283.

McNeely C L, Hahm J O. 2014. The big (data) bang: policy, prospects, and challenges[J]. Review of Policy Research, 31 (4): 304-310.

Meijer A. 2018. Datapolis: a public governance perspective on "smart cities" [J].

Perspectives on Public Management and Governance，1（3）：195-206.

Meiyanti R，Utomo B，Sensuse D I，et al. 2018. E-government challenges in developing countries: a literature review[C]. 2018 6th International Conference on Cyber and IT Service Management（CITSM）. New York：IEEE.

Mikhaylov S J，Esteve M，Campion A. 2018. Artificial intelligence for the public sector: opportunities and challenges of cross-sector collaboration[J]. Philosophical Transactions Series A，Mathematical，Physical，and Engineering Sciences，376（2128）：20170357.

Moon M J. 2002. The evolution of e-government among municipalities: rhetoric or reality?[J]. Public Administration Review，62（4）：424-433.

OECD. 2018a. Science，technology and innovation outlook 2018：adapting to technological and societal disruption[R]. Paris：OECD Publishing.

OECD. 2018b. Innovation policies in the digital age[R]. Paris：OECD Publishing.

OECD. 2019. The digital innovation policy landscape in 2019[R]. Paris：OECD Publishing.

OECD. 2020. The digitalisation of science，technology and innovation: key developments and policies[R]. Paris：OECD Publishing.

Ølnes S，Ubacht J，Janssen M. 2017. Blockchain in government: benefits and implications of distributed ledger technology for information sharing[J]. Government Information Quarterly，34（3）：355-364.

Paunov C，Guellec D，El-Mallakh N，et al. 2019. On the concentration of innovation in top cities in the digital age[R]. Paris：OECD Publishing.

Sanderson I. 2002. Evaluation，policy learning and evidence-based policy making[J]. Public Administration，80（1）：1-22.

Tilson D，Lyytinen K，Sørensen C. 2010. Digital infrastructures: the missing IS research agenda[J]. Information Systems Research，21（4）：748-759.

Tiwari S P. 2022. Organizational competitiveness and digital governance challenges[J]. Archives of Business Research，10（3）：165-170.

Valle-Cruz D. 2019. Public value of e-government services through emerging technologies[J]. International Journal of Public Sector Management，32（5）：530-545.

Valle-Cruz D，Criado J I，Sandoval-Almazán R，et al. 2020. Assessing the public policy-cycle framework in the age of artificial intelligence：from agenda-setting to policy evaluation[J]. Government Information Quarterly，37（4）：101509.

van der Voort H G，Klievink A J，Arnaboldi M，et al. 2019. Rationality and politics of algorithms. Will the promise of big data survive the dynamics of public decision making?[J]. Government Information Quarterly，36（1）：27-38.

Wamba S F，Akter S，Edwards A，et al. 2015. How "big data" can make big impact：findings from a systematic review and a longitudinal case study[J]. International Journal of Production Economics，165：234-246.

Wang Y C，Kung L A，Byrd T A. 2018. Big data analytics：understanding its capabilities and potential benefits for healthcare organizations[J]. Technological Forecasting and Social Change，126（1）：3-13.

Wirtz B W，Müller W M. 2019. An integrated artificial intelligence framework for public management[J]. Public Management Review，21（7）：1076-1100.

Yang C W，Huang Q Y，Li Z L，et al. 2016. Big data and cloud computing：innovation opportunities and challenges[J]. International Journal of Digital Earth，10（1）：1-41.

第9章　数字化背景下产业创新发展

随着数字化转型的深入推进，数字要素正全面地影响和参与产业创新活动（张超等，2021），促进产业创新发展理论的扩展和完善。数字化转型赋能集智创新，用户作为新的创新主体能够参与创新过程，生产制造从以生产者为中心向以消费者为中心加速转变（国务院发展研究中心创新发展研究部，2019；Hinings et al.，2018；Nambisan et al.，2020）。不仅重塑了创新主体之间的价值共创方式（Nambisan et al.，2017；Hinings et al.，2018），还在不断加速创新周期步伐的同时提高了下一代技术、服务或产品的创新产出（OECD，2019）。以往研究通过发展创新系统理论（Fagerberg et al.，2005；Malerba，2004）和创新生态系统理论（Adner and Kapoor，2016；Best，2015）来探索产业创新发展机制。然而，数字化的兴起颠覆了上述理论（Nambisan et al.，2017），挑战了关于产业边界、产业创新系统组成要素以及产业创新逻辑等的基本假设。

数据新要素介入及数字化赋能是数字化转型的两个基本特征。陈凯华（2020）指出，数字化引入数据这一新的生产要素，将会增加生产要素新组合，产生新的生产函数；同时，数字科技的出现将促进创新发展经济体系内原有生产要素的优化重组，有助于创新的发生与发展。因此，无论是传统产业、新兴产业还是未来产业，数字化转型对其创新的发生与发展的影响均是深刻且显著的。以往研究多讨论传统产业的数字化转型升级（袁淳等，2021；刘淑春等，2021；李廉水等，2019；Leone et al.，2021），或是数字化如何催生新产业、新业态（Beltagui et al.，2020；Barrett et al.，2015），抑或是数字化如何驱动未来产业发展（包云岗等，2023；陈凯华等，2023）。但是，现有研究对不同类型产业创新逻辑差异的动因尚未明晰，更不用说揭示数字化对各类产业创新发展的影响差异。因此，本章基于产业创新体系理论，对各类产业进行了内涵解构和比较分析，同时揭示了数字化对不同类产业创新发展的差异化影响及其背后的作用机理。

9.1 数字化背景下的产业创新体系：理论重构与比较研究

9.1.1 数字化背景下产业创新体系理论的重构

产业创新具有系统性特征，Malerba（2004）延续创新系统理论提出了产业创新体系的定义和框架，认为产业创新体系是"以特定知识和技术界定产业边界的创新体系"，并强调产业创新体系不应该只关注企业主体和市场互动，还同样应当关注高校、科研院所等非企业主体以及主体之间形成非市场互动。尽管这一理论方法已经得到了产业界和学术界的广泛认可和应用，但是在数字化转型背景下该方法仍力有不逮。一方面，产业创新活动将由更加广泛的主体进行参与（Nambisan，2017；Wang，2021），同时数字要素作为新的生产要素极大地丰富了产业创新体系的要素组成（陈凯华等，2023）；另一方面，主体之间的联系更加复杂也不再受限于空间地理限制，分布式创新和重组式创新极大地改变了体系内组成要素及其彼此间关系（Yoo et al.，2012），重塑了产业创新体系结构。随着数字化的不断深入应用，产业创新体系的行为逻辑也不断升级（Autio and Thomas，2014），向创新生态跃迁。可见，数字化转型背景下产业创新的主体以及主体之间的联系发生了深刻变化，依照传统产业创新体系理论无法对这一变化进行全面且准确地把握，亟须发展新的理论。本节通过重新回顾创新体系、产业创新体系和产业创新生态体系理论，提出数字产业创新生态体系理论，并探索改进体系的组成和行为逻辑变化（表 9-1）。

表 9-1 数字化背景下产业创新体系的理论重构

理论	组成	行为逻辑
创新体系	（1）主体和网络 （2）制度 创新体系的主要组成要素包括（1）和（2），这些组成要素及其彼此之间的关系形成了创新系统（Fagerberg et al.，2005）	基于一般系统理论，创新体系中创新活动的行为逻辑体现如下。 （1）创新体系或产业创新体系都是由组成要素及其彼此之间的关系构成的 （2）创新体系具有功能和活动（如学习、网络化、创造和改变制度）
产业创新体系	（1）知识和技术 （2）主体和网络 （3）制度 产业创新系统中"产业"体现在新的组成要素（1）上，这一组成要素界定了产业的边界。此外，它还强调了非企业主体和非市场互动（Malerba，2004）	（3）创新体系必须是有边界的（如产业创新体系） （4）创新体系的动力来自选择和多样化过程 （5）创新体系的共同演进和转型
产业创新生态体系	（1）知识和技术 （2）主体、网络和结构 （3）生态系统制度 产业创新生态体系是由一个核心主体和多个生态位主体形成的"联盟结构"（alignment structure）。它是一个复杂适应系统，其制度是由多个适应性主体形成的，这个制度反过来还将影响主体的行为（Adner，2017）	基于复杂适应系统理论（Holland，1996），产业创新生态体系的行为逻辑包含三个适应性机制。 （1）由非线性的、有效的交互作用形成的集聚行为机制 （2）有助于保持持续性创新的多样性机制 （3）适应性行为逻辑背后的内模机制
数字产业创新生态体系	（1）知识和技术 （2）主体、网络和结构 （3）生态系统制度 （4）基础设施 数字科技丰富了产业创新体系的三个组成元素，同时形成了新的组成元素（4）。它们优化了产业创新生态体系的功能，提升了产业创新的效率	基于复杂适应系统理论和信息生态理论，数字产业创新生态的适应性机制得到增强。 （1）提升生态系统的聚集行为 （2）创造新生态位和提升多样性 （3）增强适应性主体处理信息的能力

1. 数字化转型丰富产业创新体系要素构成

根据产业创新体系理论（Malerba，2004），产业创新体系的组成要素包括知识和技术、主体和网络、制度（表9-1）。然而，数字化不但会促进产业创新体系内原有要素的优化重组，而且会引入数据这一新的生产要素并增加要素新组合，将有助于创新的发生与发展（陈凯华，2020；张超等，2021）。首先，对于知识和技术这一组成要素来说，数字化转型加速了不同领域知识和技术的交叉融合，同时也促进了分布式创新和组合式创新，促使产业的领域边界和地理边界变得越来越模糊（Yoo et al.，2012；刘洋等，2020）。其次，对于主体和网络这一组成要素来说，数字化转型不仅丰富了系统内创新主体的组织形式，还带来了数字化主体（Beltagui et al.，2020），更是重新定义了组织的运行模式及企业间的关系（许恒等，2020；Gawer，2014）。再次，数字化转型强化了产业创新体系内部的协调机制，使系统内主体能够更快、更全面地获取并处理信息，从而形成产业创新生态系统内部的复杂适应机制（张超等，2021）。最后，数字化还为产业创新体系新增了数字平台或数字基础设施这一新组成要素，能够为整个产业提供行业技术标准、数字公共产品等，以降低成本提升效益。

2. 数字科技赋能产业体系结构优化和革新

产业创新体系具备一定结构，如边界、网络和模块等，数字科技赋能上述结构的改善、革新和优化。知识和技术定义了产业的边界（Malerba，2004），而数字科技促进了知识融合和技术重组（Yoo et al.，2012），这一收敛性正在不断地模糊边界问题，逐步突破行业壁垒和行业边界（张超等，2021；Hanelt et al.，2021；Beltagui et al.，2020）。例如，操作系统逐步扩展到手表（环）、汽车甚至眼镜上，使它们能够和电脑一样上网搜索、和手机一样接打电话或接收信息、和医疗设备一样对人体健康进行实时监测（Nambisan et al.，2020；Yoo et al.，2012）。这种在传统意义上不具备相似性的产品在功能上的收敛，使得信创行业、日常用品行业、医疗行业等行业越来越具备知识临近性，许多以往难以联想到一起的产业正在快速融合，模糊了产业创新体系理论所定义的产业边界。此外，数字化的自生长性促进了主体之间的信息流动，使得企业内部、企业与客户之间的相互作用更加频繁（Hanelt et al.，2021；Tilson et al.，2010），形成了以用户为中心的市场模式（Altukhova et al.，2018；Weichert，2017），强化了创新系统的网络结构。数字科技的发展也促进了现有资源和新资源的灵活组合，形成了分层的模块化数字架构，并使自适应机制成为可能。

3. 数字治理改变产业创新主体间行为逻辑

近年来，创新研究范式逐步从"创新系统"向"创新生态系统"转变（汤书昆和李昂，2018；曾国屏等，2013），而数字时代的到来使创新生态系统的实践应用得到了进一步的深化（张超等，2021）。理论上来讲，如果将产业创新体系用一般系统理论来解释，那么产业创新生态系统则可以用复杂适应系统理论来解释（Oh et al.，2016）。根据复杂适应系统理论，产业创新生态体系的行为逻辑包含三个适应机制：①由非线性的、有效的交互作用形成的集聚行为机制；②有助于保持持续性创新的多样性机制；③适应性行为逻辑背后的内模机制（Holland，1996）。数字科技不断增强多主体间的协同合作、推动要素间的关联和重组，促使创新生态系统的行为逻辑发生变化、适应性机制得到增强：①系统的集聚行为得到提升；②创造新的生态位和提升多样性；③增强适应性主体处理信息的能力。

9.1.2　数字化背景下产业创新发展的比较研究

如前所述，Malerba（2004）从知识和技术、主体和网络以及制度三个方面界定产业创新体系，可以对来自不同国家、不同区域等不同边界的产业创新发展进行比较分析。在讨论创新发展的过程中，产业组织与产业结构等产业经济学方面的探索同样必不可少。产业组织理论主要讨论某一产业中竞争者数量、市场支配者数量以及进出入壁垒等（Shepherd W G and Shepherd J M，2003），而产业结构理论主要讨论各部门间联系、比例关系、产业布局等问题（王俊豪，2008）。随着数字化进程的不断加深，数字、信息、知识等作为要素已经渗透到产业创新的方方面面（Teece，2018；Rippa and Secundo，2019）。对于那些知识和技术已经相对成熟的传统产业、新一代信息技术深入赋能新业态的新兴产业以及尚未形成商业化但具备前瞻性和战略性的未来产业来说，彼此之间在产业创新体系、产业组织和产业结构等特征维度上存在显著差异（表 9-2）。也正因如此，数字化对各类产业创新发展的作用方向和影响机制也并不相同，需要具体分析。

表 9-2　数字化背景下不同产业创新发展的比较分析

分析维度	产业类别			差异
	传统产业	新兴产业	未来产业	
知识和技术	已有知识、成熟技术	新的科研成果、新兴技术	未来技术	（1）技术方向 （2）路径风险 （3）商业化程度
主体和网络	产学研用金介政等主体、知识网、合作网、技术联盟等业已成熟	产学研用政等主体；各类网络初具规模，但规则已然不同	学研政等主体、网络未确定	（1）用户主体的参与程度 （2）商业结构、模式和创新过程逻辑
制度	竞争合作、知识产权、法律法规、行业标准等	价值共创、科技伦理与安全、技术替代、政策支持等	技术选题、市场选择、技术替代、政策支持等	（1）制度成熟性与完备性 （2）政府支持程度
产业结构	主导产业为农业和制造业等、集群经济	主导产业为信息产业和知识产业等、平台经济	主导产业为数字和绿色产业等、数字经济	（1）各部门间联系和比例关系 （2）产业布局与集群
产业组织	同一行业竞争者数量较多、少见市场支配者、出入壁垒适中	同一行业竞争者数量适中、存在市场支配者、出入壁垒相对较小	同一行业竞争者数量较少、存在潜在市场支配者、出入壁垒高	（1）市场集中度 （2）进入与退出壁垒
数字化转型影响	（1）数字产业与基础产业的知识技术融合共生 （2）产业体系在网络和结构层面升级转型再造 （3）数字基础设施塑造技术底座 （4）改变产业结构、重塑产业集群	（1）数据或知识、信息作为新要素推动新业态 （2）产业链网状发展、产业结构得以优化 （3）网络效应与平台经济发展 （4）平台生态向多中心转变	（1）加速技术选题与未来产业培育 （2）赋能未来产业的涌现 （3）引领未来产业发展模式 （4）数字经济成主流，智能制造或将成为主导	不同类型产业体系特征

1. 数字化背景下三类产业知识和技术的比较分析

依照现有研究和定义，传统产业、新兴产业和未来产业间的知识和技术差异主要体现在技术方向、路径风险和商业化程度三个方面。传统产业的创新体系建立在已有知识和成熟技术基础上，其技术方向已经确定、路径风险极低、商业化程度较高。也正因如此，数字化转型对传统产业知识和技术的影响主要是相互融合，进而促进传统产业创新体系的转型升级，这一过程也间接解释了数字化模糊产业边界的内在动因。与传统产业不同，新兴产业形成的原因是技术创新、相对成本关系的变化、新的消费需求的出现、其他经济和社会变化将某个新产品或服务提高到一种潜在可行的商业机会的水平（波特，1997），通常处于范式转变阶段（Erickcek and Watts，2007）。因此，新兴产业知识和技术的方向是不确定的（弗里曼和苏特，2004），面临较高的技术风险（李晓华和吕铁，2010）且通常发展到一定的商业化程度。在新一轮科技革命与产业变革背景下，数字、信息和知识作为主要生产要素融入创新发展过程中（陈凯华，2020），形成了新的产业或新业态。也正是因此，数字科技作为主导力量参与到新兴产业的范式转变中，深刻地影响了产业创新体系网络结构与制度。未来产业以未来技术为驱动力，具有高度的方向前瞻性和路径高风险性（陈凯华等，2023），同时也因此商业化程度较低。因此，数字化转型有助于加速技术选题与未来产业培育。

2. 数字化背景下三类产业主体和网络的比较分析

传统产业、新兴产业和未来产业间的主体和网络差异主要体现在用户主体的参与程度以及商业结构、模式和创新过程逻辑两个方面。传统产业由于已有较为成熟的产业创新体系，其在产学研用金介政等多方主体协同方面基本形成了良好的关系基础，形成了较为稳定的知识网、合作网、技术联盟等网络关系，对这些产业的相关研究也非常丰富（Cowan et al.，2007；Tsai and Ghoshal，1998；Schilling and Phelps，2007）。鉴于此，数字化转型对产业创新体系主体和网络的影响是对产业链全要素升级转型再造。相比较之下，新兴产业由于尚在发展阶段，创新主体之间形成的网络初具规模，但数字要素、数字科技等深入渗透过程中对产业创新体系结构的颠覆性变化，导致其商业结构和创新逻辑发生根本性变化，产业链网络化、去中心化、以用户为中心的数字化转型等成为新兴产业创新体系的新特征（Chen et al.，2021；Hanelt et al.，2021）。对于未来产业来说，其产学研主体可能尚未健全，亟须构建有利于技术发展和产品商业化的创新网络，形成成熟的产业创新体系，不断催生新技术、新产品，而数字化在此过程中通过聚变效应、扩散效应和跃迁效应等赋能未来产业的涌现。

3. 数字化背景下三类产业制度的比较分析

传统产业、新兴产业和未来产业间的制度差异主要体现在制度成熟性与完备性以及政府支持程度两个方面。同样地，关于传统产业创新体系制度的研究已经相对丰富，如企业之间的竞争合作、知识产权问题、行业标准、法律法规等，这些关于传统产业创新发展制度的研究推动了相应体制机制建设，而数字化转型对其产生的影响主要体现在数字基础设施塑造技术底座（刘洋等，2020）。新兴产业新的商业模式和创新逻辑带来了新的治理问题，如数字科技形成产业创新生态而带来的价值共创机制（Autio and Thomas，2020；Leone et al.，2021）、数字科技带来的科技伦理与安全问题（郝跃等，2022；陈凯华和张超，2023），相应的制度尚未成熟，需要政府加强监管和扶持。对于未来产业来说，制度尚未健全，需要政府在技术选题等方面加强引导，以及在面临环境选择时提供扶持与保护（Geels，2002）。

4. 数字化背景下三类产业结构与组织的比较分析

传统产业、新兴产业和未来产业间的结构和组织差异主要体现在产业布局与集群、市场集中度等方面。传统产业的主导产业主要为农业、轻工业、重工业等，产业发展较为成熟形成了有效竞争，因此除个别特殊行业（如烟草、能源等）外，同一行业竞争者数量较多、少见市场支配者、出入壁垒适中，且因地域资源禀赋限制等原因多以集群经济为主。数字化对传统产业的转型升级改造将会改变现有产业结构，对现有企业的市场份额分布进行重新洗牌，同时也因促进分布式创新而打破地理位置的限制，重塑产业布局与集群。新兴产业以信息产业和知识产业为主导，产业正处于发展阶段而尚未形成有效竞争，同时网络效应等因素导致平台企业成为市场支配者的现象屡见不鲜，虽然导致新企业将会面临一定的进入壁垒，但也正因此平台经济得以发展。数字化对新兴产业的影响主要体现在产业结构上，以平台企业为单中心的产业生态开始转向以平台企业和强力互补者为多中心的形态转变（Gao et al.，2019）。但是对于未来产业来说，其主导产业尚未明晰，但可以预见的是有数字产业、绿色产业等，且产业发展尚在起步阶段，因此同一行业竞争者数量较少，而提前布局未来技术的企业将成为潜在的市场支配者，且产业将可以预见地以数字经济、智能制造为发展方向。

9.2 数字化驱动传统产业融合和重组

数字化转型对传统产业创新发展与管理的影响，一直以来都得到学界、产业界和政策界的广泛关注和讨论（吴非等，2021；袁淳等，2021；国务院发展研究中心创新发展研究部，2019）。对于传统产业来说，已有知识或成熟技术与数字化的融合共生赋能产业链全要素升级并改变了产业创新体系结构，创新主体之间互动的行为逻辑规则因数字基础设施塑造的技术底座得以更新，不仅驱动传统产业融合和重组还明显改变了产业结构，重塑产业集群。

9.2.1　促进传统产业与数字产业的融合共生

用于界定医疗健康、传统制造、传统金融等部门创新系统边界的知识和技术，因数字科技的收敛性、可扩展性和模块性（Goldfarb and Tucker，2019；Nambisan et al.，2017）而变得模糊。同时，在数字科技之上催生数字平台的灵活性、开放性和可供性（de Reuver et al.，2018；Rai et al.，2019）逐渐渗透进传统产业创新体系的方方面面，推动了数字产业与基础产业的融合共生。以数字医疗产业的创新发展为例，以认知计算、图像分割算法、小样本深度学习为代表的人工智能相关知识，以及以图像识别技术为代表的人工智能技术模块定义了人工智能产业，这样的数字产业正在与医疗产业的相关技术不断融合，形成产业的新知识和技术。例如，人工智能产业与病灶监测和注释融合形成了人工智能成像和诊断技术，人工智能产业与外科手术的融合形成了影像辅助技术，而人工智能产业与放射技术的融合形成了基于人工智能的图像引导放射治疗技术。也正因如此，部分企业抓住了数字化转型机遇，成功推动了数字产业与传统产业的融合共生，从而改变了传统产业的市场集中度。

9.2.2　赋能传统产业链全要素升级转型再造

利用现代信息技术对传统产业进行全链条改造的产业数字化进程在不断加速，推动了产业组织模式的变革。《中国产业数字化报告 2020》率先对产业数字化进行定义，认为它是"在新一代数字科技支撑和引领下，以数据为关键要素，以价值释放为核心，以数据赋能为主线，对产业链上下游的全要素数字化升级、转型和再造的过程"。理论上讲，数字化转型不但会促进创新发展经济体系内原有生产要素的优化重组，而且会引入数据这一新的生产要素，会增加生产要素新组合，产生新的生产函数，将有助于创新的发生与发展（陈凯华，2020；康瑾和陈凯华，

2021）。从产业层面上看，数字化促进了以信息流带动技术流、资金流、人才流、物资流的产业资源配置优化，这一变革在产业创新发展中发挥着重要作用，已经成为数字经济时代产业创新发展与管理的最根本特征。

9.2.3 数字基础设施打造生态塑造技术底座

数字基础设施对数字过程创新具有使能作用，使得数字产品在不断的试验和实施中快速形成、修改和重构（Srivardhana and Pawlowski，2007）从而提升创新的流动速率（Tee and Gawer，2009）。同时还能够促使企业管理者建立新的网络和价值链进而构建新的商业模式并改变客户体验（Nylén and Holmström，2015；Zaki，2019）。在医疗健康领域，医疗物联网建设、高品质以太全光医院网络、国家全民健康信息平台等数字科技设施建设，正在形成医疗产业创新生态的数字底座和内核，有助于促进相关技术创新、提升信息交互以及创新效率，从而为患者提供更好的医疗服务。

9.3 数字化催生新产业、新业态、新模式

数字化能够通过优化生产要素组合不断培育新产业、新业态，催生新动能，从而能够缓解制约整个系统成长或绩效的瓶颈问题（丁少华，2020；李晓华，2019；周春生和扈秀海，2020）。对于新兴产业来说，数据或知识、信息作为新的要素推动了新产业或业态的形成，产业链向网状发展使其结构得以优化，网络效应与平台经济等正在成为创新系统内新的发展模式，驱动产业创新发展的平台生态从单中心向多中心转变。

9.3.1 数字科技创新应用推动"三新"经济蓬勃发展

数据或知识、信息作为新要素不断促进新产业、新业态、新商业模式"三新"经济的发生与发展。其中，新产业指应用新科技成果、新兴

技术而形成的具有一定规模的新型经济活动；新业态指顺应多元化、多样化、个性化的产品或服务需求，依托技术创新和应用，从现有产业和领域中衍生叠加出的新环节、新链条、新活动形态；新商业模式指为实现用户价值和企业持续盈利目标，对企业经营的各种内外要素进行整合和重组，形成的高效并具有独特竞争力的商业运行模式。近年来，互联网、大数据、云计算、人工智能、区块链等技术加速创新，数字经济蓬勃发展，新兴产业快速成长，新业态新模式层出不穷，"三新"经济积厚成势（熊丽，2022）。国家统计局发布的数据显示，2021 年我国"三新"经济增加值为 197 270 亿元，比上年增长 16.6%，比同期 GDP 现价增速高 3.8 个百分点；相当于 GDP 的比重为 17.25%，比上年提高 0.17 个百分点[①]，而这一态势还在持续。

9.3.2　数字渗透引致产业创新网络和模式的整体变革

远程办公、虚拟社交、在线会议等数字手段改变了传统研发合作、知识交流以及技术培训的组织形式，并正在重塑未来产业技术创新的路径（渠慎宁，2022）。以 ChatGPT 为代表的新一代人工智能将很快向各行各业全面渗透，创新模式更加数字化和开源化。全球大量开源科学平台相继涌现，科研成果的预先出版机制广为流行，不仅解决了学术论文正式发表周期较长的问题，还可广泛分享给业内其他机构，共同加速各国科学发展（渠慎宁，2022）。不同于传统企业，新业态企业具有企业界限模糊、企业产品和市场虚拟化、产业链网状发展、轻资产、需求主导等特点（刘洋等，2020；Nambisan et al.，2017；Porter and Heppelmann，2014）。也正因如此，新业态企业一般以边缘式创新为主，市场进入壁垒较低；同时企业的产生和发展周期较短，数字化特征使其能够实现边际收益递增，市场竞争呈现分散化趋势。另外，新业态企业以更高的技

---

① 资料来源：http://www.stats.gov.cn/xxgk/sjfb/zxfb2020/202207/t20220729_1886876.html。

术水平和更个性化的服务破坏了一些传统的低效率的经济结构（周光召，2017），大量的平台型企业显著提高了数据可得性，解决了部分行业的信息不对称问题，优化了产业结构。

9.3.3 平台经济发展重塑产业创新主体间的行为逻辑

数字经济的发展带来了社会创新思维的整体变革，网络的外部效应注定参与者越多，综合效益越大（Shankar and Bayus，2003）。这也意味着传统的商业模式已经发生改变，传统行业赢者通吃的局面被打破（Velu，2020），企业不再苦苦追求垄断地位带来的超额利润，而是打破垂直封闭式的产业链和价值链，转而追求信息和资源共享，建立扁平合作式的平台产业结构。关于平台生态系统如何影响产业创新发展，以及平台生态视角下产业创新主体之间行为逻辑得到了学者的广泛讨论（王京，2021；陈威如和王节祥，2021；Uzunca et al.，2022；Kretschmer et al.，2022）。然而，随着平台经济的不断发展，数字化推动创新生态系统内创新主体间行为逻辑变革（张超等，2021），导致传统单中心的平台经济模式逐渐转向多中心的平台经济模式（Gao et al.，2019）。

9.4 数字化打造未来产业发展新局面

当前新一轮科技革命和产业变革呈现出多领域、跨学科、群体性突破态势（陈凯华等，2023），如何培育未来产业、抢占未来发展制造成为学术界和政策界共同关注的话题（渠慎宁，2022；包云岗等，2023）。对未来产业来说，数字化能够加速技术选题与未来产业培育，赋能未来产业的涌现并引领未来产业发展模式，将重塑未来产业结构。

9.4.1 数字化转型加速未来产业的培育迭代

未来技术的培育需要经历要素投入、研究开发和成果转化最终进入市场，但未来技术的知识密集性和高技术复杂度导致市场研发投入不足，因此科研成果的产业化路径不完善（潘教峰等，2023）、技术夭折率高、迭代速度迟缓。在数字化背景下，企业通过大模型进行数据处理分析，提高探索式与利用式组织学习的能力（Ghasemaghaei and Calic，2019）以及技术预见和选题能力（陈凯华等，2023）。通过云计算、大数据、物联网等数字科技驱动科研模式转变，研发人员能够甄别遴选科研数据并为企业积累海量信息资源，变"被动应对"到"主动识别"市场动向，利用领先企业产生的"同群"外溢效应进行技术追踪和产品设计；此外，未来产业科技发展的复杂性使得整合创新资源的复杂比率提高，对创新要素的供给、配置和使用等提出了更高要求（陈凯华等，2023）。数据要素的投入使得投资者和企业共享市场信息，帮助投资者识别潜力大、高价值的未来技术，引导投资并提高资金投入创新项目的有效性，以缓解未来产业的融资约束（韩美妮和王福胜，2016）。数据要素与其他要素尤其是劳动要素结合成为可作用于企业绩效的现实生产要素，能够对生产过程中的资源流向进行动态监测和风险预警，降低要素成本，提升未来技术研发的成功率（谢康等，2020；倪克金和刘修岩，2021）。数字科技能在短时间内实现未来技术创新成果的产业化，提高未来技术成果转化效率。

9.4.2　数字化转型赋能未来产业的涌现动力

　　未来产业的形成在一定程度上依赖于新技术或新技术轨道带来的聚变效应、扩散效应和跃迁效应（赵剑波，2022）。数字经济时代下的商业聚变效应依赖数据的"积累—挖掘—应用"，形成闭环，使得数据价值在不断提炼、分享和应用的过程中实现智能化。例如，企业运用5G 等信息化技术打造销售端与制造端的互联互通，精准匹配客户需求信息与企业生产流程，提升企业生产效率（白福萍等，2023）。新科技驱动下的扩散效应显著，生产方式数字化推动了管理运行效率的提升，形成由数据驱动的扁平化管理结构和自组织形态的管理模式（祝合良和王春娟，2021），产业组织在数字化技术推动下呈现出扁平化、平台化、网络化特征；此外，数字化转型也为未来产业带来如数据确权、数据安全与保护、数字产权交易等治理难题，客观上推动了企业利用数字科技创新未来产业数据联动治理与合作；由于未来技术"换轨"发展具有高度的不确定性，跃迁效应对技术前瞻性、学习吸收和迭代能力提出高要求，而数字化技术通过减少信息差，弥补知识缺口，通过"干中学"的方式持续跟踪技术探索、设计迭代、知识管理的全过程，在新的技术轨道上塑造出新的知识基础和技术能力（赵剑波，2022），有效推动未来产业商业化动力持续迸发。

9.4.3 数字化转型引导未来产业的发展模式

未来产业的非线性、动态性，系统性的复杂技术突破依托知识的交叉融合，数字化技术与其他技术结合使得科技呈现多学科、多领域知识不断交叉融合的特征和多点群发性突破的态势，引领未来产业发展模式向着跨界融合、高度集成、生态演化快速发展。数字化技术赋能产业间的深度融合，促进产业间的嵌入、衍生、转化、合成等，如北斗产业与智能终端产业强强联合，百度、阿里等互联网企业跨界赋能汽车产业，促进未来产业转型升级、发挥产业协同效应、增强产业链供应链韧性，促进未来产业打破传统产业边界实现融合创新（吴蔚和董雪，2023；周振华，2002）。同时，数字化技术使得未来技术具有高度知识密集性和高技术复杂性，加速产业链和供应链协同，并统筹未来产业发展与科技、产业安全，推动政府、科技界、企业、投资机构等多元主体风险共担与利益共享，助力形成"基础研究+技术攻关+成果产业化+科技金融"的未来产业培育链（沈华等，2021）。此外，数字化转型赋能未来产业的生态治理，不仅可以推动建立多元主体共同参与的未来产业科技治理体系，如类脑智能技术的突破催生了类脑芯片、类脑机器人等新产品，辅助政府等多元主体进行数字治理，推动公共数据向各类主体有序开放，还可以通过大数据和云计算平台构成，围绕数字闭环、业务闭环等搭建数字监控平台、数字技能培训平台、社会治理平台、网络安全检测平台等多层级平台，加强数字技术赋能组织建设（祝合良和王春娟，2021），推动多层级组织平台建设，赋能国际社会科技研发、转化和全链条合作，形成国内国际双循环的良好合作生态网络。

9.5　本章小结、政策启示与未来展望

数字化加速了要素的关联和重组，扩展了现有产业创新体系理论，引发了关于数字化背景下产业创新发展的思考。本章提出了数字产业创新生态系统的概念及其理论分析框架，辨析了数字化转型对传统产业、新兴产业和未来产业创新发展的差异化影响，阐释了数字化为产业创新发展提供了新平台、新要素、新动力和新方向，指出在数字化背景下产业创新体系在知识和技术、主体和网络、制度、产业结构、产业组织等方面的影响机制，为产业创新发展提供了新理论和新方向。

9.5.1　本章小结

本章探讨了数字化转型下产业创新体系的理论重构，提出了数字产业创新生态系统理论，并指出数字化转型丰富了产业创新体系的要素构成，数字科技赋能产业体系结构优化和革新，以及数字治理改变产业创新主体间行为逻辑等。进一步地，本章从数字化驱动传统产业融合和重组，催生新产业、新业态、新商业模式以及打造未来产业发展新局面等三个维度提出数字化背景下产业创新发展与管理的基本逻辑。研究发现：①数字化转型赋能产业链全要素升级并通过数字基础设施塑造技术底座，从而驱动传统产业融合和重组；②数字科技的创

新应用推动新兴数字产业发展，同时催生新业态和商业模式创新以推动经济高质量发展；③数字创新的应用深化加速了未来产业的培育迭代、赋能未来产业的涌现动力并引导未来的发展模式，使未来产业创新发展逻辑转变。

9.5.2　政策启示

基于本章的研究结论，产业创新发展与管理数字化转型需要系统性推进，在面向传统产业数字化转型、新兴数字产业创新发展以及打造未来产业新局面时，应当从以下几个方面进行努力。①面向产业链创新链融合的整体性政策设计。发挥我国工业门类齐全和组织动员能力强的制度优势，构建适应数字科技研发和应用的产业创新生态，对数字产业发展和产业数字化发展的关键共性技术、前沿引领技术、现代工程技术、颠覆性技术等进行重点突破；同时，发挥我国超大规模市场优势和内需潜力，构建与数字科技发展相适应的产业发展生态，促进数字科技在生产和使用过程中的迭代。②科技资源共享机制牵引联合攻关体系建设。持续强化面向人工智能关键技术突破的产学研用联合攻关体系，通过加快算力基础设施、开源创新生态建设等手段促进要素有序流动，以满足新一代人工智能技术开发对数据、算法、算力的更高要求。加强人工智能数字基础设施顶层设计，推进人工智能数字基础设施一体化建设。③非对称战略视角下数字科技体系发展战略。把握技术革命战略机遇，深入挖掘我国非对称资源禀赋，做到"人无我有""人有我强"。遴选一批眼界宽、科研水平高、领导能力强的科技领军人才，给予稳定的经费支持，支持其形成目标专一、能够长期攻关、跨学科研究的团队；加快推动国家技术创新中心、工程技术研究中心以及全国重点实验室等相关创新平台的建设，形成支撑"非对称"技术涌现的创新平台布局。

9.5.3　未来展望

本章研究结论扩展了产业创新系统理论在数字化背景下的应用，对后续研究具有重要的借鉴意义，对我国产业创新发展与管理的政策制定也具有重要的实践意义。基于此，本章建议未来研究可从以下几个方面进行进一步探索。①基于现有理论的经验分析，验证或扩展本章假设。建议基于案例分析、多维指数分析、国际比较分析等方法进一步对数字化转型背景下的产业创新发展理论进行探索。对本章中提到的关于数字化影响产业创新模式、产业结构、产业组织等结论进行更细致的理论分析。②从创新管理角度进一步扩展数字化背景下的产业创新。本章主要从产业创新发展的角度对数字化转型的影响进行理论分析，尽管提及了部分创新管理方面的内容，但是限于篇幅，对企业应当如何实施数字化转型、占据新生态位等管理问题讨论不足。③需要进一步对生态系统的结构进行分析，为政府提供数字产业创新生态建设的政策路线图。识别诸如"数字鸿沟"或数据保护规则阻碍数字产业创新生态体系形成的制度性障碍是及时和必要的，规范数字基础设施复杂的运行机制也是一个重要的问题。此外，还需要对产业、数字化和创新政策进行深入调查，以推进数字产业创新生态的制定和完善进程。之后，需要对政策效果进行评估，以识别相关政策的不足，同时可制定循证政策，以有助于完善或更新现行政策。

本章参考文献

白福萍，董凯云，刘东慧. 2023. 数字化转型如何影响企业技术创新：基于融资约束与代理问题视角的实证分析[J]. 会计之友，（10）：124-133.

包云岗，刘淼，陆品燕，等. 2023. 关于信息技术驱动未来产业的若干思考[J]. 中国科学院院刊，38（5）：766-772.

波特. 1997. 竞争战略：分析产业和竞争者的技巧[M]. 陈小悦，译. 北京：华夏出版社.

陈凯华. 2020. 加快推进创新发展数字化转型[J]. 瞭望，（52）：24-26.

陈凯华，冯卓，康瑾，等. 2023. 我国未来产业科技发展战略选择[J]. 中国科学院院刊，38（10）：1459-1467.

陈凯华，张超. 2023.【理响中国】加快推进数字技术赋能国家治理现代化建设[EB/OL]. https://theory.gmw.cn/2023-05/08/content_36546606.htm[2023-10-21].

陈威如，王节祥. 2021. 依附式升级：平台生态系统中参与者的数字化转型战略[J]. 管理世界，37（10）：195-214.

丁少华. 2020. 重塑：数字化转型范式[M]. 北京：机械工业出版社.

弗里曼，苏特. 2004. 工业创新经济学[M]. 华宏勋，华宏兹，译. 北京：北京大学出版社.

国务院发展研究中心创新发展研究部. 2019. 数字化转型：发展与政策[M]. 北京：中国发展出版社.

韩美妮，王福胜. 2016. 信息披露质量、融资约束与技术创新关系研究[J]. 会计之友，（17）：51-56.

郝跃，陈凯华，康瑾，等. 2022. 数字技术赋能国家治理现代化建设[J]. 中国科学院院刊，37（12）：1675-1685.

康瑾，陈凯华. 2021. 数字创新发展经济体系：框架、演化与增值效应[J]. 科研管理，42（4）：1-10.

李廉水，石喜爱，刘军. 2019. 中国制造业 40 年：智能化进程与展望[J]. 中国软科学，（1）：1-9，30.

李晓华. 2019. 数字经济新特征与数字经济新动能的形成机制[J]. 改革，（11）：40-51.

李晓华，吕铁. 2010. 战略性新兴产业的特征与政策导向研究[J]. 宏观经济研究，（9）：20-26.

刘淑春，闫津臣，张思雪，等. 2021. 企业管理数字化变革能提升投入产出效率吗[J]. 管理世界，37（5）：170-190，13.

刘洋，董久钰，魏江. 2020. 数字创新管理：理论框架与未来研究[J]. 管理世界，36（7）：198-217，219.

倪克金，刘修岩. 2021. 数字化转型与企业成长：理论逻辑与中国实践[J]. 经济管理，43（12）：79-97.

潘教峰, 王晓明, 薛俊波, 等. 2023. 从战略性新兴产业到未来产业: 新方向、新问题、新思路[J]. 中国科学院院刊, 38 (3): 407-413.

渠慎宁. 2022-05-05. 未来产业发展呈现新趋势 (经济透视) [N]. 人民日报, (15).

沈华, 王晓明, 潘教峰. 2021. 我国发展未来产业的机遇、挑战与对策建议[J]. 中国科学院院刊, 36 (5): 565-572.

汤书昆, 李昂. 2018. 国家创新生态系统的理论与实践[M]. 合肥: 中国科学技术大学出版社.

王京. 2021. 平台生态系统演化机理研究: 以云制造产业为例[J]. 中国软科学, (11): 29-35.

王俊豪. 2008. 产业经济学[M]. 北京: 高等教育出版社.

吴非, 胡慧芷, 林慧妍, 等. 2021. 企业数字化转型与资本市场表现: 来自股票流动性的经验证据[J]. 管理世界, 37 (7): 130-144, 10.

吴蔚, 董雪. 2023-03-27. 高端产业跨界融合强化竞争优势[N]. 经济参考报, (8).

谢康, 夏正豪, 肖静华. 2020. 大数据成为现实生产要素的企业实现机制: 产品创新视角[J]. 中国工业经济, (5): 42-60.

熊丽. 2022-08-05. 推动 "三新" 经济积厚成势[N]. 经济日报, (6).

许恒, 张一林, 曹雨佳. 2020. 数字经济、技术溢出与动态竞合政策[J]. 管理世界, (11): 63-84.

袁淳, 肖土盛, 耿春晓, 等. 2021. 数字化转型与企业分工: 专业化还是纵向一体化[J]. 中国工业经济, (9): 137-155.

曾国屏, 苟尤钊, 刘磊. 2013. 从 "创新系统" 到 "创新生态系统" [J]. 科学学研究, 31 (1): 4-12.

张超, 陈凯华, 穆荣平. 2021. 数字创新生态系统: 理论构建与未来研究[J]. 科研管理, 42 (3): 1-11.

赵剑波. 2022. 企业数字化转型的技术范式与关键举措[J]. 北京工业大学学报 (社会科学版), 22 (1): 94-105.

周春生, 崀秀海. 2020. 无限供给: 数字时代的新经济[M]. 北京: 中信出版社.

周光召. 2017. 复杂适应系统和社会发展[C]//郭雷, 张纪峰, 杨晓光. 系统科学进展 (第 1 卷). 北京: 科学出版社: 15-26.

周振华. 2002. 新型工业化道路: 工业化与信息化的互动与融合[J]. 上海经济研究, 14 (12): 5-7.

祝合良，王春娟. 2021. "双循环" 新发展格局战略背景下产业数字化转型：理论与对策[J]. 财贸经济，42（3）：14-27.

Adner R. 2017. Ecosystem as structure[J]. Journal of Management，43（1）：39-58.

Adner R，Kapoor R. 2016. Innovation ecosystems and the pace of substitution： re-examining technology S-curves[J]. Strategic Management Journal，37（4）： 625-648.

Altukhova N，Vasileva E，Yemelyanov V. 2018. How to add value to business by employing digital technologies and transforming management approaches[J]. Business Management，20：71-84.

Autio E，Thomas L. 2014. Innovation ecosystems[C]//Dodgson M，Gann D M，Phillips N. The Oxford Handbook of Innovation Management. New York：Oxford University Press：204-288.

Autio E，Thomas L. 2020. Value co-creation in ecosystems：insights and research promise from three disciplinary perspectives[C]//Nambisan S，Lyytinen K，Yoo Y. Handbook of Digital Innovation. Cheltenham：Edward Elgar Publishing：107-132.

Barrett M，Davidson E，Prabhu J，et al. 2015. Service innovation in the digital age： key contributions and future directions[J]. MIS Quarterly，39（1）：135-154.

Beltagui A，Rosli A，Candi M. 2020. Exaptation in a digital innovation ecosystem：the disruptive impacts of 3D printing[J]. Research Policy，49（1）：103833.

Best M H. 2015. Greater Boston's industrial ecosystem：a manufactory of sectors[J]. Technovation，39/40：4-13.

Chen Y，Richter J I，Patel P C. 2021. Decentralized governance of digital platforms[J]. Journal of Management，47（5）：1305-1337.

Cowan R，Jonard N，Zimmermann J B. 2007. Bilateral collaboration and the emergence of innovation networks[J]. Management Science，53（7）：1051-1067.

de Reuver M，Sørensen C，Basole R C. 2018. The digital platform：a research agenda[J]. Journal of Information Technology，33（2）：124-135.

Erickcek G A，Watts B R. 2007. Emerging industries：looking beyond the usual suspects：a report to WIRED[EB/OL]. https://research.upjohn.org/cgi/viewcontent. cgi?httpsredir=1&article=1004&context=reports[2023-07-06].

Fagerberg J，Mowery D C，Nelson R. 2005. The Oxford Handbook of Innovation[M].

New York：Oxford University Press.

Gao Y C，Liu X L，Ma X M. 2019. How do firms meet the challenge of technological change by redesigning innovation ecosystem A case study of IBM[J]. International Journal of Technology Management，80（3/4）：241.

Gawer A. 2014. Bridging differing perspectives on technological platforms：toward an integrative framework[J]. Research Policy，43（7）：1239-1249.

Geels F W. 2002. Technological transitions as evolutionary reconfiguration processes：a multi-level perspective and a case-study[J]. Research Policy，31（8/9）：1257-1274.

Ghasemaghaei M，Calic G. 2019. Does big data enhance firm innovation competency? The mediating role of data-driven insights[J]. Journal of Business Research，104：69-84.

Ghasemaghaei M，Calic G. 2020. Assessing the impact of big data on firm innovation performance：big data is not always better data[J]. Journal of Business Research，108：147-162.

Goldfarb A，Tucker C. 2019. Digital economics[J]. Journal of Economic Literature，57（1）：3-43.

Hanelt A，Bohnsack R，Marz D，et al. 2021. A systematic review of the literature on digital transformation：insights and implications for strategy and organizational change[J]. Journal of Management Studies，58（5）：1159-1197.

Hinings B，Gegenhuber T，Greenwood R. 2018. Digital innovation and transformation：an institutional perspective[J]. Information and Organization，28（1）：52-61.

Holland J H. 1996. Hidden Order：How Adaptation Builds Complexity[M]. Redwood：Addison Wesley Longman Publishing.

Kretschmer T，Leiponen A，Schilling M，et al. 2022. Platform ecosystems as meta-organizations：implications for platform strategies[J]. Strategic Management Journal，43（3）：405-424.

Leone D，Schiavone F，Appio F P，et al. 2021. How does artificial intelligence enable and enhance value co-creation in industrial markets? An exploratory case study in the healthcare ecosystem[J]. Journal of Business Research，129：849-859.

Malerba F. 2004. Sectoral Systems of Innovation：Concepts，Issues and Analyses of Six Major Sectors in Europe[M]. New York：Cambridge University Press.

Nambisan S. 2017. Digital entrepreneurship: toward a digital technology perspective of entrepreneurship[J]. Entrepreneurship Theory and Practice, 41 (6): 1029-1055.

Nambisan S, Lyytinen K, Majchrzak A, et al. 2017. Digital innovation management: reinventing innovation management research in a digital world[J]. MIS Quarterly, 41 (1): 223-238.

Nambisan S, Lyytinen K, Yoo Y. 2020. Handbook of Digital Innovation[M]. Cheltenham: Edward Elgar Publishing.

Nylén D, Holmström J. 2015. Digital innovation strategy: a framework for diagnosing and improving digital product and service innovation[J]. Business Horizons, 58 (1): 57-67.

OECD. 2019. Going digital: shaping policies, improving lives[R]. Paris: OECD Publishing.

Oh D S, Phillips F, Park S, et al. 2016. Innovation ecosystems: a critical examination[J]. Technovation, 54: 1-6.

Porter E, Heppelmann J E. 2014. How smart, connected products are transforming competition[J]. Harvard Business Review, 92: 18.

Rai A, Constantinides P, Sarker S. 2019. Next-generation digital platforms: toward human-AI hybrids[J]. MIS Quarterly, 43 (1): 3-9.

Rippa P, Secundo G. 2019. Digital academic entrepreneurship: the potential of digital technologies on academic entrepreneurship[J]. Technological Forecasting and Social Change, 146: 900-911.

Schilling M A, Phelps C C. 2007. Interfirm collaboration networks: the impact of large-scale network structure on firm innovation[J]. Management Science, 53 (7): 1113-1126.

Shankar V, Bayus B L. 2003. Network effects and competition: an empirical analysis of the home video game industry[J]. Strategic Management Journal, 24 (4): 375-384.

Shepherd W G, Shepherd J M. 2003. The Economics of Industrial Organization[M]. 5th ed. Long Grove: Waveland Press.

Srivardhana T, Pawlowski S D. 2007. ERP systems as an enabler of sustained business process innovation: a knowledge-based view[J]. The Journal of Strategic

Information Systems，16（1）：51-69.

Tee R，Gawer A. 2009. Industry architecture as a determinant of successful platform strategies：a case study of the i-mode mobile Internet service[J]. European Management Review，6（4）：217-232.

Teece D J. 2018. Profiting from innovation in the digital economy：enabling technologies，standards，and licensing models in the wireless world[J]. Research Policy，47（8）：1367-1387.

Tilson D，Lyytinen K，Sørensen C. 2010. Research commentary：digital infrastructures：the missing IS research agenda[J]. Information Systems Research，21：748-759.

Tsai W，Ghoshal S. 1998. Social capital and value creation：the role of intrafirm networks[J]. Academy of Management Journal，41（4）：464-476.

Uzunca B，Sharapov D，Tee R. 2022. Governance rigidity，industry evolution，and value capture in platform ecosystems[J]. Research Policy，51（7）：104560.

Velu C. 2020. Business model cohesiveness scorecard：implications of digitization for business model innovation[C]// Nambisan S，Lyytinen K，Yoo Y. Handbook of Digital Innovation. Cheltenham：Edward Elgar Publishing：179-197.

Wang P. 2021. Connecting the parts with the whole：toward an information ecology theory of digital innovation ecosystems[J]. MIS Quarterly，45（1）：397-422.

Weichert M. 2017. The future of payments：how FinTech players are accelerating customer-driven innovation in financial services[J]. Journal of Payments Strategy & Systems，11：23-33.

Yoo Y，Boland R J，Jr，Lyytinen K，et al. 2012. Organizing for innovation in the digitized world[J]. Organization Science，23（5）：1398-1408.

Zaki M. 2019. Digital transformation：harnessing digital technologies for the next generation of services[J]. Journal of Services Marketing，33（4）：429-435.

第 10 章　数字化背景下社会创新发展与治理

随着以互联网、大数据、云计算、人工智能及物联网、区块链等为代表的数字科技与应用加速蓬勃发展、深入跨界融合，社会运行全面向数字化、网络化、智能化方向转型，与此同时，社会创新加速发展（Planes-Satorra and Paunov，2019；Ciriello et al.，2018）。《数字中国建设整体布局规划》强调要全面赋能经济社会发展，包括发展高效协同的数字政务和构建普惠便捷的数字社会。数字转型下社会形态不断深刻变革，社会创新发展与治理呈现前所未有的复杂性（王芳和郭雷，2022）。数字化给予社会主体更多参与权的同时，原有社会参与机制和决策过程是否需要变革？数字化带来的高效便捷服务是否使所有人群都充分享受？传统的治理机制和法律法规能否适应数字化带来的需求和挑战？对这些问题进行解答是释放数字科技对社会变革赋能效果的重要前提。数字化转型必然会给社会创新发展与治理带来新变革，研究如何借助数字科技创造和实施新的社会组织形式、行动策略和机制设计等，从而以更加高效的方式解决社会问题，创新公共服务供给，提升社会治理能力具有重要现实意义，需要对社会创新发展的数字化转型路径进行深入研究。

围绕数字化背景下的社会创新，现有文献主要从两个方面展开研究。一些文献聚焦于具体的社会创新实践，探讨数字化对公共服务变革（Levano-Francia et al.，2019）、应急管理（樊博等，2023；李瑞昌和唐雲，2022）和数字政府治理（王学军和陈友倩，2022；曾渝和黄璜，2021；李齐等，2020；Janowski，2015）等领域的影响。这些研究表明，数字科技的发展为社会服务与治理变革提供了新的机遇和工具，推动社会创新发展。另一些文献则基于数字转型的整体视角，分析了数字化社会的演变规律和理论创新（王芳和郭雷，2022；Levin and Mamlok，2021；

Vial，2019；Stokes et al.，2017；Sharma et al.，2016），为揭示数字化社会中各类要素之间的相互关系提供基础。上述研究为认识数字化背景下社会创新变革提供了理论和实践基础，为推动社会系统转型和社会创新发展提供了理论支持。不足的是，现有文献未能构建数字化背景下社会创新发展的研究框架，也未能从二者融合发展、协同演进视角揭示数字科技对社会创新发展的影响路径。想要破解当前复杂数字时代下社会系统转型面临的现实困境迫切需要对上述问题进行回答。

本章在系统梳理相关理论和研究的基础上，立足"技术-社会"范式（Bijker et al.，2012），从数字科技及社会系统融合发展视角构建数字化背景下社会创新发展与治理的分析框架，基于社会系统主体互动演化、功能实现和制度环境等视角，从社会组织形式创新、社会服务模式创新、社会决策机制创新三个维度探究了数字转型对社会创新的影响机理和赋能路径，并描绘其发展趋势，为数字化社会的理论探索和实践发展提供参照。首先，本章在归纳社会创新内涵的基础上明确了数字化驱动社会创新的理论基础；其次，基于数字化发展过程中数字科技与社会系统的相互作用构建了数字化背景下社会创新发展与治理的分析框架；再次，揭示了数字化背景下的社会组织形式、社会服务模式和社会决策机制的数字化转型路径；最后，总结了数字赋能社会创新发展与治理的研究结论，并提出政策建议。本章从理论上拓展了"技术-社会"范式的研究内涵，有助于推动数字科技与社会创新的深度融合，丰富了数字化和社会创新理论的相关研究。

10.1　数字化背景下社会创新发展与治理的分析框架

10.1.1　理论基础

1. 社会创新的内涵

为解决社会转型发展中的矛盾与问题，必须注重社会创新，以创新性的社会模式促进生产关系、社会关系和政治关系转型。管理学家彼得·德鲁克首次提出社会创新这一概念，他认为社会创新将服务部门和社会变革联系起来以提高组织效率，是解决社会问题的重要途径（Drucker，1959）。Howaldt 和 Schwarz（2010）将社会创新的概念进一步拓展为由某些行为者或行为者群体推动的社会实践的新组合和新配置，这些新组合和新配置能够比已有实践模式更有效地满足社会需求，其表现形式包括市场（如新服务、商业模式、物流和应用概念）以及技术基础设施（如基于网络的社交网络）等。2013 年，欧盟委员会在《社会创新指南》（Guide to Social Innovation）中指出，"社会创新可以定义为开发和实施新的想法（产品，服务和模式），以满足社会需求并创造新的社会关系或合作"。

部分学者认为社会创新是指在社会发展和治理的过程中，基于技术、组织和制度等多种因素，通过新的思路、方法和手段来创造新的价值、实现新的目标和提高效率的过程（王名和朱晓红，2009；Foray et al.，2012；Moulaert，2013）。van der Have 和 Rubalcaba（2016）提出社会创新是一个跨领域的复杂现象，其多样含义解读的共同点是社会关系、系统或结构的变革，这种变革服务于人类共同的需求或解决社会相关的问题（Howaldt and Schwarz，2010）。在社会管理领域，社会创新体现在教育、医疗、养老、交通等社会公共服务的提供和改善以及政府公共治理的提升和改进，如数字政府等。从社会创新的内涵可以看出，社会创新是特定的创新主体创造出来的，用来满足社会需求或解决社会问题的服务、技术或治理模式，研究社会创新需要抓住创新主体、创新产品以及创新制度环境等重要因素。

2. 社会创新研究视角

在界定社会创新的内涵基础上，现有研究主要从如下四类视角分析社会创新。一是组织功能视角。这一视角关注社会新组织的创建，强调社会创新主体，引入了社会创新的功能和过程从而探索创造社会可持续价值的变革机制（Moulaert，2013），主要研究社会变革（Cajaiba-Santana，2014；Moulaert，2013；Nandan et al.，2015）、社会创业（Dacin et al.，2011；Roy et al.，2014；Shaw and de Bruin，2013）和社会价值创造（Herrera，2015；Popescu，2015；van der Have and Rubalcaba，2016）。二是福利经济学（Roy et al.，2014，Moulaert，2013）视角，主要探讨社会创新在不同政治、经济、社会、技术、环境等背景下的发展，关注社会创新功能的实现。三是制度理论（DiMaggio and Powell，1983）视角，主要分析创新对社会企业和公共部门等组织变革的影响，以及社会创新的主体行为、结构变化和系统演变。四是结构理论（Sarason et al.，2006；Brodie et al.，2009）视角，结构理论认为社会系统是"任何一类相对持久的实践、互动模式和社会关系"，是一种广泛的社会行动方法，其综合性、广泛性和整合性为研究社会演变以及社会创新发展与治理提供了思路。

目前社会创新已受到学界的广泛关注（Cajaiba-Santana，2014；Hellström，2004）。但随着数字化变革，在数字科技发展新趋势下，上述视角不能全面解释当前社会创新的内在机理，社会创新的跨领域特性要求有新的理论视角。传统的组织形式可能无法适应新的需求和挑战，社会创新研究需要关注如何在组织层面上创造新的模式和结构，如何通过多方利益相关者的参与、新的治理模式的建立来探索更加高效、科学和民主的决策方式，以更好地应对社会问题和提供社会服务。这些新视角与上述研究相互呼应，共同构建了对社会创新的全面理解。

3. 数字科技赋能社会创新的理论机理

数字科技主要指将信息数字化、自动化处理和存储的技术手段，如人工智能、大数据、物联网、区块链、云计算等（Yoo，2010）。数字资源的开放性、可编辑性、生成性（de Reuver et al.，2018；Yoo，2010）意味着信息一旦数字化则可以被任何数字设备存储、转换、传输和追踪

（Yoo，2010），数字信息可以通过重新编程的方式进行编辑，数字解决方案在部署后能够通过与外部系统的互动进行修改（Kallinikos et al.，2013）。基于其低成本、规模化、颠覆性、共享性特性（Rong et al.，2021），数字科技在创造和扩散过程中对整个经济社会体系存在渗透效应，不仅引发了经济和产业变革，也带动了包括个人、企业、政府等在内的全社会变革以及社会各群体的信息传播、创新应用、创新扩散等社会创新活动。互联网对信息的即时反馈吸引更多参与者加入到社会创新之中，同时这种局部波动又在高度连通条件下迅速蔓延，使社会创新规模呈爆发式增长（乔天宇和邱泽奇，2020）。数字化发展过程中新兴技术与社会系统的相互作用带来了社会系统的高度复杂性（王芳和郭雷，2022），全方位影响着社会创新发展与治理。

这种由数字科技高渗透性引发的社会创新全方位变革要求我们系统分析数字化对社会创新各方面的影响机理。只有全面理解数字科技与社会创新各领域的交互影响演化过程，才能增强不同创新发展要素和主体之间的联系，从而更好地推动社会创新数字化转型。因此应基于"技术-经济"范式（Perez，1983；王姝楠和陈江生，2019）提出"技术-社会"范式，即基于广义的数字科技的社会最优惯性运行模式或社会最佳实践模式以应对数字化转型背景下的社会创新发展。

数字化背景下的社会创新发展与治理有以下几个显著变化。第一，数字科技发明的大规模社会化应用推动社会主体交互方式的转变。数字科技的应用改变了人们之间的互动方式和信息传递模式，平台组织数字化实现平台参与者间的高度互动（乔天宇和邱泽奇，2020），驱动创新者、用户和社区参与者共同进行协作创新。在此基础上社会组织形式正从传统的中心化和垂直管理向平台化、共享化和在线化转变，社会网络呈现从局部离散聚集到全面高度互联的转变。第二，数字化转型正在重塑公共服务运作模式，推动社会系统功能实现。互联网、云工作、数字平台等工具为社会创新提供了新的解决方案和服务，医疗、教育、能源、农业、环境、应急管理等领域开始数字化转型（Pan et al.，2006；Pee et al.，2021；Qureshi et al.，2017；Rose et al.，2015；Stahl et al.，2012；Tim et al.，2017；Qureshi and Fang，2011；Smith and Elder，2010）。社会服务呈现个性化、定制化、精细化和智能化趋势，低成本、规模化的社会创新解决方案不断涌现，公共服务更加高效、便捷、可靠和可持续。第三，数字科技带来了社会决策模式和制度环境变革（Vermicelli et al.，2021）。数字平台的大范围应用加强了公众的参与和监督，强化了社会决策的公正性、开放透明度和参与度；大数据分析、人工智能为政府和公共机构提供了更加高效和精准的数据支持和决策依据，提高了决策的科学性、实时性；数字赋能的社会治理机制拓展了决策的范围，提高了治理的多样性和灵活性，实现了跨部门和跨地域的协同决策，打破了传统的信息孤岛和决策壁垒，促进了资源的优化配置和利用。

10.1.2　分析框架

进入数字时代，数字科技的应用日益广泛，数字化触角延伸到社会生活的方方面面，新业态、新模式、新场景的产生和发展驱动社会生产、生活和治理方式发生变革（刘洋等，2020）。考虑到数字科技对社会的赋能作用，本章立足"技术-社会"范式（Bijker et al.，2012），从数字科技及社会系统融合发展视角研究数字科技如何赋能社会创新（鞠京芮等，2022）。本章拟结合社会创新的主体、内容和外部环境，从社会创新主体视角的社会组织形式创新、社会创新功能实现的社会服务模式创新以及社会系统制度环境的社会决策机制创新全面阐释数字科技驱动社会创新的路径和机理，并基于此提出数字化背景下社会创新的应对策略，如图 10-1 所示。

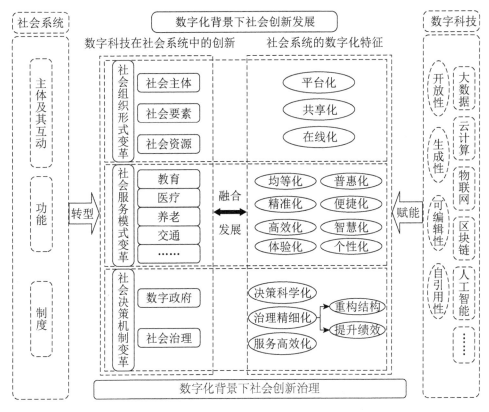

图 10-1　数字化背景下社会创新发展与治理的分析框架

10.2　数字化背景下的社会组织形式创新

　　基于数字科技的新型社会组织形式创新,是数字科技为社会创新发展带来的重大变革之一(Haefner et al.,2021;von Krogh,2018)。互联网、物联网、云计算、大数据、区块链、人工智能等数字科技和数字基础设施使原有社会组织依托数字平台不断创新,通过影响组织内部运行的方式为社会组织形式提供更多可能性(Yoo et al.,2010),社会组织的结构、管理方式和服务模式不断革新,呈现平台化、共享化和在线化趋势。数字化驱动社会组织形式创新的实现路径如图 10-2所示。

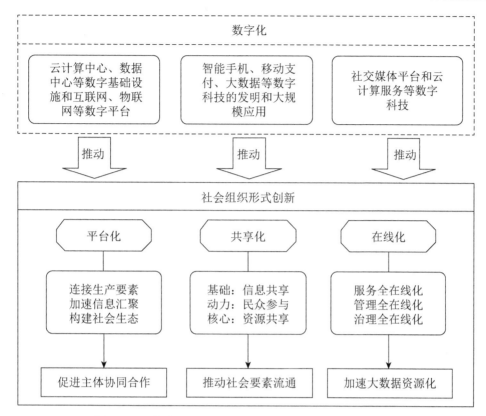

图 10-2　数字化驱动社会组织形式创新的实现路径

10.2.1　平台化促进主体协同合作

平台化是数字科技在社会组织形式创新中的一种典型体现。首先，数字平台的大范围应用加速了信息交互、汇聚和传递，促进创新主体之间实现更高效的协同和合作（Alonso et al.，2008），进而有利于推动社会创新。其次，数字化背景下的社会组织依托于云计算中心、数据中心、物联网设施等数字基础设施开放其架构和治理控制点来实现平台化（Rolland et al.，2018），数字平台的可扩展性和网络效应（规模和聚合效应）进一步加速了这一进程（Hagiu and Wright，2013），社会组织形式的网络效应和规模效应能够有效推动社会创新。再次，社会组织形式平台化驱动各领域围绕自身需求，基于云计算平台打通跨主体和跨区域的业务运行机制，实现了基于云平台的社会创新主体网络协同，加速了创造性互动（Parker et al.，2016）。数字化背景下社会组织主体的增加和互动模式的变革有利于带来更多社会创新，数字科技变革了用户与组织之间的交互模式，从而将创新扩展到更广泛的领域和用户中。最后，数字平台可以通过各种分布式资源支持组织间关系，促进高度分布式和自动化的活动协调。在此基础上，互联网平台、物联网平台等数字平台通过开放合作最大范围地连接各类生产要素、不同主体，加速了信息交互汇聚传递和平台参与者间的协作互动（Jacobides et al.，2018），构建了社会创新生态体系（Constantinides et al.，2018；张建锋等，2022）。数字化背景下生态体系的构建及其功能的发挥有助于激发更多社会创新。例如，移动应用和在线平台使得人们可以实现便捷、灵活的工作方式，城市大脑、智慧交通、智慧物流等借助数字科技和互联网平台构建智慧城市平台，实现城市基础设施的数字化、智能化和可持续发展，提高创新效率和公共服务水平。

10.2.2　共享化推动社会要素流通

社会组织形式共享化是指以闲置资源使用权为基础的有效匹配和连接，能够有效提升存量资产利用效能，极大地促进要素流通，从而实现生产要素的有效社会化（Barrett et al.，2015），推动社会创新发展。依托社会要素流通共享加速创新的基础是信息共享，动力是民众参与，核心是资源共享（Constantinides et al.，2018）。数字化背景下社会组织形式通过数字科技平台，将多个用户的闲置资源、能力或服务整合起来，共同利用和分享，做到资源要素高效配置与流动，从而提高社会创新效率。数字科技的快速发展为社会组织形式共享化提供了条件，智能手机、移动支付、大数据等数字科技的发明和大规模应用使人们能够方便地与他人共享物品、技能、服务等社会要素。共享化社会组织模式下具备双边性特点的交易市场对于交易者条件要求较低，广大民众可在共享社会组织模式中充当消费者或生产者，依托移动终端、互联网平台获取信息完成交易，并进行分散化、闲置化、海量化资源的全面整合，实现资源共享利用和全员参与社会创新。例如，共享物品、共享汽车、共享住房、共享课程等模式，使得城市居民可以更便捷地使用这些服务，提高城市的可持续发展性。

10.2.3　在线化加速大数据资源化

社会组织形式在线化依托如社交媒体平台和云计算服务等数字科技，加速实现数据资源化，推动社会信息共享、资源协作和管理（Griffith et al.，2003，Gibson and Gibbs，2006），加速社会创新涌现。社会组织形式在线化在社会服务创新层面体现为面向个人、企业等社会主体的服务全在线化，在社会管理创新层面则体现为面向社会管理者的管理全在线化和以数字治理为核心的治理全在线化。公共服务管理在线化必然导致信息和数据的积累（Bailey et al.，2012），依托云计算技术可以最大限度地利用数据资源，挖掘大数据价值，实现数据资源化，为数字化背景下的社会创新奠定基础（张建锋等，2022）。例如，利用互联网和社交媒体平台建立在线交流社群，加速数据生成；利用云计算和大数据技术（云存储和数据分析工具）实现安全、高效的数据共享和管理，从而推动数据资产化；利用大数据分析技术加强对线上用户行为和偏好预测并提供个性化、智能化咨询服务，从而实现数据价值，最终不断创新社会服务方案。在线化的社会组织形式可以利用数字化技术和网络平台实现更高效的数据共享、协作和管理，更好地利用数据资源，更快地响应社会需求，更有效地解决社会问题，从而提高社会创新的效率和影响力。

10.3　数字化背景下的社会服务模式创新

以互联网、云计算、大数据、人工智能等为代表的数字科技的不断更新迭代为社会服务创新变革带来了巨大的新机遇（Barrett et al.，2015；Lusch and Vargo，2014；Lazer et al.，2020）。数字科技的渗透与普及不断创新社会服务供给模式，各类数字科技、数字平台正在改进社会服务供给理念和生产方式，如降低服务成本、提高服务响应能力等（赵淼等，2022），推动教育、医疗、养老、交通等公共服务均等化、体验化、普惠化、精准化、个性化、智慧化、高效化、绿色化（陆峰，2022）。数字化驱动社会服务模式创新的实现路径如图 10-3 所示。

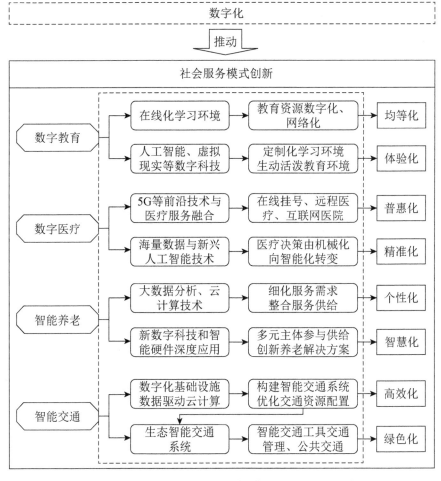

图 10-3　数字化驱动社会服务模式创新的实现路径

10.3.1 数字化赋能教育均等化、体验化

数字科技构建起了在线化学习环境，教育资源数字化、网络化极大程度地促进了优质教育资源均等化服务。在线教育平台、网络共享课程等线上教育服务具有开放性（无时间/空间限制）、灵活性（学习者自主决定进度并自主学习）等特点，可以从受教育者多样化需求出发，提供定制化优质教育资源，让个人学习更加具有自主选择性，降低了个人学习受城乡区域差别、家庭经济能力、个人空闲程度等因素的影响程度。移动智能终端让大众能够充分利用碎片化时间加强学习，数字教育技术进步不断推动教学辅助手段数字化、多样化、高品质发展，数字教育资源平台体系助力数字教育资源的开发和利用，数据挖掘、机器学习和自然语言处理等人工智能技术加速海量优质资源的智能化管理，尤其是生成式人工智能在教学设计、学习评估和反馈、跨文化交流和国际教育等方面极具潜力，从而促进区域间数字教育资源的交流共建和优质教学资源面向全社会的开放共享，加快缩小区域和城乡间教育服务能力差距，助力构建惠及全民、优质公平的教育体系。

随着数字科技的深入发展，人工智能、虚拟现实等数字科技所具有的开放性、实时共享性、拓展现实性和智能交互性特征不断赋能教育领域，其融合应用为学生提供了更加定制化和更加生动活泼的教育环境，增强了学生学习体验感和主动性（陆峰，2022）。依托大数据分析和推荐匹配算法等机制的教育人工智能，能够结合学科知识图谱，根据学生的不同需求和情况，有针对性地提供合理的学习路径和学习资源，因而能够满足定制化学习需求，提供个性化培养方案（杜学元和赵斌刚，2022）。数字孪生技术如认知与控制辅助、建模、数据处理、数字孪生连接等可以创建物理对象的虚拟孪生体，通过实现虚拟空间和物理空间的协同进化从而创造出新型教学场域和虚拟学习空间（Wu et al.，2021），在视觉、听觉、触觉、嗅觉等方面模拟还原，为学生带来具有

沉浸感的学习体验，实现自然实体教育空间与虚拟在线教育空间的互通互融。

10.3.2　数字化赋能医疗普惠化、精准化

随着 5G 技术与大数据、物联网、人工智能、区块链等前沿技术在医疗领域的充分融合，社会医疗服务突破时空界限，通过在线挂号、远程医疗、互联网医院等服务促进了优质医疗资源普惠化。数字医疗借助远程专家会诊、远程治疗、远程培训、远程监护、远程全景虚拟现实手术、远程智慧超声系统等形式（孙茜等，2022），实现了医疗信息与服务在医疗机构及其医务人员之间跨物理空间的交流与共享。在线问诊、互联网医院等推动医疗人员跨越时间、空间直接向患者提供服务，降低了医疗成本，有助于实现优质医疗资源精准下沉到基层医疗机构，为偏远地区、欠发达地区和农村等医疗资源欠缺地区提供高质量的医疗服务，从而确保医疗的普惠性和公平性（孙点剑一和李立明，2020）。

新兴人工智能技术实现网络空间层面的医疗决策由机械化向智能化转变（曹艳林等，2022），其海量数据为精准医疗的应用提供了更多的可能（Shafqat et al.，2020）。随着人工智能技术被应用于医学影像的辅助识别和临床诊断（张建锋等，2022；曹艳林等，2022），医用检测设备通过深度学习可以完成对影像的分类、目标检测、图像分割和检索工作，有助于更好地协助医生精准把握病人病情进展，推动医疗精准化（陆峰，2022；Antman and Loscalzo，2016）。例如，数字孪生技术可以综合利用物体的全方位数据信息构建虚拟实体，通过在实体与虚拟体之间构建动态连接，提高模型分类、预测的准确性（Zhang et al.，2020），目前在心血管疾病、神经系统疾病中已经初步构建了统计模型和分析机制，有效提高了患者疾病发展、干预结果预测的准确性。

10.3.3　数字化赋能养老个性化、智慧化

数字化依托大数据分析技术细化老年人服务需求，运用移动互联网和云计算等技术整合老年人服务供给，推动养老服务由普遍性向个性化发展，由单向服务向交互服务发展（Jarke，2021）。从需求侧来看，基于数字科技的养老全域需求表达与互动实现了对海量养老服务需求信息的实时收集，并对其进行完全存储。从供给侧来看，借助大数据平台所提供的数据汇集、储存、分析与呈现功能，养老服务供给方能够全面捕捉与快速分析老年人的真实诉求，进而精确感知基于细分人群行为轨迹和个体差异的个性化需求。因此，智能养老以实时、互动的信息沟通为前提，以大数据平台为支撑的智能养老利用技术性工具优化需求发布、传递和接收，进而利用算法工具自动形成养老服务决策和提供，形成基于大数据的养老服务供给互动服务模式，实现养老服务需求信息和养老服务供给资源的整合与共享，精准对接并匹配养老服务需求和养老服务供给（陆峰，2022），从而实现个性化养老服务。

随着人工智能、物联网、云计算、大数据等新一代数字科技和智能硬件等数字产品在养老服务领域深度应用以及多元主体参与服务供给（Barrett et al.，2015），养老服务依托智能设备创新养老解决方案，实现养老场景智慧化。利用互联网和传感器等技术开发应用的智能设备主要分为两类。一类是包括智能手环、健康管理服务设备、智能防走失定位等在内的可穿戴智能终端设备，其优化了养老服务质量，辅助实现了如认知障碍老人防走失、失能失智老人刚需护理、空巢老人的数字保安、"康护到家"养老、医疗与康复机构资源整合等智慧化养老服务（张建锋等，2022）。另一类是包括智能家电、智能居家管理系统、一键紧急呼叫器、智能座机、陪护机器人、居家防盗红外探测、煤气探测设备等的智能家居设备，其能够面向家庭智慧养老床位、智慧助老餐厅、智慧养老院等打造智慧化解决方案，创新智能养老服务（张立，2023；Yang et al.，2015）。

10.3.4　数字化赋能交通高效化、绿色化

智能交通综合运用数字科技激活数字化基础设施，连接出行需求，基于"数据驱动+人工智能"的云计算技术构建智能交通系统，最大限度优化交通资源配置，实现了交通服务的安全高效。高精地图采集、北斗差分定位、出行大数据、人工智能、BIM（building information model，建筑信息模型）、倾斜摄影、遥感影像等数字科技为智能交通提供了精细化的数据支撑。在此基础上，智慧化操作系统能够整合城市交通相关的多部门信息（Sharon et al.，2020），实时分析并匹配不同时间、不同环境、不同跨度、不同出行方式的交通出行需求和交通供给，制定超越传统系统局部次优决策的全局最优策略（De et al.，2017；Mohebbi et al.，2020；Zeng et al.，2020），通过大规模实时仿真进行推演验证，并控制交通物联网提供最优出行路径建议及伴随式信息服务，实现交通出行高效化（张建锋等，2022）。

借助数字科技构建的生态智能交通系统融合各智能交通子系统，在智能交通工具、智能交通管理、智能公共交通的基础上，通过综合调度、优化决策等方式实现全方位的低碳交通（Geels et al.，2017），推动出行绿色化、生态化、环保化。从共享汽车、新能源到智慧交通、无人驾驶，数字化带动交通工具在产品和模式上不断创新，实现环境低污染甚至无污染（Li et al.，2020）。物联网、云计算、人工智能等数字科技实现了交通流量、车速、路面情况等信息的实时监控，通过对监控数据进行集中管理、深入分析和预测，优化交通管理策略，从而降低交通能耗和污染。公共交通信息化依托智能调度系统、物联网、人工智能算法和数据分析等技术通过实时监控调整公交交通的路线和发车时间，优化公交线路和站点，在提升公共交通服务水平，更好满足大众出行需求的同时，降低环境污染，实现城市交通可持续发展。

10.4　数字化背景下的社会决策机制创新

新一代数字科技在经济社会广泛普及应用,其影响扩展至社会治理体系,促使社会决策机制发生新转变。数字驱动下的社会治理变革实质上是决策机制的更迭,通过数字科技提供的信息流、价值流、服务流等手段,构建新型的社会决策机制。数字化驱动社会决策机制创新的实现路径如图 10-4 所示。

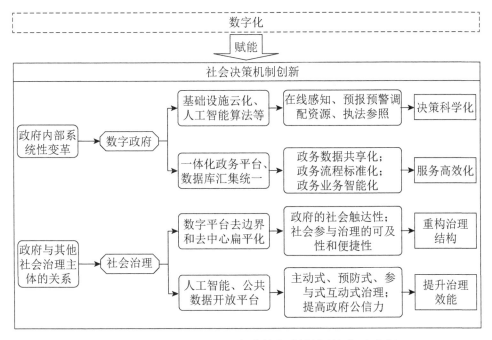

图 10-4　数字化驱动社会决策机制创新的实现路径

10.4.1　数字赋能政府职能转型

在数字化背景下,从"整体性政府"(Leat et al.,2002)、"无缝隙政府"理论(竺乾威,2012)到技术赋能论、数字治理理论(Dunleavy et al.,2006;韩兆柱和马文娟,2016),政府正经历从数字管理到数字治理的转型。有必要聚焦数字科技推动下的政府内部系统性变革，探讨数字科技的应用实现数字政府决策科学化、服务高效化等方面的作用机制。

1. 数字赋能政府决策科学化

数字科技推动政府决策方式由原先的"出现问题—逻辑分析—因果解释—制定方案"的被动响应转化为"数据搜集—量化分析—明确联系—方案预备"的主动预测（沈费伟和诸靖文，2021），传感器技术、云计算、人工智能、机器学习等数字科技通过在线感知、预报预警、调配资源、执法参照等环节实现社会决策科学化。基础设施云化带来海量数据的即时存储、处理、计算、共享与协同，数字政府因此可以凭借大数据搜集、分析和研判强化对公众的信息汲取，作出迅速回应和精准判断。近年来，伴随着算力的提升和机器学习算法的快速迭代，自动语音识别、计算机视觉和图像处理等技术发展突飞猛进，针对音频、图片、视频等传统上的非结构化数据为政务决策开发出大量的应用场景。人工智能算法已能够对社会成员行为模式做到精准有效的识别，挖掘其中的规律性并预测事件发生的未来趋势或者判断其中可能存在的社会风险，为社会治理决策提供更加科学的依据。此外，线上媒体的畅通为社会意志的表达与呈现提供平等包容的平台，为科学决策提供更为丰富的民意资源，促进社会多元主体能共同参与决策制定。

2. 数字赋能政府服务高效化

数字科技增强了政府体系内各层级、各部门之间的连通（黄未和陈加友，2022），数字政府根据业务联系重新整合各部门应用的业务流程，扩大了横向联动和纵向延伸范围，通过政务数据共享化、政务流程标准化以及政务业务智能化有效促进了政务服务高效化。在政务数据方面，分布式账本技术打破数据和信息孤岛，实现底层数据库间的互联互通，一体化政务平台建设、数据库的汇集统一推动政务数据协同共享，数字政府得以将各管理部门、各领域公民的所有信息资源加以有机融合和传输共享，提高了沟通效率。在政务流程方面，全国一体化政务平台以数据整合和共享为途径，依托跨层级、跨地域、跨系统、跨部门、跨业务的并联审批、联合监管和协同决策重塑了业务流程。在政务业务方面，企业和群众实现了高频服务"一网通办""一证通办""一网统管""跨省通办""掌上可办"等，政务流程的协同标准化让办事更加便捷高效。新一代人工智能技术如 ChatGPT 基于生成式大规模语言模型，通过海量数据的汇聚和决策算法的优化具备了拟人化的交互能力，可以代替人力实现全天在线和政务答疑智能化。

10.4.2　数字赋能社会治理创新

数字赋能强调数字科技运用在相关行动主体能力获得或提升过程中的主导作用，大数据作为一种有效治理资源为社会治理提供了能力全面升级的契机。基于结构理论中社会关系互动模式的影响机理，本节聚焦数字社会形态下政府与其他社会治理主体的关系，探讨数字科技如何驱动治理结构和治理绩效的革新，赋能治理民主化、精细化。

1. 数字赋能重构治理结构

移动互联网、物联网、工业互联网等数字科技的广泛渗透，横向上重塑了政府部门间的业务流程，纵向上促使科层结构"扁平化"和"弹性化"（Jiang et al.，2019），将政府部门间"串联式"的业务流程变成"围绕公众需求"的"并联式"业务流程。数字化背景下重构的治理结构容纳了企业、社会和民众等众多治理主体（Hammer et al.，2006），为社会治理权力的数字化延伸提供了契机，带动了政府与社会之间在信息和资源上纵向连通，提升了个体、企业、社会组织等多元主体对社会治理的参与度，促进了政府治理、社会调节和居民自治的良性互动（乔天宇和邱泽奇，2020）。

从政府的角度来看，数字科技应用增强了政府对于社会的触达性。科层式的政府组织模式伴随着数据开放、数据共享进程的深入逐渐模糊了边界并更为扁平化（鲍静和贾开，2019）。智能化时代数字政府治理的扁平沟通互动理念打破官僚制的层级固化，以相互联系的网络 IP 地址连接成扁平沟通网络，实现多方位的、交互式的主动沟通。从社会的角度看，数字科技增强了多元主体参与社会治理的可及性和便捷性，借助数字政府平台拓展了民众的话语渠道。数字平台去边界和去中心的扁平化特征极大地增强了个人、企业、社会组织等与政府之间的连通，突破了层级化所带来的距离空间限制，丰富了普通民众的表达场景（赵淼等，2022）。大规模的网民政治表达和网络舆情压力逐渐使得公权力运行形成结构化、制度化和稳定性的制约、监督和规范机制。数字化背景下基层的民情民意诉求能够顺畅表达和快速汇聚，并得到相应的回应和反馈，个人和组织都能更便捷地参与到社会治理之中。

2. 数字赋能提升治理效能

在数字化时代，传统上分散、信息不对称的各社会主体利用数字科技连接在一起，个体行为的不可预测性和社会参与主体的多样化需求不断加大社会精准化治理难度。数字赋能意味着社会治理要以数字科技为支撑并高效利用数字科技驱动社会治理效能提升，充分满足不同区域、不同群体的差异性需求，提供大量个性化的社会治理供给方案。

数字科技带来政府内部与外界社会信息共生的生态发展方式，政府与社会间的双向动态交流推动社会治理向政府与公众密切互动、政策与执行交叉融合的新范式转变（Janssen and Helbig，2018）。一方面，政府不再是单向传递信息的管理主体。通过人工智能和云计算、大数据等技术的融合应用，政府可以全面把握公众诉求、精准模拟政策运行，在政府与社会间实现动态化民情民意汇聚、社会风险感知、智能化决策辅助和个性化民意回应，建立起"以人民为中心"的服务理念和基于大数据的主动式、预防式、参与式、互动式和智能化国家治理体系和治理能力，推动治理精准化（赵金旭等，2022）。另一方面，政府通过多种途径向社会发布政策、信息和数据，提高政府公信力。数字政府基于大数据的实时记录和快速传播技术向公众即时公布政府信息，方便社会对政策和政府行为进行监督；基于公共数据开放平台向全社会公布可开放的数据要素，推动企业和社会主体对数据资源的增值开发和价值创造，加强政府的透明度，进而提升公信力。

10.5　本章小结、政策启示与未来展望

10.5.1　本章小结

数字化转型重构了社会复杂系统，对社会创新发展与治理带来了深刻影响。本章探讨了数字化转型对社会创新发展与治理的影响，立足"技术-社会"范式，基于数字科技与社会系统融合发展视角，从社会组织形式创新、社会服务模式创新、社会决策机制创新三个方面分析了数字转型对社会创新的影响机理和赋能路径，构建了数字化背景下社会创新发展与治理的理论框架。本章的理论贡献和主要发现如下。

本章构建了数字化背景下社会创新发展与治理的理论分析框架，阐释了社会创新数字化转型的基本路径，为理解数字化背景下社会系统转型提供了重要理论依据。数字科技的高渗透性引发社会创新全方位变革。本章系统梳理数字转型、社会创新等相关文献后发现，数字科技发明的大规模社会化应用推动社会主体交互方式的转变，重塑公共服务运作模式以推动社会系统功能实现，带动社会决策模式和制度环境变革。基于此，本章立足数字科技与社会系统融合发展视角，从社会组织形式创新、社会服务模式创新、社会决策机制创新三个方面探究了数字化对社会创新发展的影响机理和赋能路径。本章所提出的数字化背景下社会创新发展与治理理论框架能够用于解释数字化背

景下社会创新发展与治理实践，同时也有助于提出社会系统数字化转型的应对策略。

本章研究有以下发现。①数字科技的蓬勃发展与社会系统的创新发展和治理相互融合促进、共生演化，集中体现在社会组织形式、社会服务模式、社会决策机制三个方面。②基于社会系统的主体及其互动演化视角，数字化背景下的社会组织形式不断向平台化、共享化、在线化转型，数字平台加速了信息交互、汇聚和传递，促进了主体之间高效协同合作；共享化提升了存量资产利用效能，促进了社会要素流通；在线化加速了大数据资源化，推动了社会信息共享、资源协作和管理。③基于社会系统功能实现视角，数字科技创新社会服务供给模式，推动教育、医疗、养老、交通等公共服务均等化、体验化、普惠化、精准化、个性化、智慧化、高效化、绿色化。④基于社会系统制度环境视角，数字科技驱动社会治理变革，重构社会决策机制，推动政府内部数字化变革以及数字社会形态下政府与其他主体共同治理，实现数字政府决策科学化、服务高效化，赋能社会治理民主化、精细化。

10.5.2 政策启示

数字化不仅赋能社会创新发展，推动其不断变革发展，同时也会随着颠覆式数字科技的大范围应用给整个社会带来复杂的负外部性影响（康瑾和陈凯华，2021），为现有的社会治理带来新机遇和新挑战。一方面，数字科技与社会系统的复杂动态耦合要求社会治理模式和方法向智能化、高效化、精准化变革，及时、安全地利用新技术增强社会治理能力；另一方面，需要防范数字科技的利弊共生和人机融合程度的不断加深对社会治理带来的数字垄断、数字安全、数字伦理等多方面风险（王芳和郭雷，2022）。为此需要创设和完善相关制度，规范和监督新技术及其应用，加强相应研究，从顶层设计上建立风险预警机制，加强适应数字化的治理体系建设（姜李丹和薛澜，2022）。

1. 加强数字科技赋能社会创新的系统性治理

数字科技以其极强的渗透性加速嵌入社会创新各领域，然而为数字科技设置边界的顶层设计与法律制度则进度较缓。社会系统制度环境视角强调在数字化背景下，需要相应的治理模式和制度环境以实现社会决策机制变革。面对数字化转型带来的社会治理挑战，需要加强相应顶层设计、构建完备的制度环境与之适配，使得监管创新跟上技术进步的步伐，进而主动响应和规制。一是对新一代数字科技的发展趋势和应用前景进行综合研判分析，实现系统性谋划和体系化推进。二是加强立法统筹协调，推动数字社会领域立法内容的体系化、全面化和精细化，通过法律途径厘清数字科技应用的边界和程度，建立责权清晰的制度框架。三是坚持"协调安全与发展、统筹效率和公平、平衡活力与秩序、兼顾技术和伦理、把握整体和重点"的创新治理原则，加强顶层设计与地方实践的良性互动。四是积极打造数字化背景下数据要素治理、算法治理等新型治理范式，加强敏捷治理和决策反馈机制，提高社会治理的适应性和灵活性。

2. 建立数字生态体系支撑社会创新场景应用

社会创新功能视角强调了数字化在教育、医疗、交通等社会领域带来的服务模式变革，为了推动数字科技在社会生活各类场景中的广泛落地，需要把握数字科技发展关键痛点和应用场景现实需求，构建支撑社会创新发展与治理的数字生态体系。一是打造开源、开放、交叉的协同创新环境，推动数字科技设施、数字要素等公共品建设和制度设计，为面向社会领域的数字科技迭代应用提供低成本的开发环境，加速社会组织结构、服务模式和治理方式向数字化转型。二是营造安全可靠的数字生活环境，完善社会公众数字身份认证管理体系，细化数据采集和使用原则，构筑"以人为中心"、安全可控的数字空间治理体系，打造"智慧法治"新模式，维护社会公平正义。三是聚焦教育、医疗、养老、交通等技术驱动效应强的典型领域，从技术供给侧进行技术推演并从需求侧进行场景分析，同时以此为依托强化关键核心技术攻关，来推动数字科技与社会创新应用场景的深度融合，促进数字科技供给与社会创新需求对接。

3. 加强数字科技背景下的社会治理能力提升

数字科技与社会系统的融合发展对社会治理能力提出了更高的要求，为此需要全方位多维度提升社会治理能力，一方面利用数字科技赋能社会治理平台效能，另一方面加快数字科技人才队伍建设。一是建设数字科技嵌入的社会治理平台，运用数字信息资源的传递性与共享性，实现对社会参与组织及民众主体的赋权与赋能，提升社会治理合作的可及性与响应性（徐顽强，2022）。二是完善数字科技人才培养与发展体系，扩大高水平数字人才供给，加强数字科技研发队伍建设的同时，面向未来培养新型技术治理和社会治理协同的复合型人才，推动数字化人才与社会治理需求精准匹配，形成国家治理政产学研用新生态。

4. 构建安全与发展协同的数字社会治理机制

数字化社会系统具有技术属性和社会属性高度融合的特点，在数字科技发展和应用过程中需警惕背后的社会风险，构建发展与治理协同、技术治理与社会治理协同的治理机制。一是加强协同共治，构建与完善政府、社会组织、平台企业与公民之间的协同治理机制，由多利益相关者共同参与公共事务管理，确保监管目标的一致性和监管措施的有效性，提高多元主体参与社会治理的积极性和便捷性，推动社会公正和社会福祉的实现。二是贯彻以人为本的数字科技发展与应用理念，坚持技术发展应用与社会价值追求相统一，防范智能系统对人的主体性的威胁，如算法依赖、技术黑洞等（王芳和郭雷，2022），保障个体自由、平等、民主等基本权利。三是建立伦理审查机制，充分探索"价值敏感设计""负责任创新"等伦理方法在通用模型语境下的可行性，评估新一代数字科技的伦理影响和风险点，从社会生态系统、社会政治经济系统分析技术可靠性。

10.5.3　未来展望

为了进一步夯实数字化背景下社会创新发展与治理的相关理论和实证研究，未来可以从以下两个方面展开进一步研究。

一是数字转型对社会系统功能创新和变革的影响机理研究。数字化转型造就了前所未有的社会系统复杂性，社会系统功能也将随之深刻变化（王芳和郭雷，2022）。为此，有必要从社会系统功能的维度出发深入研究数字化背景下的社会创新系统。例如，数字时代在为社会创新发展与治理提供动能的同时，是否赋予社会新的功能？数字科技应用的逐利性造成数字科技滥用、贫富差距扩大、数字鸿沟、能源大量消耗等问题，这是否会导致价值失衡及功能异化？这些问题迫切需要深入研究。

二是数字化背景下社会创新发展与治理的效率和评价研究。本章基于数字科技与社会系统融合发展视角构建数字化背景下社会创新发展与治理分析框架，未来需要在此理论框架基础上，从实证角度研究验证数字化对社会创新发展与治理的影响。例如，基于数字医疗、数字教育、数字政务等具体案例分析数字化在社会系统中的应用水平，对社会创新的改善程度等，进而刻画数字化背景下社会创新发展的效率和发展趋势。

本章参考文献

鲍静，贾开. 2019. 数字治理体系和治理能力现代化研究：原则、框架与要素[J]. 政治学研究，（3）：23-32，125-126.

曹艳林，张可，易敏，等. 2022. 数字时代的医疗数字化与数字医疗[J]. 卫生软科学，36（10）：80-85.

杜学元，赵斌刚. 2022. 教育元宇宙：数字孪生高校的未来构想[J]. 教育学术月刊，（10）：16-23.

樊博，贺春华，白晋宇. 2023. 突发公共事件背景下的数字治理平台因何失灵：
　　"技术应用-韧性赋能"的分析框架[J]. 公共管理学报，20（2）：140-150，175.

韩兆柱，马文娟. 2016. 数字治理理论及其应用的探索[J]. 公共管理评论，（1）：
　　92-112.

黄未，陈加友. 2022. 数字政府建设的内在机理、现实困境与推进策略[J]. 改革，
　　（11）：144-155.

姜李丹，薛澜. 2022. 我国新一代人工智能治理的时代挑战与范式变革[J]. 公共管
　　理学报，19（2）：1-11，164.

鞠京芮，孟庆国，林彤. 2022. 社会技术系统理论视角下城市智能治理变革的要素
　　框架与风险应对：以城市大脑为例[J]. 电子政务，（1）：66-76.

康瑾，陈凯华. 2021. 数字创新发展经济体系：框架、演化与增值效应[J]. 科研
　　管理，42（4）：1-10.

李齐，曹胜，吴文怡. 2020. 中国治理数字化转型的系统论阐释：样态和路径[J]. 中
　　国行政管理，（10）：44-51.

李瑞昌，唐雲. 2022. 数字孪生体牵引应急管理过程整合：行进中的探索[J]. 中国
　　行政管理，（10）：30-38.

林登. 2013. 无缝隙政府：公共部门再造指南[M]. 汪大海，吴群芳，译. 北京：中
　　国人民大学出版社.

刘洋，董久钰，魏江. 2020. 数字创新管理：理论框架与未来研究[J]. 管理世界，
　　36（7）：198-217，219.

陆峰. 2022. 数字化转型与治理方法论[M]. 北京：人民邮电出版社.

乔天宇，邱泽奇. 2020. 复杂性研究与拓展社会学边界的机会[J]. 社会学研究，
　　35（2）：25-48，242-243.

沈费伟，诸靖文. 2021. 数据赋能：数字政府治理的运作机理与创新路径[J]. 政治
　　学研究，（1）：104-115，158.

孙点剑一，李立明. 2020. 浅谈公共卫生与疾病预防控制体系建设[J]. 中国科学院
　　院刊，35（9）：1096-1104.

孙茜，冯霞，隆云滔，等. 2022. 数字技术赋能我国医疗治理现代化建设研究[J]. 中
　　国科学院院刊，37（12）：1705-1715.

王芳，郭雷. 2022. 数字化社会的系统复杂性研究[J]. 管理世界，38（9）：208-221.

王名，朱晓红. 2009. 社会组织发展与社会创新[J]. 经济社会体制比较，（4）：

121-127.

王姝楠，陈江生. 2019. 数字经济的技术-经济范式[J]. 上海经济研究，31（12）：80-94.

王学军，陈友倩. 2022. 数字政府的公共价值创造：路径与研究进路[J]. 公共管理评论，4（3）：5-23.

徐顽强. 2022. 数字化转型嵌入社会治理的场景重塑与价值边界[J]. 求索，（2）：124-132.

曾渝，黄璜. 2021. 数字化协同治理模式探究[J]. 中国行政管理，（12）：58-66.

张建锋，肖利华，许诗军. 2022. 数智化：数字政府、数字经济与数字社会大融合[M]. 北京：电子工业出版社.

张立. 2023. 走进数字社会[M]. 北京：国家行政学院出版社.

赵金旭，赵娟，孟天广. 2022. 数字政府发展的理论框架与评估体系研究：基于31个省级行政单位和101个大中城市的实证分析[J]. 中国行政管理，（6）：49-58.

赵淼，鲍静，刘银喜. 2022. 从赋能到包容：数字政府建设非均衡困境生成机制及化解路径[J]. 中国行政管理，（12）：41-48.

竺乾威. 2012. 公共服务的流程再造：从"无缝隙政府"到"网格化管理"[J]. 公共行政评论，5（2）：1-21，178.

Alonso R，Dessein W，Matouschek N. 2008. When does coordination require centralization?[J]. American Economic Review，98（1）：145-179.

Antman E M，Loscalzo J. 2016. Precision medicine in cardiology[J]. Nature Reviews Cardiology，13（10）：591-602.

Bailey D E，Leonardi P M，Barley S R. 2012. The lure of the virtual[J]. Organization Science，23（5）：1485-1504.

Barrett M，Davidson E，Prabhu J，et al. 2015. Service innovation in the digital age：key contributions and future directions[J]. MIS Quarterly，39（1）：135-154.

Bijker W E，Hughes T P，Pinch T. 2012. The Social Construction of Technological Systems，Anniversary Edition：New Directions in the Sociology and History of Technology[M]. Cambridge：MIT press.

Brodie R J，Whittome J R M，Brush G J. 2009. Investigating the service brand：a customer value perspective[J]. Journal of Business Research，62（3）：345-355.

Cajaiba-Santana G. 2014. Social innovation：moving the field forward. A conceptual framework[J]. Technological Forecasting and Social Change，82：42-51.

Ciriello R F，Richter A，Schwabe G. 2018. Digital innovation[J]. Business & Information Systems Engineering. 60：563-569.

Constantinides M，Davidson E，Prabhu J，et al. 2015. Service innovation in the digital age：key contributions and future directions[J]. MIS Quarterly，39（1）：135-154.

Constantinides P，Henfridsson O，Parker G G. 2018. Introduction：platforms and infrastructures in the digital age[J]. Information Systems Research，29（2）：381-400.

Dacin M T，Dacin P A，Tracey P. 2011. Social entrepreneurship：a critique and future directions[J]. Organization Science，22（5）：1203-1213.

de Reuver M，Sørensen C，Basole R C. 2018. The digital platform：a research agenda[J]. Journal of Information Technology，33（2）：124-135.

De S，Zhou Y C，Larizgoitia Abad I，et al. 2017. Cyber-physical-social frameworks for urban big data systems：a survey[J]. Applied Sciences，7（10）：1017.

DiMaggio P J，Powell W W. 1983. The iron cage revisited：institutional isomorphism and collective rationality in organizational fields[J]. American Sociological Review，48（2）：147.

Drucker P F. 1959. Long-range planning：challenge to management science[J]. Management Science，5（3）：238-249.

Dunleavy P，Margetts H，Bastow S，et al. 2006. New public management is dead：long live digital-era governance[J]. Journal of Public Administration Research and Theory，16（3）：467-494.

Erik B，Andrew M. 2017. The Business of artificial intelligence：what it can—and cannot—do for your organization[J]. Harvard Business Review Digital Articles，7：3-11.

Foray D，Mowery D C，Nelson R R. 2012. Public R&D and social challenges：what lessons from mission R&D programs?[J]. Research Policy，41（10）：1697-1702.

Geels F W，Sovacool B K，Schwanen T，et al. 2017. Sociotechnical transitions for deep decarbonization[J]. Science，357（6357）：1242-1244.

Gibson C B，Gibbs J L. 2006. Unpacking the concept of virtuality：the effects of geographic dispersion，electronic dependence，dynamic structure，and national diversity on team innovation[J]. Administrative Science Quarterly，51（3）：451-495.

Griffith T L，Sawyer J E，Neale M A. 2003. Virtualness and knowledge in teams：managing the love triangle of organizations，individuals，and information technology[J]. MIS Quarterly，27（2）：265.

Haefner N，Wincent J，Parida V，et al. 2021. Artificial intelligence and innovation management：a review，framework，and research agenda☆[J]. Technological Forecasting and Social Change，162：120392.

Hagiu A，Wright J. 2013. Do you really want to be an eBay?[J]. Harvard Business Review，91（3）：102-108.

Hammer M，Champy J，Champy J. 2006. Reengineering the Corporation：A Manifesto for Business Revolution[M]. New York：HarperBusiness.

Hellström T. 2004. Innovation as social action[J]. Organization，11（5）：631-649.

Herrera M E B. 2015. Creating competitive advantage by institutionalizing corporate social innovation[J]. Journal of Business Research，68（7）：1468-1474.

Howaldt J，Schwarz M. 2010. Social Innovation：Concepts，Research Fields and International Trends[M]. Dortmund：Sozialforschungsstelle Dortmund.

Jacobides M G，Cennamo C，Gawer A. 2018. Towards a theory of ecosystems[J]. Strategic Management Journal，39（8）：2255-2276.

Janowski T. 2015. Digital government evolution：from transformation to contextualization[J]. Government Information Quarterly，32（3）：221-236.

Janssen M，Helbig N. 2018. Innovating and changing the policy-cycle：policy-makers be prepared![J]. Government Information Quarterly，35（4）：S99-S105.

Jarke J. 2021. Co-creating Digital Public Services for an Ageing Society：Evidence for User-centric Design[M]. Berlin：Springer.

Jiang J Y，Meng T G，Zhang Q. 2019. From Internet to social safety net：the policy consequences of online participation in China[J]. Governance，32（3）：531-546.

Kallinikos J，Aaltonen A，Marton A. 2013. The ambivalent ontology of digital artifacts[J]. MIS Quarterly，37（2）：357-370.

Lazer D M J，Pentland A，Watts D J，et al. 2020. Computational social science：obstacles and opportunities[J]. Science，369（6507）：1060-1062.

Leat D，Seltzer K，Stoker G. 2002. Towards Holistic Governance：The New Reform Agenda[M]. Basingstoke：Palgrave.

Levano-Francia L，Sanchez Diaz S，Guillén-Aparicio P，et al. 2019. Digital competences and education[J]. Journal of Educational Psychology-Propositos y Representaciones，7（2）：579-588.

Levin I，Mamlok D. 2021. Culture and society in the digital age[J]. Information，12（2）：68.

Li L，Jiang R，He Z B，et al. 2020. Trajectory data-based traffic flow studies：a revisit[J]. Transportation Research Part C：Emerging Technologies，114：225-240.

Lusch R F，Vargo S L. 2014. Service-Dominant Logic：Premises，Perspectives，Possibilities[M]. Cambridge：Cambridge University Press.

MacLean M，Harvey C，Gordon J. 2013. Social innovation，social entrepreneurship and the practice of contemporary entrepreneurial philanthropy[J]. International Small Business Journal，31（7）：747-763.

Mohebbi S，Zhang Q，Christian Wells E，et al. 2020. Cyber-physical-social interdependencies and organizational resilience：a review of water，transportation，and cyber infrastructure systems and processes[J]. Sustainable Cities and Society，62：102327.

Moulaert F. 2013. The International Handbook on Social Innovation：Collective Action，Social Learning and Transdisciplinary Research[M]. Cheltenham：Edward Elgar Publishing.

Nandan M，London M，Bent-Goodley T. 2015. Social workers as social change agents：social innovation，social intrapreneurship，and social entrepreneurship[J]. Human Service Organizations Management，Leadership & Governance，39（1）：38-56.

Pan G，Pan S L，Newman M，et al. 2006. Escalation and de-escalation of commitment：a commitment transformation analysis of an e-government project[J]. Information Systems Journal，16（1）：3-21.

Parker G G，Van Alstyne M W，Choudary S P. 2016. Platform Revolution：How Networked Markets are Transforming the Economy and How to Make Them Work for You[M]. New York：WW Norton & Company.

Pee L G，Pan S L，Wang J Y，et al. 2021. Designing for the future in the age of pandemics: a future-ready design research（FRDR）process[J]. European Journal of Information Systems，30（2）：157-175.

Perez C. 1983. Structural change and assimilation of new technologies in the economic and social systems[J]. Futures，15（5）：357-375.

Planes-Satorra S，Paunov C. 2019. The digital innovation policy landscape in 2019[R]. Paris：OECD Publishing.

Popescu G H. 2015. The dynamics of social innovation networks[J]. Psychosociological Issues in Human Resource Management，3（2）：77-82.

Qureshi I，Fang Y L. 2011. Socialization in open source software projects：a growth mixture modeling approach[J]. Organizational Research Methods，14（1）：208-238.

Qureshi I，Riaz M S，Ruebottom T. 2017. Power and reflexivity in boundary work：addressing inequality through distributed social ownership[J]. Academy of Management Proceedings，（1）：13114.

Rolland K H，Mathiassen L，Rai A. 2018. Managing digital platforms in user organizations：the interactions between digital options and digital debt[J]. Information Systems Research，29（2）：419-443.

Rong K，Li B Y，Peng W，et al. 2021. Sharing economy platforms：creating shared value at a business ecosystem level[J]. Technological Forecasting and Social Change，169：120804.

Rose J，Persson J S，Heeager L T，et al. 2015. Managing e-Government：value positions and relationships[J]. Information Systems Journal，25（5）：531-571.

Roy M J，McHugh N，Hill O'Connor C. 2014. Social innovation：worklessness，welfare and well-being[J]. Social Policy and Society，13（3）：457-467.

Sarason Y，Dean T，Dillard J F. 2006. Entrepreneurship as the nexus of individual and opportunity：a structuration view[J]. Journal of Business Venturing，21（3）：286-305.

Shafqat S，Kishwer S，Rasool R U，et al. 2020. Big data analytics enhanced healthcare systems：a review[J]. The Journal of Supercomputing，76（3）：1754-1799.

Sharma R，Fantin A R，Prabhu N，et al. 2016. Digital literacy and knowledge societies：a grounded theory investigation of sustainable development[J]. Telecommunications

Policy, 40 (7): 628-643.

Sharon C-E, Stephanie F, Suzanne S, et al. 2020. Intelligent transportation systems (its) joint program office: strategic plan 2020—2025[R]. Washington: Transportation Systems Joint Program Office.

Shaw E, de Bruin A. 2013. Reconsidering capitalism: the promise of social innovation and social entrepreneurship?[J]. International Small Business Journal: Researching Entrepreneurship, 31 (7): 737-746.

Smith M L, Elder L. 2010. Open ICT ecosystems transforming the developing world[J]. Information Technologies and International Development, 6 (1): 65-71.

Stahl B C, Doherty N F, Shaw M. 2012. Information security policies in the UK healthcare sector: a critical evaluation[J]. Information Systems Journal, 22 (1): 77-94.

Stokes M, Baeck P, Baker T. 2017. What next for digital social innovation[R]. Brussel: European Commission.

Tim Y, Pan S L, Ractham P, et al. 2017. Digitally enabled disaster response: the emergence of social media as boundary objects in a flooding disaster[J]. Information Systems Journal, 27 (2): 197-232.

van der Have R P, Rubalcaba L. 2016. Social innovation research: an emerging area of innovation studies?[J]. Research Policy, 45 (9): 1923-1935.

Vargo S L, Lusch R F. 2008. Service-dominant logic: continuing the evolution[J]. Journal of the Academy of Marketing Science, 36 (1): 1-10.

Vermicelli S, Cricelli L, Grimaldi M. 2021. How can crowdsourcing help tackle the COVID-19 pandemic? An explorative overview of innovative collaborative practices[J]. R&D Management, 51 (2): 183-194.

Vial G. 2019. Understanding digital transformation: a review and a research agenda[J]. The Journal of Strategic Information Systems, 28 (2): 118-144.

von Krogh G. 2018. Artificial intelligence in organizations: new opportunities for phenomenon-based theorizing[J]. Academy of Management Discoveries, 4 (4): 404-409.

Wu Y W, Zhang K, Zhang Y. 2021. Digital twin networks: a survey[J]. IEEE Internet of Things Journal, 8 (18): 13789-13804.

Yang Q Z, Miao C Y, Shen Z Q. 2015. Digital services innovation for aging-in-place[C]. 2015 IEEE International Conference on Industrial Engineering and Engineering Management（IEEM）. New York: IEEE.

Yoo Y. 2010. Computing in everyday life: a call for research on experiential computing[J]. MIS Quarterly, 34（2）: 213-231.

Zeng J, Yang L T, Lin M, et al. 2020. A survey: cyber-physical-social systems and their system-level design methodology[J]. Future Generation Computer Systems, 105: 1028-1042.

Zhang J, Li L, Lin G J, et al. 2020. Cyber resilience in healthcare digital twin on lung cancer[J]. IEEE Access, 8: 201900-201913.

第 11 章　数字化背景下区域创新发展的理论构建

随着大数据、人工智能等数字科技的飞速发展，数字化已成为推动区域经济增长的新引擎（许宪春和张美慧，2020；Nambisan et al.，2017）。作为数字化驱动的一种新经济形态，数字经济依托数字科技，通过优化区域创新要素配置、升级区域科技创新链、赋能区域产业发展和转型区域创新治理体系等路径，促进区域社会经济数字化转型（陈晓红等，2022；李晓华，2019；斯丽娟，2023）。我国高度重视数字化背景下区域创新发展，党中央对区域数字化发展作了一系列战略决策部署，以抢抓数字化发展机遇，深入推动区域创新发展。如何诠释数字化对现存相关区域创新理论的发展，如何厘清数字化对区域创新发展实践的影响，实现数字化背景下区域创新理论有效指导区域创新发展实践，数字化背景下的区域创新发展实践推动区域创新相关理论发展，成为数字化赋能区域创新高质量发展的当务之急。

随着数字科技的深化应用，迫切需要系统、科学地诠释数字化对区域创新发展理论和实践的多层影响，试图为数字化对区域创新的影响提供一定学理性支撑。已有研究表明，数字化根本上改变了区域产品创新和服务创新模式，催生了新的区域创新要素配置机制，塑造了不同创新主体在区域创新生态系统结构和治理机制的行为（Si et al.，2020；Zahra et al.，2023），促成了由具有不同目标和能力的动态参与者组成的创新集体，产生了一种新的创新过程和结果，并在更广泛的范围内改变了整个区域产业结构升级（Boudreau and Lakhani，2013；Lansiti and Lakhani，2014；OECD，2016；Porter and Heppelmann，2014，2016），进而赋能区域社会经济发展，同时加速区域创新治理体系转型。

但与此同时，越来越多的学者开始质疑现存相关区域创新理论的解释力和适用性（Barrett et al.，2015；Benner and Tushman，2015；Goldfarb and Tucker，2012；Yoo et al.，2012）。因为数字化可能颠覆部分传统区域创新理论的基本假设（陈晓红等，2022），而对数字化背景下相关区域创新理论发展规律认识的不足，不仅会使得区域创新发展实践缺乏理论依据，也无法为数字化时代区域创新发展的未来趋势变化提供可行性建议（陈晓红等，2019；戚聿东和肖旭，2020）。尤其是数字化背景下我国区域创新尚面临区域创新发展不平衡、产业结构不合理、制度环境不完善等挑战（李晓华，2021），亟须明晰数字化对相关区域创新理论和实践的影响机理，增强对数字化背景下区域创新发展和管理演进逻辑的学理性认识，进而有效指导区域社会经济数字化转型的高质量发展实践。然而，目前除 Jones 和 Tonetti（2020）、徐翔和赵墨非（2020）、杨俊等（2022）部分学者对数字化背景下区域经济增长理论中的一些重要问题做了相关阐释外，尚少见国内外文献对数字化背景下相关区域创新理论发展和实践演进规律进行系统梳理。

　　基于此，本章研究总结了数字化背景下区域创新发展相关理论的重塑，构建了数字化背景下区域创新发展框架，并从区域价值创造过程中要素价值、科学价值、技术价值、经济价值和社会价值等角度，提炼出了区域创新要素及其配置机制、区域科技创新链的发展与升级、区域产业结构的升级与重构、区域社会经济创新发展耦合和区域创新治理体系转型等五方面数字化影响区域创新发展实践的未来发展方向，以期为指导和促进数字化背景下区域创新体系健康、可持续发展提供一定的理论支撑。

　　文章后续结构安排如下：11.1 节提出了数字化背景下区域创新发展框架，厘清了数字化背景下区域创新相关理论的嬗变，总括了数字化背景下区域创新发展实践演进规律；在此基础上，11.2 至 11.6 节分别从区域创新要素及其配置机制、区域科技创新链的发展与升级、区域产业结构的升级与重构、区域社会经济创新发展耦合和区域创新治理体系转型等五方面凝练总结数字化对区域创新发展实践的多重价值创造影响；之后提出并展望了数字化背景下区域创新发展的相关政策建议及未来可能研究方向。

11.1 数字化背景下区域创新发展框架

区域创新发展是创新驱动下区域科技、产业、经济、社会和环境的发展与管理（穆荣平和陈凯华，2023）。随着数据资源、数字科技、数字基础设施和数字政府等数字要素与区域创新发展的深度融合，数字化已成为区域创新发展的新型驱动力，引发着区域创新相关理论的嬗变和区域创新发展实践的演进。为更好诠释和指导数字化下区域创新发展理论和实践的演变，为数字化时代的区域创新发展供一定的理论支撑，本章提出数字化背景下区域创新发展框架（图11-1）。

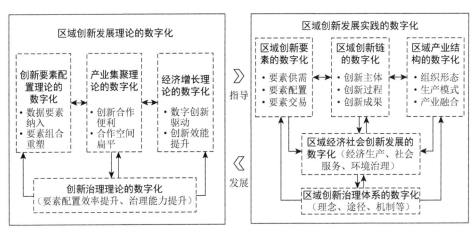

图 11-1 数字化背景下区域创新发展框架

11.1.1 数字化背景下区域创新发展理论的嬗变

从区域创新相关理论发展层面（图11-2），随着数字科技的深化发展及应用，区域创新体系的资源、结构、功能和制度等基本构成要件均一定程度上发生了变化。相应地，数字基础设施、数字科技、数字政府和数字资源等数字要素的交互作用正在不断发展和完善区域资源配置、区域产业集聚、区域经济增长和区域创新治理等相关区域创新系统理论。

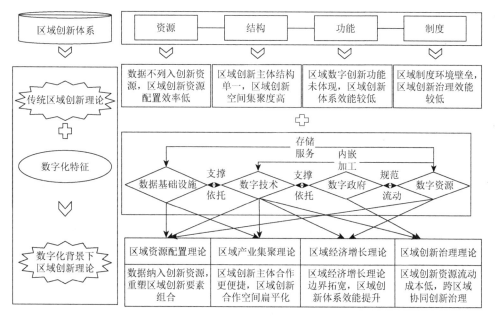

图 11-2 数字化背景下区域创新发展理论嬗变

在区域资源配置理论方面，区域资源配置通常是指在一定地理空间内，按照一定规则或机制分配社会稀缺资源的过程，以提高区域内有限资源的有效利用率，满足人类不断增长的物质文化需要（孙巍和盖国风，1998）。随着区域的数字化发展，数据资源已成为区域创新的重要资源，数据资源的加入重塑了原有区域创新资源配置组合。一方面，区域不同创新主体在数据基础设施的应用过程中，伴随着对数据、人才、科技、资本等区域创新资源的再分配（刘洋等，2020；尹西明等，2022；温珺等，2020）。另一方面，随着数字科技在区域层面的深化发展与应用，创新主体对区域创新资源搜集、整合和应用的成本显著降低，有效推动了区域创新资源的优化配置，使得区域创新资源配置效率明显提升（韩先锋等，2019；李晓娣和饶美仙，2023）。

在区域产业集聚理论方面，区域产业集聚通常是指在特定空间区域内相同产业或关联产业的企业以及相关支撑结构的集聚（Weber and Friedrich，1929；Richardson，1973；Feldman，1994；马歇尔，1965；Porter，2000；盖文启等，2006；柳卸林，2014）。这些学者关于区域产业集聚理论的研究成果在指导着区域产业及经济发展实践的同时，也都或多或少强调或承认了地理空间是产业集聚的重要前提。但随着数字科技的发展与应用，地理空间集聚的必要性逐渐降低，不同区域主体之间的创新合作和交流更加便捷、频繁、紧密和高效，使得数字化背景下区域的产业集聚的形态更加扁平化。一方面，数字科技的飞速发展可以极大降低不同区域内创新主体之间信息交换的成本（Goldfarb and Tucker，2019；Newell and Marabelli，2015；尹西明等，2022），有效提高区域不同创新主体间交流的便捷性和效率（Lynch，2008），有利于加强不同区域创新主体创新合作和交流的连接性，有助于区域创新活动的发生与发展。另一方面，数字科技的深化应用加速改变着区域创新生产模式（杨俊等，2022），实现创新活动过程中生产和服务的虚拟化，使得地理空间是否集聚不再受限，有效促进区域一体化的协同发展。

在区域经济增长理论方面，区域经济增长理论是解释经济增长规律和影响制约因素的理论，实质上是讨论区域经济社会潜在生产能力的长期变化趋势。随着区域数字化发展，越来越多的国内外学者开始将数据纳入区域传统生产函数（Jones and Tonetti，2020；Abis and Veldkamp，2021；Baker and Mayernik，2020；徐翔和赵墨非，2020；杨俊等，2022），以解释数据这一新型生产要素对区域经济增长的贡献，补充完善已有区域传统生产函数的局限性，拓展已有区域经济增长理论的适用边界。例如，Jones 和 Tonetti（2020）认为数据是创意（idea）

的一种剩余信息表达，是罗默内生经济增长理论观点"创意是一套制造经济商品的指令信息，它还包括其他信息"中所指的"其他信息"，数据本身虽然并不是制造商品的指令信息，但在生产过程中仍然有用，如何产生新创意，如果一种创意是一个生产函数，数据即为该生产函数的生产要素之一，而且数据的非竞争性有利于经济增长。徐翔和赵墨非（2020）将数据资本从物质资本中分离，构建了包含数据资本这一新生产要素的新经济增长模型，证明了数据资本积累对推动宏观经济增长的潜力。杨俊等（2022）也认为数据生产要素可以拓展内生经济增长理论，揭示以大数据为核心数据生产要素的数字经济对区域经济增长的内生影响机制。

在区域创新治理理论方面，经典的区域创新治理方式主要有草根型创新体系、网络型、统治型三种（Cooke，2023；柳卸林，2014），但不论哪种区域创新治理模式都离不开地理区位的考虑。Cooke（2006）的区域创新治理理论中既考虑政府和市场的关系，也考虑了地理和历史文化对区域创新治理的差异性影响，但却对区域资源禀赋因素的重视度不够（柳卸林，2014）。随着数字科技的深化发展与应用，地理区位限制将不再成为影响跨区域创新治理的主要因素，数字化为完善区域创新治理理论提供了更加广阔的空间和机会。一方面，数字科技既可以为区域创新治理提供更加快速、精准的数据支撑，也可以提高地方政府和企业等区域创新主体的管理效能和服务质量（杨宏山，2021），提升区域创新资源配置效率。另一方面，数字化加快了区域相关领域创新创业活动的发生与发展，有利于提升区域创新创业的成功率和效率，从而增强区域创新治理效能。以数字政府为例，各地数字政府的加快建设既可以拓展区域创新治理空间，又增强了不同区域创新主体参与地方政府治理的可及性和便捷性，突破了层级化、行政化所带来的地理空间限制，有利于打破数据壁垒和区域行政壁垒，实现跨层级、跨地域、跨系统、跨部门、跨业务的协同管理和服务，使得"一网通办""跨省通办"等成为可能（赵淼等，2022）。

在区域创新系统理论方面，Cooke（1992）认为区域创新系统是指在不同制度环境下，由企业与系统内其他组织机构的交互作用而产生的一种学习系统。关于区域创新系统的研究目前已形成以下共识：一是具有空间地域属性（Cooke，1992；李习保，2007；Sadyrtdinov et.al.，2015）；二是区域创新主体主要集中在高校、科研机构、企业和金融中介机构等（Cooke，1992；Liu and Huang，2018）；三是区域内的不同创新主体通过相互作用，实现其知识生产、扩散和应用功能等（黄鲁成，2000；周青等，2012）。换言之，区域创新系统的快速发展得益于区域地理空间上的临近性和产业等的集聚等（Doloreux and Gomez，2017）。因为区域内不同创新主体在地理上的临近性，有利于知识的溢出，降低了知识的传播成本，为系统内创新主体间的互动创造了条件，进而促进了区域创新能力的提升。随着数字科技的发展，数据资源、数字基础设施等已成为区域创新资源的重要组成部分，同时跨区域创新资源流动成本极大地降低（Goldfarb and Tucker，2019；Newell and Marabelli，2015；尹西明等，2022），地理空间不再是制约区域创新系统发展的要因，这对传统区域创新系统理论的基本假设提出了挑战。

11.1.2　数字化背景下区域创新发展实践的演进

区域创新发展实践本质是区域创新的价值创造过程，通常包括要素价值、科学价值、技术价值、经济价值和社会价值等。基于此，本节从区域创新要素及其配置机制、区域科技创新链的发展与升级、区域产业结构的升级与重构、区域社会经济创新发展耦合和区域创新治理体系转型等方面提炼了数字化对区域创新发展实践的五重影响（表 11-1），具体分析请见 11.2 节～11.6 节内容。

表 11-1　数字化背景下区域创新发展实践重点变化

实践重点	数字化前	数字化后	相关参考
区域创新要素及其配置机制	创新要素市场处于非均衡状态	创新要素供求关系更加平衡	Boudreau 等（2011）；Che 和 Gale（2003）
	区域间创新要素配置以价格信号为主	区域间创新要素配置以供需信号为主	刘志成（2019）
	区域间创新资源交易以物质媒介为主	区域间创新资源交易以电子传输为主	沈坤荣等（2023）
区域科技创新链的发展与升级	创新以大型企业为主，创新主体单一	创新主体多元化的分布式创新	Ciarli 等（2021）
	创新过程相对不依赖于创新成果	创新过程与创新成果的依赖程度增加	Fischer 和 Reuber（2011）；Nambisan 和 Zahra（2016）
	创新成果的边界及特征较为固定	创新成果可塑性及不确定性增加	刘洋等（2020）
区域产业结构的升级与重构	区域产业组织形态为线性上下游关系	区域产业组织形态为多渠道合作下的网络状关系	史丹（2022）
	产业为机械化生产模式	产业为数字智能化生产模式	张腾和蒋伏心（2022）；乌云图等（2023）
	区域内产业间多是相互独立的	区域产业之间的关联性更强	Saldanha 等（2021）
区域社会经济创新发展耦合	劳动、资本是经济生产的主要投入要素	数据作为经济生产要素	Jones 和 Tonetti（2020）；徐翔和赵墨菲（2020）；杨俊等（2022）
	传统的线下社会服务模式	以电子政务、远程医疗、数字教育等为主的线上服务模式	Bukht 和 Heeks（2018）；Ertz and Boily（2019）
	政府主导的末端污染治理模式	公众参与的全过程污染治理	郑石明（2017）；程春明等（2015）
区域创新治理体系转型	强调区域科技创新的管理	强调区域创新的治理	Milakovich（2012）；da Cruz 等（2019）
	区域创新治理表现为垂直化特征	区域创新治理向扁平化发展	赵焱等（2022）
	强调区域科技创新治理过程	注重区域科技创新治理成效	陈套和尤超良（2015）

11.2 数字化重塑区域创新要素及其配置机制

创新要素一般指在创新过程中用于实现创新成果产出的各种投入要素，其对于科技研发效率及创新绩效具有重要影响。在区域创新系统中，创新要素在价格机制下依靠市场调节实现区域间资源的有效选择及优化配置，但是受制于地区间信息不对称、区域交易市场割裂以及跨地区交易成本增加等的影响，区域创新要素的供求关系往往无法达到帕累托最优（Boudreau et al.，2011；Che and Gale，2003），区域创新要素市场长期处于非均衡状态。随着数字深度赋能区域创新发展，数字化重塑了区域创新要素组合和配置机制，极大提升了区域创新要素的配置效率。大数据、人工智能、云计算、区块链等数字科技在区域层面的广泛运用，使得数据要素成为区域创新要素的一员，数据要素的加入将直接影响资本、劳动力和技术等区域创新要素的组合及配置（韩先锋等，2019），加速区域创新要素的关联与重组，有助于提升区域创新资源配置效率（李晓娣和饶美仙，2023）。数字化对于传统经济背景下创新资源供需两侧信息获取方式的变革，能够从"增量补充"及"存量优化"两个方面拓宽区域创新要素的配置途径（武宵旭和任保平，2022），降低区域内企业、研发机构等创新主体对于市场信号的依赖，弱化虚假市场信号下的区域创新资源错配，将区域创新要素的供求关系建立在算法基础之上，实现区域创新要素配置机制的变革及升级。

11.2.1 数字化刺激了区域创新要素的新需求

在区域创新要素需求层面，一方面，数字科技的发展衍生了众多新型的产业形态，扩大了地区对于研发人才的有效需求。产业结构及生产方式的变革为地区创造了大量的新职业和技术岗位，数字化发展带来的生产技术进步同样会导致低技术劳动力需求降低（谢谦和郭杨，2022），传统劳动岗位逐渐被技术型岗位所替代，从而引致欠发达地区传统劳动力的回流以及发达地区研发人员需求的增加。伴随数字科技水平的提高，地区数字科技的应用范围将逐渐扩大，对有关数字科技人才的需求也将进一步提升，这也在一定程度上导致了周边欠发达地区创新人才的流失。另一方面，数字经济发展助推了数字金融生态的形成，提高了地区的创新资本要素需求。由于创新产出的不确定性较大以及价值的难以衡量，一般无法进行抵押融资，因此区域内的经济主体尤其对于中小型企业而言通常面临较严重的融资约束（顾雷雷和王鸿宇，2020）。依托数字平台强大的资源整合能力以及云计算的数据处理优势，"互联网+金融"的新型融资模式能够有效判断出区域内受到金融排斥的"长尾客群"，识别出区域创新研发资本的有效需求。同时，多样化数字金融产品以及理财方式的出现，打破了传统的资金储蓄习惯，资金供给方式的变革同样引起了对于创新资本的新需求。

11.2.2　数字化创造了区域创新要素的新供给

在区域创新要素供给层面，一方面，数字经济发展扩大了区域内高技术人才的就业机会，提升了研发人员的有效供给。数字经济下移动互联以及智能终端设备的发展，极大降低了区域间相关就业信息获取的难度，通过利用线上平台查找与自身知识技能密切相关的技术岗位，能够有效缓解信息不对称造成的摩擦性失业（Dengler and Matthes，2018），扩大区域研发人员的供给规模。根据新经济地理理论，数字经济发展带来的区域内生产方式变革，能够进一步优化区域内部的生产环境及研发环境，增强了地区的区位优势，吸引更多的技术人才聚集，产生人才市场的"蓄水池"效应。另一方面，数字经济的发展改变了传统的金融供给模式，提升了创新资本的有效供给。伴随着数字科技与金融发展的深度融合，新型数字金融模式的发展改变了"臂弯形"金融供给曲线位置（武宵旭和任保平，2022），依托第三方支付渠道对于闲散资金的沉淀和整合，能够扩大区域内研发资金的有效供给，且线上交易模式的完善能够克服研发资本交易的时空约束，大幅提升以商业银行为主的支付体系效率，进一步提升研发资本要素供给质量。

11.2.3　数字化变革了区域创新要素的配置机制

传统经济模式下，区域创新要素的配置以价格为信号，在供求关系约束下依靠市场机制实现资源配置，但由于供需双方信息不对称的存在，"逆向选择"及"道德风险"等问题不可避免（刘志成，2019），阻碍了区域创新要素的合理配置。数字科技的发展能够改变传统的以价格为信号的配置机制，降低市场创新资源交易的摩擦成本，强化市场对于创新资源的配置效能。从区域内部创新要素配置机制来看，数字化加强了区域创新主体间的信息对称，提升了区域创新要素配置效率。数字化技术能够嵌入到区域创新配置过程中，实现创新要素及其供需双方信息的具体化和可视化（Si et al.，2023），借助信息数据的云端存储功能，能够实现相关要素信息的实时共享，充分释放"信息势能"，有助于打破区域内不同行业间创新资源的流动壁垒，降低创新主体的信息获取成本，缓解研发人员以及研发资本等创新要素配置过程中的信息不对称问题，进而实现区域创新要素资源的有效配置。数字经济加快了创新要素的流动速度，使创新资源配置向平台化转变。数字化技术具有模块化以及通用性特征，能够弱化部分产业的技术门槛以及准入门槛（Nambisan et al.，2017），使得创新资源要素在不同部门间的流动速度加快、交易成本降低，而平台化的经济共享形式以及要素组织形态，使得创新主体的组织结构发生改变，创新发展模式逐渐向信息化以及模块化转变，引导创新要素配置形式向平台化转变。

从区域间创新要素配置机制来看，首先，数字化发展削弱了研发资源流动的空间约束，畅通了区域间资源配置渠道。数字化时代下网络效应和平台效应能够减少创新资源的时空束缚，利用线上网络拓宽地区间各创新主体的交流渠道，突破传统配置模式下的地区限制，通过线上及线下融合的形式构成不同技术部门间跨界融合、协同创新以及多元共享的创新集聚体，能够在一定程度上避免地理空间限制造成的市场分割（陈伟光等，2022），为区域间创新要素的配置提供充分保障，为新知识的扩散创造条件。其次，数字科技革新了区域间研发资源的交易方式，降低了区域间技术交易成本。从区域间数字交易的自由化方面来看，电子传输替代了传统的物质媒介，降低了创新要素跨地区的流动成本，区域间数据的自由流动有效带动了研发资源的跨区域配置（沈坤荣等，2023）。无纸交易、电子签名等形式的出现，简化了区域间研发资源的交易程序，减少了创新要素跨区域流动的时间成本，区域间资源交易方式的变革成为创新要素配置机制升级的重要前提。然而数字科技引发的创新要素集聚也会在短期上扩大区域发展差距，长三角、珠三角等经济发达地区对于创新资源的虹吸效应会导致欠发达地区创新要素资源的逆向流动，使得欠发达地区及偏远地区无法享受到数字经济发展带来的明显红利。

11.3　数字化驱动区域科技创新链的发展与升级

区域科技创新链条是指区域内的创新主体及其研发活动参与者在市场需求导向下，依靠研发资源的投入，实现创新知识的经济化过程，描述了一个创新蓝图从产生到产出再到商业化应用的整个过程，也反映了区域内各创新主体在创新过程中的衔接和合作。随着数字驱动力的持续作用，区域科技创新链中的产品和服务的性质以及结构发生了深刻变化，区域创新主体逐渐演变为具有不同研发目标以及研发能力的动态行为体，驱动了原有区域科技创新链条的升级与重构，对于整个地区的研发创新及科技产出产生重要影响（Boudreau and Lakhani，2013）。

11.3.1　数字化拓展了区域科技创新主体的范围

从科技创新主体来看，一方面，数字科技的发展为研发创新提供了优良沃土，为区域内中小企业及经济个体从事创新活动创造了机会。数字经济时代，知识生产逐渐向智能化、开放化趋势转变。在传统创新体系中，创新生产过程包含研究设计、实验操作、数据分析等多个复杂环节，需要依靠大量的资金及人力投入。数字科技的发展突破了个体对于计算能力以及分析能力的限制（Ciarli et al.，2021），数据密集型科研范式可以利用海量数据处理来发现科学问题的内在规律，创新产出流程得到进一步简化（康瑾和陈凯华，2021），创新所需投入的降低使得地区中小企业甚至是经济个体也能从事研发创新活动。另一方面，随着数字科技与创新发展的深度融合，同一科技创新链条中创新主体分布更加分散。数字经济时代，发达地区的数字化创新平台和开放标准使得来自不同地区及具有不同目标的创新主体能够在同一平台机构中组成一个集体以实现共同研发，而数字基础设施能力的完善令这一创新集体实现协同运作和知识共享（Boudreau，2010；Gawer and Gusumano，2014），同时也为欠发达地区创新主体参与大型研发项目共建及学习交流提供了机会。但创新集体中的个体往往不受主要创新者的控制，而仅仅是参与到研发创新过程中，这种分布式的创新形式也构成了数字经济时代的主要创新产出模式（Majchrzak and Malhotra，2013）。

11.3.2　数字化重塑了区域科技创新产出的过程

从科技创新过程来看，一方面，数字化加深了创新过程与创新结果关系间的复杂性，使得创新过程更加依赖于创新结果。相较于传统经济时代，数字化时代下消费者需求的变化速度更快，且区域内个体及经济市场的信息更加透明，因此创新主体对于市场信息变化敏锐程度的要求更高（陈晓红等，2022）。成功的创新需要在区域发展进程下，依靠数字科技对创新过程进行不懈重组和重构，以适应地区不断变化的创新需求，且数字化时代下，创新主体可以利用社交媒体等线上平台交流分享创作故事，社交媒体的互动提供了有关消费愿望和需求变化的重要信号，从而带来新的创新（Fischer and Reuber，2011；Nambisan and Zahra，2016）。另一方面，数字平台的出现整合了来自不同区域的各类创新主体，催生了多种形式的合作创新。在数字创新平台中，数字基础设施为不同部门的创新主体及其相关参与者的互动合作提供了可能，随着创新平台中各部门研发创新活动的集聚，跨越多个部门类别的创新产品不再被单一的创新主体所理解，因此相同的创新产品可能被赋予了不同的认知框架（Negro and Leung，2013）。随着创新过程中各部门创新主体互动交流的深入，传统的创新产品框架可能被打破，从而催生出新的创新机会。

11.3.3　数字化模糊了区域科技创新成果的边界

从科技创新成果来看，一方面，数字科技增加了创新成果的可塑性，使最终成果的不确定性增加。在创新过程中，创新产品往往被赋予了固定的边界和特征，地区内的创新主体根据创新产品的特点从事相应的研发活动。数字化时代下，数字科技与创新过程的深度融合使得创新产品的可编辑性大大提升，创新成果在生产过程中不再处于相对静止状态，参与研发活动的创新主体能够跟随地区市场信号不断调整和扩大创新成果的边界和范围（刘洋等，2020），最终创新成果的产出具有较强的不可预测性。另一方面，数字科技增加了创新成果的开放性和共享性，便于创新成果的改造和应用。线上社交媒体、云端存储、普惠化创新服务平台等的发展，使得创新成果的获取成本极大降低，不同地区的经济组织甚至是经济个体均可依靠线上平台共享及时获取创新成果。在数字科技的加持下，创新成果的获取者和应用者能够更简单地实现创新成果的改造和应用，使得某一领域下的原始创新成果被应用到不同的生产领域中，进一步拓展原有创新成果的自身边界及应用范围。

11.4　数字化赋能区域产业结构的升级与重构

作为产业结构理论的重要组成部分，产业结构升级是新时代下中国实现经济转型的必然途径。结构主义观点将产业结构升级理解为生产要素不断由低效率产业向高效率产业流动的过程，从而实现了生产要素等资源的合理分配以及生产效率的提升（刘伟等，2008）。数字经济时代下，数据作为生产投入的关键要素，其以信息网络为载体，通过数字产业化和产业数字化两条路径作用于产业结构升级：一方面新兴数字产业的发展更新了传统的产业结构，另一方面数字科技与传统产业的融合重塑了传统产业的基本形态。与传统产业结构理论不同的是，数字经济时代下产业组织形态由传统的线性上下游产业链关系转变为多渠道合作的网络状产业链关系（史丹，2022），且线上及线下的深度融合为新时代下产业结构的升级与重构提供了新突破口。

11.4.1　数字化带动了区域产业结构转型

数字化对区域产业结构转型的影响主要表现在供需两个层面。

首先从供给侧来看，数字科技发展带来的创新驱动效应推动了区域产业结构转型升级。一方面，以云计算、大数据、人工智能、物联网等为主的新兴技术构成了数字经济时代下的智能技术群（白雪洁等，2022），随着智能技术群与区域传统产业发展的深度融合，传统产业空间布局及结构得到进一步细分和优化，逐步引导传统产业结构向网络化与智能化转型，实现区域产业间的互联互通、协同发展，且随着区域技术创新能力不断提高，吸引了更多的创新资源要素集聚，加速了区域内产业间的知识溢出。传统生产要素与数据创新要素的融合渗透使得区域产业领域不断拓宽,推进地区内企业资源要素重组(Amit and Han,2017;Wu and Shao,2022),进而实现产业结构转型。另一方面,将数字科技融入区域产业生产链条的全环节中,能够使得原有传统的机械化生产模式向智能化生产模式转变,提升区域产业组织的柔性生产能力及资源配置效率(张腾和蒋伏心,2022;乌云图等,2023)。

其次,从需求侧来看,数字科技发展带来的数字产品消费需求效应带动区域产业结构转型。一方面,数字经济时代下,数字以及智能化的产品及服务成为消费需求的新增长点(Ren et al.,2023),数字产品的需求创造效应推动了地区内产业结构的数字化转型。例如,当新型数字科技与传统制造业有机结合后,以可穿戴智能设备、无人飞行器等为代表的智能设备的消费群体不断扩张,加速了传统制造业向先进制造业的转型升级步伐。另一方面,数字科技的发展使得定制化、小批量、低成本消费成为可能,新兴产品及服务消费需求增加的同时挤占了传统产品的消费需求空间,区域内不满足市场需求的落后产能将逐渐转移或淘汰,市场机制下的需求反向淘汰效应能够在一定程度上倒逼地区产业结构的转型升级。

11.4.2　数字化培育了区域产业新业态

数字科技孕育了大量的颠覆性创新,对地区产业的经营生产和商业模式均会产生重要影响,推动了产业数字化及数字产业化的加速形成。其中,产业新业态源于产业数字化,它是数字科技在现有产业领域中的深化应用衍生出的新环节、新业态(何苗和任保平,2022)。2021 年,中国产业数字化规模达 37.2 万亿元,同比增长 17.2%[①]。数字化技术的发展能够从供给侧及需求侧两个层面促进新产业新业态的形成。首先,在区域产业供给侧层面,在数字经济时代,传统实体产业能够依托互联

---

① 中国信息通信研究院《中国数字经济发展报告（2022 年）》,http://www.caict.ac.cn/kxyj/qwfb/bps/202207/P020220729609949023295.pdf

网技术搭建数字化生产经营平台，通过大数据对市场需求进行实时监控分析，并通过互联技术实现产业生产的网络化管理。依靠强大的数据处理和整合能力，地区内企业能够实现需求信息和生产信息的有效互通，打破区域产业发展及消费需求的时空限制（戚聿东和肖旭，2020），以低廉的价格及广泛的受众群体，创造大量的经济收益并拓宽原有的生产活动领域，同时也为欠发达地区产品及服务的供给创造了机会，形成更具先进性及数字化的新兴产业形态。其次，在区域产业需求侧层面，数字科技能够与居民消费领域相互融合，使得传统零售行业在互联网、大数据、人工智能等技术手段下实现升级改造，传统的线下消费模式向以线上消费为主的消费形式转变，推动传统实体产业向线上线下一体化形式发展，促进了大量新兴产业形态的形成。例如，数字科技与消费方式的结合，推进了线上支付产业的兴起，相关配套支撑产业也逐渐涌现（张勋等，2020）。

当然，数字化转型背景下新产业形态的出现也会给传统产业带来巨大影响。新创产业自带的新型商业模式，会给地区内传统产业的"游戏规则"带来冲击，相较于数字化新创产业的先天优势，传统产业往往需要付出更多才会适应数字化时代下的产业经营及发展模式，这就好比新建一座高楼要比拆除重建更为容易。这些冲击可能会影响地区原本的竞争优势，尤其对于以传统产业居多的东北、山东等地区来说，数字化转型下新产业形态带来的冲击可能会更加明显。

11.4.3　数字化促进了区域多产业融合发展

产业融合发展是数字经济时代产业发展的重要特点之一，姜奇平（2020）指出产业的融合发展是传统工业时代与信息化工业时代的重要分水岭，也是现代化信息经济体形成的重要标志。从供给侧来看，信息获取成本的下降推动了区域内产业的融合发展。在传统经济发展模式下，区域内的产业多是相互独立的，而随着数字经济的快速发展，

5G、大数据等技术的应用使得区域市场信息的获取成本大幅降低（Saldanha et al.，2021）。通过线上互联以及数据平台，产业之间的关联性能够进一步强化，有利于形成区域产业"荣辱与共"的俱乐部集聚效应，在强化区域内产业交流合作的同时，也为外部地区产业结构的优化产生了正向溢出效应，为更大空间范围内产业的相互交流及融合提供了可能。从需求侧来看，数字时代下区域产品消费的升级为产业融合发展创造了空间。"互联网＋"时代，数字科技使得区域内的消费者及生产者以一种全新的形式联系在一起，个性化定制、线上沟通等消费形式的出现，催生了"数字消费"的诞生，带动了区域市场理念向需求服务型转变（朱建学和熊励，2018），从而使得区域内产业结构、产业合作、以及市场竞争产生了深远变革，衍生出了大量的新型市场需求。新型市场需求的出现又会反过来倒逼产品创新，从而为区域内产业间的融合发展创造了更广泛的市场空间。

11.5 数字化服务区域社会经济创新发展耦合

随着数字科技的快速发展、数据资源的价值化、数字基础设施的加快建设、数字治理能力的日益凸显，数字化作为区域创新发展的新动能已形成广泛共识，数字化正在全方位渗透于区域经济、社会、生态环境等各环节。

11.5.1 数字化提供了区域经济增长新动能

数字化前区域经济增长动力不足、区域经济结构不合理等问题已成为制约我国区域经济增长的主要因素，区域经济增长进入了瓶颈期。随着数字科技的深化应用及发展，我国区域经济增长焕发新活力，区域经济结构也得到了进一步优化。从创新要素角度来看，数据要素已成为区域经济发展和科技创新的重要驱动力。已有部分学者将数据要素纳入生产函数考虑（Jones and Tonetti，2020；徐翔和赵墨非，2020；杨俊等，2022），并证明了数据要素对区域经济增长具有显著正向作用。Jones 和 Tonetti（2020）将数据要素引入生产函数，扩展了罗默内生经济增长理论，提出数据的非竞争性特征有利于促进区域经济增长。徐翔和赵墨非（2020）将数据资本从物质资本中分离，构建了包含数据资本这一新生产要素的新经济增长模型，证明了数据资本积累对推动宏观经济增长的潜力。从区域经济结构来看，数字化为区域经济发展方式转变提供了新思路。随着互联网、人工智能、大数据等数字科技的发展和赋能，不仅催生了智慧政务、产业互联网、远程医疗、智能制造等新产业新业态，也创新了传统服务业的发展模式，如在线教育、在线医疗等（汪阳洁等，2020）。这为经济高质量转型发展注入了新活力。

11.5.2　数字化革新了区域社会服务模式

数字赋能区域社会服务模式转变，正在深刻改变人类社会生产、生活与工作方式（胡鞍钢等，2016；Bukht and Heeks，2018；Ertz and Boily，2019）。从区域政务服务来看，数字科技深度应用不断加速办公流程和政务处理数字转型，促进地区政府业务流程再造和地区政府管理模式创新，打破传统部门和地理区位界限、共享组织数据资源，依托一体化电子政务平台为企业和公众提供个性化、定制化、便捷化的政务服务，有效解决地方政府机构臃肿、人员冗杂、职能交叉和办事流程复杂烦琐等问题，从而提高地方政府运行效率，降低地方政务服务成本，提高公众满意度（穆荣平等，2022）。例如，随着 ChatGPT 等新型人工智能技术的不断完善，未来 ChatGPT 技术可用于地方政务服务，凭借其强人机交互能力，可有效降低公众与政府互动中的行政负担，使公众更易获取或了解到政府的规章制度、办事流程等，有助于提升政府的服务能力和政民互动体验。从区域教育服务来看，数字教育技术进步不断推动教学辅助手段数字化、多样化、高品质发展，促进优质教学资源向全社会开放共享，加快缩小区域间教育服务能力差距，助力构建惠及全民、优质公平的教育体系（穆荣平等，2022）。从区域医疗卫生来看，生物传感可穿戴设备广泛应用，推动形成以个人健康信息智能采集、管理、评估和数字健康服务提供为核心的健康管理闭环，加快医疗服务数字化流程再造，推动医疗服务功能从疾病治疗向预防干预转变。同时，远程医疗的快速发展极大地推动了优质医疗资源向全社会开放共享，加快缩小区域间和城乡医疗卫生差距，助力构建低成本、高质量、广惠及的医疗卫生服务体系（孙茜等，2022；杨善林等，2022）。

11.5.3　数字化助力了区域生态环境可持续

推进数字科技与生态环境保护领域深度融合，充分发挥数字科技对生态环境保护的放大、叠加、倍增作用，是推进区域生态环境高水平保护和现代化治理的关键驱动。从区域生态环境监测来看，数字科技与卫星遥感等技术的融合应用，可以加快"空天地"一体化监测体系建设，精准识别、及时追踪生态环境问题，建立区域生态环境管理信息数据库，为加强生态环境动态监测和智能调控，精准治污、科学治污、依法治污和系统治理提供重要支撑（陈善荣等，2022）。从区域生态环境治理来看，随着新一代信息技术的深化应用，应不断健全完善信息系统平台、构建拓展智慧应用场景，推进生态环境保护和治理数字化转型。例如，地方政府通过环境数据开放可以让公众能够获得更多的环境信息，更好地参与当地环境治理，使公众与地方政府进行有效沟通并形成良性互动，进而提升环境治理效能（郑石明，2017；程春明等，2015）。

11.6　数字化加速区域创新治理体系转型

区域创新治理的关键在于建设区域创新治理体系和提升区域创新治理能力。前者是区域创新治理的途径，是管理区域科技创新主体的制度体系，包括区域科技创新的体制机制和政策法规等。后者是区域创新治理的成效，是应用区域科技创新制度体系管理区域科技创新事务的能力。在此过程中，政府处于基础性地位，需统筹其他区域创新主体协同治理，以期实现区域创新治理能力的整体提升。但随着新一代信息技术的迅猛发展和数据密集型科学范式的出现，政府形态和创新治理模式正在转变（Milakovich，2012）。从动态发展视角来看，这种区域创新治理体系的数字化转型过程表现为数字科技应用水平和服务供给水平的提升，包括区域创新治理理念、区域创新治理途径和区域创新治理机制等三个方面相应的改变（Milakovich，2012）。

11.6.1　数字化转变了区域创新治理理念

数字化背景下区域创新治理理念转变主要包括区域数字科技治理体系的出现、政府形态的转变以及区域创新治理模式的发展三个阶段。在区域数字科技治理体系出现的早期，地方政府单纯把电子邮件、内部网络、门户网站等数字科技作为其实现科技创新管理和科技创新资源配置的工具，将信息简单呈现在数字空间中（谭必勇和刘芮，2020），随着数字科技的深化应用，逐渐形成区域数字科技治理体系。在此过程中，数字科技被地方政府组织结构和相关政策逐渐"执行"，不断应用在区域创新治理实践中，相应地方政府自身的组织形态也会发生改变（Cordella and Iannacci，2010），如电子政务、数字政府等均是数字治理实现阶段中政府改革实践的特定表现（Potnis，2010），从而进入政府形态转变的新阶段。伴随着区域创新组织和政府体系的转变，相应区域创新治理模式也会发生改变，区域创新治理体系中成员角色和关系也会相应变化（Yildiz，2007）。地方政府从科技管理者和科技创新资源配置的主导者，转变为区域创新治理的引导者、服务者以及治理体系网络的协调者（da Cruz et al.，2019），高校、科研机构、企业、中介组织和金融机构等由区域创新治理对象转变为区域创新治理的参与者，甚至个人也能够参与到公共服务供给决策过程（Milakovich，2012），从而形成由地方政府统筹协调，多元创新主体协同的区域创新治理模式（吴建南等，2021）。

11.6.2 数字化丰富了区域创新治理途径

数字化开辟了区域创新治理新途径。从区域内创新治理来看，数字科技可以为区域创新治理提供快速、精准的数据支撑，有助于地方政府管理效能和政务服务质量的提升（杨宏山，2021），加快了相关领域创新创业活动的发生与发展，有利于创新创业的成功率和效率的提升，从而增强区域的创新治理能力。例如，数字政府通过线上线下融合服务模式，在降低其服务成本、提高其服务响应能力等的同时，也增强了各创新主体参与区域创新治理的便捷性，开拓了公众参与治理监督的新通道，提升了地方政府创新治理的效能。从区域间创新治理来看，数字政府的建设既可以拓展地方政府治理空间，又可以增强不同创新主体异地参与政府治理的可及性和便捷性，突破了层级化所带来的距离空间限制，有利于打破数据壁垒和行政壁垒，实现跨层级、跨地域、跨系统、跨部门、跨业务的协同管理和服务（赵淼等，2022），破除了地方政府跨区域创新治理的难点，促进了区域创新治理空间扁平化发展。

11.6.3 数字化健全了区域创新治理机制

区域创新治理机制本质是对区域创新体系进行治理的工具理性，以"自上而下"区域创新政策体系的制定和"自下而上"区域创新治理体系的构建相结合的方式来配置区域创新资源，避免区域创新资源配置过程中可能的政府或市场"失灵"（陈套和尤超良，2015），优化区域创新资源配置（武宵旭和任保平，2022；刘伟等，2008），提升区域创新治理效能。因此，数字化对区域创新治理机制的影响主要表现在优化区域创新资源配置和提升区域创新治理效能方面。从区域创新资源优化配置来看，数字化提高了区域创新资源配置效率。数字化有利于地方政府从区域创新发展整体视角来对有限创新资源进行优化配置（陈凯华等，2020），将资源投向区域重点基础前沿和战略领域，注重区域产业创新的引导和支持，围绕区域产业链发展配置创新资源。同时便于吸引入公众参与到创新资源投入过程中，实现政府和公众的价值理性与科学共同体的工具理性有机融合。在区域创新治理效能提升方面，数字化有助于提升区域各创新主体的治理能力。数字化提升了地方政府的统筹协调功能，提高了地方政府的治理效率（徐晓林和李卫东，2014；赵云辉等，2019），加速了企业作为区域创新主体角色的转换，增强了高校和科研机构的知识创新能力，强化了金融机构和中介机构的协调与服务能力，促进了政产学研用之间的协同创新，有利于产业链和创新链的双链融合发展，进而表现为区域创新治理效能的提升。

11.7　本章小结、政策启示与未来展望

11.7.1　本章小结

本章从理论上分析了数字化特征对区域创新发展的相关理论以及实践的影响机制，提出了数字化背景下区域创新发展框架。

首先，基于区域创新体系资源、结构、功能和制度四个方面，剖析资源配置理论、产业集聚理论、经济增长理论和创新治理理论等区域创新理论在数字化先后的嬗变情况。本章认为数字化重塑了传统区域创新资源配置组合，拓宽了区域创新资源配置理论的适用边界；数字化打破了传统区域产业集聚理论对地理空间高度集聚的约束，促进了跨区域创新主体合作创新发展；数字化增强了区域创新体系功能，增加了区域经济增长理论中数字化贡献的表达，有利于提升区域创新体系整体效能；数字化降低了创新资源跨区域流动成本，打破了区域制度环境壁垒，有

利于实现跨区域协同创新治理。

其次，从区域创新价值创造过程中要素价值、科学价值、技术价值、经济价值、社会价值等视角，提炼出数字化背景下区域创新要素及其配置机制、区域科技创新链的发展与升级、区域产业结构的升级与重构、区域社会经济创新发展耦合和区域创新治理体系转型等五方面区域创新发展实践的演变规律，研究认为数字化增加了区域创新要素新需求、新供给并变革了区域创新要素配置机制，数字化通过拓展区域创新主体范围、重塑区域创新产出过程和模糊区域创新成果边界来升级区域的科技创新链，数字化通过带动区域产业结构转型、培育区域新业态、促进区域多产业融合等赋能区域产业结构升级，数字化通过提供区域经济增长新动能、革新区域社会服务模式、助力区域生态环境可持续等深化服务了区域社会经济创新发展，数字化通过强化区域创新治理理念、丰富区域创新治理途径和健全区域创新治理机制来加速区域创新治理体系转型。

11.7.2　政策启示

数字化背景下区域创新发展相关理论和实践二者是相辅相成的，数字化发展影响着原区域创新发展相关理论的基本假设和实践变化，数字化后的区域创新发展相关理论和实践二者也在进一步相互指导和发展。因此，本章认为地方政府应该加强支持大数据、云计算、人工智能等数字科技在本地的发展与深化应用，助力数字化对区域的创新要素配置、科技创新发展、产业结构优化升级、社会经济创新、创新治理等方面发挥积极作用，最终实现区域创新体系整体效能的提升。重点可从以下几个方面考虑。

一是地区政府应当顺势而为，借助数字科技夯实区域间创新资源配置渠道，以基础设施构建为切入点、以数字软件服务升级为重要抓手，实现区域间创新资源的有序流动及高效配置。二是政府应当围绕区域产业链条及创新链条全过程构建数字化转型创新政策，充分发挥区域市场需求的引导作用。借助数字化平台，将区域内产品消费及终端需求向产业链上游传递，加强产业链及创新链融合，实现区域产业链条至创新链条的全过程牵引，进而实现地区科技创新水平的提高。三是地方政府应当"因行施策""因企定规"，针对地区行业发展特点，深挖地方传统企业数字化转型的痛点及难点，有针对性地加强政策配套及转型补贴。此外，地区政府还应积极围绕地区产业链条，鼓励新兴数字产业发展，适当放宽区域行业准入门槛，推进新兴数字产业与传统产业的融合发展，以新兴产业带动传统产业的数字化转型。四是地方政府应注重数字科技在区域经济、社会服务以及环境监管方面应用的引导，加强跨区域数字基础设施合作或共建，加快推动数字经济发展，加速数字赋能区域社会服务模式转变，加快构建"空天地"一体化环境监测体系，实现数字化驱动下的区域高质量发展。五是加强数字科技在区域创新治理和跨区域治理方面的场景应用，实现区域创新治理体系数字化、智能化发展。例如，聚焦数字政府应用场景打造，加快推动地方政府治理理念转变、服务模式数字转型，提升地方政府治理效能，推动政务服务向"以满足社会发展需求为主"转变。此外，可通过建设跨区域数字共享平台，制定跨区域数据互联互通标准规范，助力数字资源跨区域自由流动，实现跨区域协同治理体系打造。

11.7.3　未来展望

本章虽然从数字化特征对区域创新发展的理论和实践的影响机制提出了数字化背景下区域创新发展框架，但仅仅是尝试，为了进一步夯实区域数字化发展与管理的相关理论和实证研究，未来可以从以下三个方面展开研究。一是在区域创新体系理论中引入数字化因素，研究企业、高校、科研院所等创新主体在数字化背景下的功能定位、结构关系和行为绩效，探索创新要素的流动、组合和发展行为，构建区域数字创新体系的理论框架；二是将数字化特征与创新生态系统的自组织性、复杂适应性等特征相结合，从系统内部各行为主体、要素及其相互连接角度构建数字创新生态系统的理论框架；三是随着数字科技的深化应用，数字化在为区域创新发展提供动能的同时，也伴随着数字科技滥用、数字鸿沟、能源大量消耗等问题。如何构建可持续、包容性的区域数字创新绿色转型体系是迫切需要研究的问题。

本章参考文献

白雪洁, 宋培, 李琳. 2022. 数字经济发展助推产业结构转型[J]. 上海经济研究, （5）：77-91.

陈凯华, 冯泽, 孙茜. 2020. 创新大数据、创新治理效能和数字化转型[J]. 研究与发展管理, 32（6）：1-12.

陈善荣, 陈传忠, 陈远航, 等. 2022. 面向生态环境治理现代化的生态环境监测数字化转型研究[J]. 环境保护, 50（20）：9-12.

陈套, 尤超良. 2015. 我国科技创新系统的治理与创新治理体系建设[J]. 科学管理研究, 33（4）：10-13, 25.

陈伟光, 裴丹, 钟列炀. 2022. 数字经济助推全国统一大市场建设的理论逻辑、治理难题与应对策略[J]. 改革, （12）：44-56.

陈晓红, 李杨扬, 宋丽洁, 等. 2022. 数字经济理论体系与研究展望[J]. 管理世界, 38（2）：208-224, 13-16.

陈晓红, 唐立新, 李勇建, 等. 2019. 数字经济时代下的企业运营与服务创新管理的理论与实证[J]. 中国科学基金, 33（3）：301-307.

程春明, 李蔚, 宋旭. 2015. 生态环境大数据建设的思考[J]. 中国环境管理, 7（6）：9-13.

盖文启, 朱华晟, 张辉. 2006. 国外产业集群理论探析[J]. 国际经贸探索, 22（4）：44-48.

顾雷雷, 王鸿宇. 2020. 社会信任、融资约束与企业创新[J]. 经济学家, （11）：39-50.

郭峰, 熊云军, 石庆玲, 等. 2023. 数字经济与行政边界地区经济发展再考察：来自卫星灯光数据的证据[J]. 管理世界, 39（4）：16-34.

韩先锋, 宋文飞, 李勃昕. 2019. 互联网能成为中国区域创新效率提升的新动能吗[J]. 中国工业经济, （7）：119-136.

何苗，任保平. 2022. 数字经济时代我国新业态的形成机理与发展路径[J]. 经济体制改革，（5）：14-20.

胡鞍钢，王蔚，周绍杰，等. 2016. 中国开创"新经济"：从缩小"数字鸿沟"到收获"数字红利"[J]. 国家行政学院学报，（3）：4-13，2.

黄鲁成. 2000. 关于区域创新系统研究内容的探讨[J]. 科研管理，21（2）：43-48.

姜奇平. 2020. 数字经济学的基本问题与定性、定量两种分析框架[J]. 财经问题研究，（11）：13-21.

康瑾，陈凯华. 2021. 数字创新发展经济体系：框架、演化与增值效应[J]. 科研管理，42（4）：1-10.

李习保. 2007. 中国区域创新能力变迁的实证分析：基于创新系统的观点[J]. 管理世界，（12）：18-30，171.

李晓娣，饶美仙. 2023. 区域数字创新生态系统发展路径研究：基于 fsQCA 的组态分析[J]. 管理工程学报，37（6）：20-31.

李晓华. 2019. 数字经济新特征与数字经济新动能的形成机制[J]. 改革，（11）：40-51.

李晓华. 2021. "十四五"时期数字经济发展趋势、问题与政策建议[J]. 人民论坛，（1）：12-15.

刘伟，张辉，黄泽华. 2008. 中国产业结构高度与工业化进程和地区差异的考察[J]. 经济学动态，（11）：4-8.

刘洋，董久钰，魏江. 2020. 数字创新管理：理论框架与未来研究[J]. 管理世界，36（7）：198-217，219.

刘志成. 2019. 要素市场化配置的主要障碍与改革对策[J]. 经济纵横，（3）：93-101.

柳卸林. 2014. 技术创新经济学[M]. 2 版. 北京：清华大学出版社.

马歇尔. 1965. 经济学原理（下卷）[M]. 陈良璧，译.北京：商务印书馆：85-96.

穆荣平，陈凯华. 2023. 2021 国家创新发展报告：创新驱动绿色低碳转型[R]. 北京：科学出版社.

穆荣平，蔺洁，池康伟，等. 2022. 创新驱动社会服务数字转型发展的趋势、国内外实践与建议[J]. 中国科学院院刊，37（9）：1259-1269.

戚聿东，肖旭. 2020. 数字经济时代的企业管理变革[J]. 管理世界，36（6）：135-152，250.

沈坤荣，林剑威，傅元海. 2023. 网络基础设施建设、信息可得性与企业创新边界

[J]. 中国工业经济，（1）：57-75.

史丹. 2022. 数字经济条件下产业发展趋势的演变[J]. 中国工业经济，（11）：26-42.

斯丽娟. 2023. 数字经济推动区域协调发展：理论逻辑与实践路径[J]. 理论与改革，
　　（2）：73-85，150-151.

孙茜，冯霞，隆云滔，等. 2022. 数字技术赋能我国医疗治理现代化建设研究[J]. 中
　　国科学院院刊，37（12）：1705-1715.

孙巍，盖国凤. 1998. 生产资源配置效率及其测度理论研究[J]. 当代经济研究，（3）：
　　26-28.

谭必勇，刘芮. 2020. 数字政府建设的理论逻辑与结构要素：基于上海市"一网通
　　办"的实践与探索[J]. 电子政务，（8）：60-70.

汪阳洁，唐湘博，陈晓红. 2020. 新冠肺炎疫情下我国数字经济产业发展机遇及应
　　对策略[J]. 科研管理，41（6）：157-171.

温珺，阎志军，程愚. 2020. 数字经济驱动创新效应研究：基于省际面板数据的回
　　归[J]. 经济体制改革，（3）：31-38.

乌云图，陶克涛，彭俊超. 2023. 产业协同集聚、数字技术支持与资源错配[J]. 科
　　研管理，44（1）：125-135.

吴建南，陈子韬，李哲，等. 2021. 基于"创新-理念"框架的城市治理数字化转
　　型：以上海市为例[J]. 治理研究，37（6）：99-111.

武宵旭，任保平. 2022. 数字经济背景下要素资源配置机制重塑的路径与政策调整
　　[J]. 经济体制改革，（2）：5-10.

习近平. 2022. 不断做强做优做大我国数字经济[J]. 先锋，（3）：5-7.

谢谦，郭杨. 2022. 数字技术、创新要素结构优化与企业全要素生产率[J]. 北京师
　　范大学学报（社会科学版），（6）：134-144.

徐翔，赵墨非. 2020. 数据资本与经济增长路径[J]. 经济研究，55（10）：38-54.

徐晓林，李卫东. 2014. 基于云计算的推送式公共服务模式研究[J]. 行政科学论坛，
　　1（2）：36-39.

许宪春，张美慧. 2020. 中国数字经济规模测算研究：基于国际比较的视角[J]. 中
　　国工业经济，（5）：23-41.

杨宏山. 2021. 城市社区自主治理能力提升的新路径[J]. 人民论坛，（14）：33-35.

杨俊，李小明，黄守军. 2022. 大数据、技术进步与经济增长：大数据作为生产要
　　素的一个内生增长理论[J]. 经济研究，57（4）：103-119.

杨善林，丁帅，顾东晓，等. 2022. 医疗健康大数据驱动的知识发现与知识服务方法[J]. 管理世界，38（1）：219-229.

尹西明，陈劲，林镇阳，等. 2022. 数字基础设施赋能区域创新发展的过程机制研究：基于城市数据湖的案例研究[J]. 科学学与科学技术管理，43（9）：108-124.

余江，孟庆时，张越，等. 2017. 数字创新：创新研究新视角的探索及启示[J]. 科学学研究，35（7）：1103-1111.

张超，陈凯华，穆荣平. 2021. 数字创新生态系统：理论构建与未来研究[J]. 科研管理，42（3）：1-11.

张腾，蒋伏心. 2022. 数字经济发展能否促进我国经济结构转型升级?[J]. 经济问题探索，（5）：1-16.

张勋，杨桐，汪晨，等. 2020. 数字金融发展与居民消费增长：理论与中国实践[J]. 管理世界，36（11）：48-63.

赵淼，鲍静，刘银喜. 2022. 从赋能到包容：数字政府建设非均衡困境生成机制及化解路径[J]. 中国行政管理，（12）：41-48.

赵涛，张智，梁上坤. 2020. 数字经济、创业活跃度与高质量发展：来自中国城市的经验证据[J]. 管理世界，36（10）：65-76.

赵云辉，张哲，冯泰文，等. 2019. 大数据发展、制度环境与政府治理效率[J]. 管理世界，35（11）：119-132.

郑石明. 2017. 数据开放、公众参与和环境治理创新[J]. 行政论坛，24（4）：76-81.

周青，刘志高，朱华友，等. 2012. 创新系统理论演进及其理论体系关系研究[J]. 科学学与科学技术管理，33（2）：50-55.

朱建学，熊励. 2018. 数字内容传输渠道对消费者行为的影响研究[J]. 科研管理，39（9）：42-51.

Abis S，Veldkamp L. 2021. The changing economics of knowledge production[EB/OL]. https://www.gsb.columbia.edu/faculty/lveldkamp/papers/AV_KnowledgeProdn_Oct2021.pdf[2023-10-22].

Amit R，Han X.2017. Value creation through novel resource configurations in a digitally enabled world[J]. Strategic Entrepreneurship Journal，11（3）：228-242.

Asheim B T，Smith H L，Oughton C. 2011. Regional innovation systems：theory，empirics and policy[J]. Regional Studies，45（7）：875-891.

Baker K S，Mayernik M S. 2020. Disentangling knowledge production and data production[J]. Ecosphere，11（7）：e03191.

Barrett M，Davidson E，Prabhu J，et al. 2015. Service innovation in the digital age：key contributions and future directions[J]. MIS Quarterly，39（1）：135-154.

Benner M J，Tushman M L. 2015. Reflections on the 2013 decade award："exploitation，exploration，and process management：the productivity dilemma revisited" ten years later[J]. Academy of Management Review，40（4）：497-514.

Boudreau K. 2010. Open platform strategies and innovation：granting access vs. devolving control[J]. Management Science，56（10）：1849-1872.

Boudreau K J，Lacetera N，Lakhani K R. 2011. Incentives and problem uncertainty in innovation contests：an empirical analysis[J]. Management Science，57（5）：843-863.

Boudreau K J，Lakhani K R. 2013. Using the crowd as an innovation partner[J]. Harvard Business Review，91（4）：60-69，140.

Bukht R，Heeks R. 2018. Defining，conceptualising and measuring the digital economy[J]. International Organisations Research Journal，13（2）：143-172.

Che Y K，Gale I. 2003. Optimal design of research contests[J]. American Economic Review，93（3）：646-671.

Ciarli T，Kenney M，Massini S，et al. 2021. Digital technologies，innovation，and skills：emerging trajectories and challenges[J]. Research Policy，50（7）：104289.

Cooke P. 1992. Regional innovation systems：competitive regulation in the new Europe[J]. Geoforum，23（3）：365-382.

Cooke P，Memedovic O. 2006. Regional innovation systems as public goods[EB/OL]. https://www.researchgate.net/publication/239750700_Regional_Innovation_Systems_ as_Public_Goods[2023-01-16].

Corbett C J. 2018. How sustainablc is big data?[J]. Production and Operations Management，27（9）：1685-1695.

Cordella A，Iannacci F. 2010. Information systems in the public sector：the e-Government enactment framework[J]. The Journal of Strategic Information Systems，19（1）：52-66.

da Cruz N F，Rode P，McQuarrie M. 2019. New urban governance：a review of current themes and future priorities[J]. Journal of Urban Affairs，41（1）：1-19.

Dawes S S. 2009. Governance in the digital age: a research and action framework for an uncertain future[J]. Government Information Quarterly, 26 (2): 257-264.

Dengler K, Matthes B. 2018. The impacts of digital transformation on the labour market: substitution potentials of occupations in Germany[J]. Technological Forecasting and Social Change, 137: 304-316.

Doloreux D, Gomez P I. 2017. A review of (almost) 20 years of regional innovation systems research[J]. European Planning Studies, 25 (3): 371-387.

Ertz M, Boily É. 2019. The rise of the digital economy: thoughts on blockchain technology and cryptocurrencies for the collaborative economy[J]. International Journal of Innovation Studies, 3 (4): 84-93.

Feldman M P. 1994. The Geography of Innovation[M]. Dordrecht: Springer Netherlands.

Fischer E, Reuber A R. 2011. Social interaction via new social media: (How) can interactions on Twitter affect effectual thinking and behavior?[J]. Journal of Business Venturing, 26 (1): 1-18.

Gawer A, Cusumano M A. 2014. Industry platforms and ecosystem innovation[J]. Journal of Product Innovation Management, 31 (3): 417-433.

Goldfarb A, Tucker C. 2019. Digital economics[J]. Journal of Economic Literature, 57 (1): 3-43.

Goldfarb A, Tucker C. 2012. Privacy and innovation[EB/OL]. https://www.journals. uchicago.edu/doi/epdf/10.1086/663156[2023-01-16].

Jones C I, Tonetti C. 2020. Nonrivalry and the economics of data[J]. American Economic Review, 110 (9): 2819-2858.

Krugman P. 1997. Development, Geography, and Economic Theory[M]. Cambridge: MIT Press.

Lansiti M, Lakhani K R. 2014. Digital ubiquity: how connections, sensors, and data are revolutionizing business[J]. Harvard Business Review, 92 (11): 141.

Liu Y P, Huang Q H. 2018. University capability as a micro-foundation for the Triple Helix model: the case of China[J]. Technovation, 76/77: 40-50.

Lynch C. 2008. How do your data grow?[J]. Nature, 455 (7209): 28-29.

Majchrzak A, Malhotra A. 2013. Towards an information systems perspective and research agenda on crowdsourcing for innovation[J]. The Journal of Strategic Information Systems，22（4）：257-268.

Meijer A. 2016. Governing the smart city：a review of the literature on smart urban governance[J]. International Review of Administrative Sciences，82（2）：392-408.

Milakovich M E. 2012. Digital Governance：New Technologies for Improving Public Service and Participation[M]. New York：Routledge.

Nambisan S. 2017. Digital entrepreneurship：toward a digital technology perspective of entrepreneurship[J]. Entrepreneurship Theory and Practice，41（6）：1029-1055.

Nambisan S，Lyytinen K，Majchrzak A，et al. 2017. Digital innovation management：reinventing innovation management research in a digital world[J]. MIS Quarterly，41（1）：223-238.

Nambisan S，Zahra S A. 2016. The role of demand-side narratives in opportunity formation and enactment[J]. Journal of Business Venturing Insights，5：70-75.

Negro G，Leung M D. 2013. "Actual" and perceptual effects of category spanning[J]. Organization Science，24（3）：684-696.

Newell S，Marabelli M. 2015. Strategic opportunities（and challenges）of algorithmic decision- making：a call for action on the long-term societal effects of 'datification' [J]. The Journal of Strategic Information Systems，24（1）：3-14.

OECD. 2016. Stimulating digital innovation for growth and inclusiveness：the role of policies for the successful diffusion of ICT[R]. Paris：OECD Publishing.

Porter M E. 2000. Location，competition，and economic development：local clusters in a global economy[J]. Economic Development Quarterly，14（1）：15-34.

Porter M E，Heppelmann J E. 2014. How smart，connected products are transforming competition[J]. Harvard Business Review，92：18.

Potnis D D. 2010. Measuring e-Governance as an innovation in the public sector[J]. Government Information Quarterly，27（1）：41-48.

Ren X H，Zeng G D，Gozgor G. 2023. How does digital finance affect industrial structure upgrading? Evidence from Chinese prefecture-level cities[J]. Journal of Environmental Management，330：117125.

Richardson H W. 1973. Theory of the distribution of city sizes：review and prospects[J]. Regional Studies，7（3）：239-251.

Romer P M. 1990. Endogenous technological change[J]. Journal of Political Economy，98（5）：S71-S102.

Sadyrtdinov R R，Korablev M M，Vladimirova S A. 2015. Regional innovation system development：comparative analysis of the republic of Tatarstan and Volga federal district regions[J]. Mediterranean Journal of Social Sciences，6（1）：317-321.

Saldanha T J V，John-Mariadoss B，Wu M X，et al. 2021. How information and communication technology shapes the influence of culture on innovation：a country-level analysis[J]. Journal of Management Information Systems，38（1）：108-139.

Si S，Hall J，Suddaby R，et al. 2023. Technology，entrepreneurship，innovation and social change in digital economics[J]. Technovation，119：102484.

Si S，Zahra S，Wu X，et al. 2020. Disruptive innovation and entrepreneurship in emerging economics[J]. Journal of Engineering and Technology Management，58：101601.

Weber A，Friedrich C J. 1929. Alfred Weber's Theory of the Location of Industries[M]. Chicago：The University of Chicago Press.

Wu T L，Shao W. 2022. How does digital economy drive industrial structure upgrading：an empirical study based on 249 prefecture-level cities in China[J]. PLoS One，17（11）：e0277787.

Yildiz M. 2007. E-government research：reviewing the literature，limitations，and ways forward[J]. Government Information Quarterly，24（3）：646-665.

Yoo Y，Boland R J，Jr，Lyytinen K，et al. 2012. Organizing for innovation in the digitized world[J]. Organization Science，23（5）：1398-1408.

Yoo Y，Henfridsson O，Lyytinen K. 2010. Research commentary：the new organizing logic of digital innovation：an agenda for information systems research[J]. Information Systems Research，21（4）：724-735.

Zahra S A，Liu W，Si S. 2023. How digital technology promotes entrepreneurship in ecosystems[J]. Technovation，119：102457.